3訂版 実務に役立つ

不動産登記先例・通達集

日本法令不動産登記研究会 編

JN026922

日本法令

はしがき

　不動産登記法は手続法ですので，不動産登記法を理解すれば登記手続はできるはずですが，実際はそうはいきません。不動産登記法以外にも，不動産登記令，不動産登記規則，不動産登記事務取扱手続準則等の規定の理解も必要とされます。なお，その他に膨大な通達，先例等の基本的なものの理解も必要とされます。

　実務においては，これらの通達・先例等を素早く確認することが必要であります。よって，実務に必要な通達等を事項別にまとめた先例集が必要であると考え，平成９年に「実務に役立つ不動産登記先例集」が発行されました。その後，読者のご支持もあり，過去４回にわたり先例集を発行することができました。これも読者の皆様のご支持のおかげです。

　令和の時代になり，民法の改正が行われました。改正は多岐にわたり，債権法，相続法に及び，新しい権利として配偶者居住権が設定されました。それに伴い重要な通達・先例などが発出されました。また，既に発出されている通達の中には一部改正されたのもあります。したがって，これら新しい通達・先例及び改正後の通達等を加えた先例集を出す必要を感じていたところ，この度，株式会社日本法令より改訂の機会をいただき，感謝をしております。そして，本書が登記の実務に役立つことを願う次第です。

　本書の刊行に当たっては，株式会社日本法令の八木正尚氏のご協力をいただきました。この場を借りて，厚く御礼を申し上げます。

　なお，通達・先例等の選定及びメモ書き等は，元東京法務局港出張所統括登記官の玉山一男氏のご協力をいただきました。ここに記してお礼申し上げます。

令和４年１月

日本法令不動産登記研究会

目　次

I 基本通達

II 申請手続

III 表示に関する登記

Ⅳ 所有権に関する登記

1. 所有権保存

2. 相続関係

VI 担保権に関する登記

1.　抵当権

Ⅶ 配偶者居住権

Ⅷ 仮登記

IX 信託に関する登記

X 所有者不明土地関係

XI 登録免許税

┌─【凡　例】────────────────────────────

　本書の法令，書籍の略語は次のとおりです。

法　　不動産登記法（平成16年6月18日法律第123号）
令　　不動産登記令（平成16年12月1日政令第379号）
規則　不動産登記規則（平成17年2月18日法務省令第18号）
準則　不動産登記事務取扱手続準則（平成17年2月25日法務省民二第456号通達）

「民事月報」　　　法務省民事局発行の月刊誌
「登記研究」　　　株式会社テイハン発行の月刊誌
「平成9年先例集」「実務に役立つ不動産登記先例集」東京法務局不動産登記研
　　　　　　　　究会編・日本法令・平成9年11月15日発行
「平成15年先例集」「実務に役立つ不動産登記先例集」日本法令不動産登記研究
　　　　　　　　会編・日本法令・平成15年7月1日発行
「平成20年先例集」「実務に役立つ不動産登記先例・通達集」日本法令不動産登
　　　　　　　　記研究会編・日本法令・平成20年6月20日発行

（表記について）
　本書は，先例の原文を尊重するものですが，送り仮名については，統一を図
りました。たとえば，「基く」は「基づく」と改めました。
　また，難読と思われる語には振り仮名をつけました。

──────────────────────────────────

Ⅰ

基本通達

01 通達

新不動産登記法の基本通達

「不動産登記法の施行に伴う登記事務の取扱いについて」

（平成17年2月25日民二第457号民事局長通達）

〔編注：平成23年5月26日民二第1292号民事局長通達により一部改正。本通達は，改正
後の通達です。〕

不動産登記法（平成16年法律第123号。以下「法」という。），不動産登記令（平成16年政令第379号。以下「令」という。）及び不動産登記規則（平成17年法務省令第18号。以下「規則」という。）が本年3月7日から施行されることとなり，本日付け法務省民二第456号当職通達「不動産登記事務取扱手続準則の改正について」（以下この通達による改正後の不動産登記事務取扱手続準則を「準則」といい，改正前の不動産登記事務取扱手続準則を「旧準則」という。）を発したところですが，これらに伴う登記事務の取扱いについては，下記に留意し，事務処理に遺憾のないよう，貴管下登記官に周知方取り計らい願います。

記

第1 法の施行に伴う登記事務の取扱い

1 登記官による本人確認

(1) 登記官は，登記の申請があった場合において，申請人となるべき者以外の者が申請していると疑うに足りる相当な理由があると認めるときは，申請人の申請の権限の有無についての調査（以下「本人確認調査」という。）を行わなければならないとされた（法第24条第1項）。

(2) 本人確認調査は，当該申請が法第25条の規定により却下すべき場合以外の場合であって，次に掲げるときは，申請人となるべき者以外の者が申請していると疑うに足りる相当な理由があると認めるときに該当するものとして，行うこととされた（法第24条第1項，準則第33条）。

ア 捜査機関その他の官庁又は公署から，不正事件が発生するおそれがある旨の通報があったとき。

イ 不正登記防止申出に基づき，準則第35条第7項の措置を執った場合において，当該不正登記防止申出に係る登記の申請があったとき（当該不正登記防止申出の日から3月以内に申請があった場合に限る。）。

ウ 同一の申請人に係る他の不正事件が発覚しているとき。

エ 前の住所地への通知をした場合において，登記の完了前に，当該通知

に係る登記の申請について異議の申
出があったとき。

オ　登記官が，登記識別情報の誤りを
原因とする補正又は取下げ若しくは
却下が複数回されていたことを知っ
たとき。

カ　登記官が，申請情報の内容となっ
た登記識別情報を提供することがで
きない理由が事実と異なることを
知ったとき。

キ　前各号に掲げる場合のほか，登記
官が職務上知り得た事実により，申
請人となるべき者に成りすました者
が申請していることを疑うに足りる
客観的かつ合理的な理由があると認
められるとき。

(3)　本人確認調査を行う場合において，
その登記の申請が資格者代理人によっ
てされているときは，原則として，ま
ず，当該資格者代理人に対し必要な情
報の提供を求めるものとされた（準則
第33条第2項）ので，この資格者代理
人に対する調査により，申請人となる
べき者の申請であると認められたとき
は，本人に対して調査を行う必要はな
い。

(4)　登記官は，本人確認調査を行ったと
きは，準則第33条第3項で定める様式
の調書（以下「本人確認調書」という。）
を作成し，これを申請書（電子申請に
あっては，第2の1(2)の電子申請管理
用紙）と共に保管するものとされた（規
則第59条第1項，準則第33条第3項，
第4項）。

(5)　本人確認調査は，申請人となるべき
者以外の者が申請していると疑う契機
となった事由等に応じ，適切な方法に
より調査をすることを要する。した
がって，疑いの程度又は当該契機と

なった事由に応じて，電話等による事
情の聴取又は資料の提出等により当該
申請人の申請の権限の有無を確認する
ことができる場合には，本人の出頭を
求める必要はない。

(6)　本人確認調査は，当該申請人の申請
の権限の有無についての調査であって，
申請人となるべき者が申請しているか
どうかを確認するためのものであり，
申請人の申請意思の有無は本人確認調
査の対象ではない。

(7)　本人確認調査において申請人等から
文書等の提示を受けた場合において，
提示をした者の了解を得ることができ
たときは，その文書の写しを本人確認
調書に添付するものとし，了解を得る
ことができなかったときには，文書の
種類，証明書番号その他文書を特定す
ることができる番号等の文書の主要な
内容を本人確認調書に記録するものと
された（準則第33条第5項）。

　本人確認調書には，このほか，当該
申請人から聴取した内容など，登記官
が当該申請人の申請の権限の有無を確
認することができた事由を明らかする
事項を記載するものとする。

(8)　登記官は，出頭を求める申請人等が
遠隔の地に居住しているとき，その他
相当と認めるときは，他の登記所の登
記官に本人確認調査を嘱託することが
できるとされた（法第24条第2項）。

　この嘱託は，遠隔の地に居住してい
るとき又は申請人の勤務の都合等を理
由に他の出張所に出頭したい旨の申出
があり，その理由が相当と認められる
とき（例えば，申請人の長期出張や病
気による入院等が考えられる。）に行
うものとされた（準則第34第1項）。

　この嘱託は，嘱託書のほか，登記事

項証明書及び申請書の写し並びに委任状，印鑑証明書等の本人確認調査に必要な添付書面の写しを送付してすることとされた（同条第2項）。

嘱託を受けた登記所の登記官がする本人確認調査の内容は，申請を受けた登記所の登記官がする本人確認調査と同様であり，調査後は，本人確認調書を作成する（規則第59条第1項後段）。

嘱託を受けた登記所の登記官が本人確認調査を終了したときは，本人確認調書を嘱託書と共に嘱託した登記所に送付するものとされた（準則第34条第3項）。

なお，嘱託した登記所から嘱託書と共に送付された登記事項証明書並びに申請書及び添付書面の写しは，適宜，廃棄して差し支えない。

2 不正登記防止申出の取扱い

(1) 登記官の本人確認調査の契機とするため，不正登記防止申出の取扱いが定められた（準則第35条）。申出を受ける場合は，申出人に，当該申出があったことのみにより申出に係る登記の申請を却下するものではないこと等不正登記防止申出の取扱いの趣旨を十分に説明することを要する。

(2) 不正登記防止申出があった場合には，当該申出人が申出に係る登記の登記名義人本人であることのほか，当該申出人が申出をするに至った経緯及び申出が必要となった理由に対応する措置を採っていることを確認しなければならないとされた（準則第35条第4項）。

この措置とは，印章又は印鑑証明書の盗難を理由とする場合には警察等の捜査機関に被害届を提出したこと，第三者が不正に印鑑証明書の交付を受け

たことを理由とする場合には交付をした市町村長に当該印鑑証明書を無効とする手続を依頼したこと，本人の知らない間に当該不動産の取引がされている等の情報を得たことによる場合には警察等の捜査機関又は関係機関への防犯の相談又は告発等がこれに当たる。

申出の内容が緊急を要するものである場合には，あらかじめこれらの措置を採っていないときであっても，申出を受け付けて差し支えない。この場合には，直ちに，当該措置を採ることを求めるものとする。

3 登記義務者の権利に関する登記済証の取扱い

(1) 法附則第6条の指定（以下「第6条指定」という。）がされるまでの間において，法附則第6条第3項の規定により読み替えて適用される法第22条ただし書に規定する「登記済証を提出することができないことにつき正当な理由がある場合」は，次に掲げる場合とする。

ア 改正前の不動産登記法（以下「旧法」という。）第60条第1項若しくは第61条の規定により還付され，若しくは交付された登記済証（法附則第8条の規定によりなお従前の例によることとされた登記の申請について旧法第60条第1項又は第61条の規定により還付され，又は交付された登記済証を含む。）又は法附則第6条第3項の規定により読み替えて適用される法第21条若しくは第117条第2項の規定により交付された登記済証（以下「登記済証」と総称する。）が交付されなかった場合

イ 登記済証が滅失し，又は紛失した

場合

　　ウ　法第22条の登記義務者が登記済証
　　　を現に所持していない場合

(2)　第6条指定がされた後に法22条ただ
　　し書に規定する「登記識別情報を提供
　　することができないことにつき正当な
　　理由がある場合」は，準則第43条＊1
　　第1項各号に掲げる場合のほか，電子
　　申請をする場合において，登記済証を
　　所持しているときとする。

(3)　登記義務者の権利に関する登記済証
　　とする旧法第60条第2項の規定により
　　登記済みの手続がされた保証書につい
　　ては，第6条指定がされるまでの間，
　　従来の取扱い（昭和39年5月13日付け
　　民事甲第1717号当職通達）と同様とす
　　る。

4　登記権利者に交付する登記済証の取扱い

(1)　第6条指定がされるまでの間におい
　　て，規則附則第15条第3項の規定によ
　　り登記権利者に交付する登記済証は，
　　同条第2項の書面に旧法第60条第1項
　　及び旧準則第70条から第74条までの規
　　定により作成するものとする。

　　　なお，申請人が規則第55条第1項本
　　文の規定により登記原因を証する情報
　　を記載した書面の原本還付を求めた場
　　合において，当該書面が同項ただし書
　　の書面に該当しないときは，申出によ
　　り当該登記原因を証する情報を記載し
　　た書面を規則附則第15条第2項に規定
　　する書面と兼ねることができるものと
　　し，当該登記原因を証する情報を記載
　　した書面により登記済証を作成して差
　　し支えない。

(2)　申請人があらかじめ登記済証の交付
　　を希望しない旨の申出をしたとき又は
　　規則附則第15条第2項に規定する書面

を提出しなかったときは，登記済証を
作成することを要しないとされた（同
条第4項第1号，第4号）。

5　登記義務者に還付する登記済証等の取
　扱い

(1)　第6条指定がされるまでの間におい
　　て，登記済証（4の登記済証を除く。）
　　の作成は，なお従前の例によるとされ
　　ている（規則附則第15条第6項前段）
　　ので，規則附則第15条第2項の規定に
　　より提出された書面又は登記義務者の
　　登記済証を利用して旧法第60条第2項
　　及び旧準則第70条から第74条までの規
　　定により作成した登記済証を交付すれ
　　ば足り，登記完了証を交付することを
　　要しない。

(2)　法附則第6条第3項の規定により読
　　み替えて適用される法第22条の規定に
　　より提出すべき登記済証を提出しない
　　で申請があった場合において，登記義
　　務者に還付する登記済証の作成のため
　　に規則附則第15条第2項の書面の提出
　　があったときは，同書面を旧法第60条
　　第2項に規定する保証書とみなして
　　（規則附則第15条第6項後段），登記義
　　務者に還付する登記済証を作成するも
　　のとする。

6　受領証の取扱い

　　受領証（規則第54条参照）を交付した
　申請であっても，登記済証の交付の際に
　当該受領証を返還させることを要しない。

7　原本還付の取扱い

　　相続による権利の移転の登記等におけ
　る添付書面の原本の還付を請求する場合
　において，いわゆる相続関係説明図が提
　出されたときは，登記原因証明情報のう

ち，戸籍謄本又は抄本及び除籍謄本に限り，当該相続関係説明図をこれらの書面の謄本として取り扱って差し支えない。

8 事前通知の通知番号等

事前通知書には，通知番号等を記載するとされた（規則第70条第2項）。

当該通知番号等は，事前通知書に記載するほか，準則別記第20号様式の各種通知簿（以下「事前通知簿」という。）にも記載する。

登記官は，事前通知書及び事前通知簿に記載された通知番号等を部外者に知られないように管理しなければならない。

9 資格者代理人による本人確認情報の提供

規則第72条第1項第3号の書類の内容を明らかにするには，同条第2項に掲げる書類の写しを添付する方法又は写しと同じ程度に当該書面の内容を特定することができる具体的な事項を本人確認情報の内容とする方法によりするものとする。

10 申請書等についての公証人の認証

申請人が正当な理由により登記識別情報を提供することができない場合において，申請書等について公証人から当該申請人が法第23条第1項の登記義務者であることを確認するために必要な認証がされ，登記官がその内容を相当と認めるときは，事前通知を省略することができることとされた（法第23条第4項第2号）。

なお，この取扱いの対象となる認証をすることができる者には，公証人法（明治41年法律第53号）の適用を受ける公証人のほか，同法第8条の規定により公証人の職務を行うことができる法務事務官も含まれる。

(1) 申請書等について次に掲げる公証人

の認証文が付されている場合には，法第23条第4項第2号の本人確認をするために必要な認証としてその内容を相当と認めるものとする。

ア　公証人法第36条第4号に掲げる事項を記載する場合

「嘱託人何某は，本公証人の面前で，本証書に署名押印（記名押印）した。

本職は，右嘱託人の氏名を知り，面識がある。

よって，これを認証する。」

又は

「嘱託人何某は，本公証人の面前で，本証書に署名押印（記名押印）したことを自認する旨陳述した。

本職は，右嘱託人の氏名を知り，面識がある。

よって，これを認証する。」

イ　公証人法第36条第6号に掲げる事項を記載する場合

(ア)　印鑑及び印鑑証明書により本人を確認している場合の例

「嘱託人何某は，本公証人の面前で，本証書に署名押印（記名押印）した。

本職は，印鑑及びこれに係る印鑑証明書の提出により右嘱託人の人違いでないことを証明させた。

よって，これを認証する。」

又は

「嘱託人何某は，本公証人の面前で，本証書に署名押印（記名押印）したことを自認する旨陳述した。

本職は，印鑑及びこれに係る印鑑証明書の提出により右嘱託人の人違いでないことを証明させた。

よって，これを認証する。」

(イ)　運転免許証により本人を確認している場合の例

「嘱託人何某は,本公証人の面前で,本証書に署名押印（記名押印）した。

本職は,運転免許証の提示により右嘱託人の人違いでないことを証明させた。

よって,これを認証する。」
又は
「嘱託人何某は,本公証人の面前で,本証書に署名押印（記名押印）したことを自認する旨陳述した。

本職は,運転免許証の提示により右嘱託人の人違いでないことを証明させた。

よって,これを認証する。」

(2) 申請書等についてされた公証人の認証が,委任による代理人により嘱託された申請書等についての認証であるときは,法第23条第4項第2号に規定する「登記官が本人確認をするために必要な認証としてその内容を相当と認めるとき」に当たらないものとする。

(3) 申請書等についてされた公証人の認証が,急迫な場合で人違いでないことを証明させずにした認証（公証人法第36条第8号参照）であるときは,証書を作成した後3日以内に上記(1)の基準に適合する認証がされたもの（公証人法第60条において準用する第28条第3項）に限り,相当なものとして取り扱って差し支えない。

11 地図等に関する取扱い

(1) 電磁的記録に記録された地図等
ア 適用時期
(ア) 地図管理システムに登録されている地図又は地図に準ずる図面について,法第14条第6項の規定による電磁的記録に記録された地図又は地図に準ずる図面（以下「電子地図」という。）とする取扱いは,平成17年3月7日以後（以下「施行日後」という。）,速やかに開始するものとする。

(イ) 電子地図の取扱いを開始する際には,開始の日,電子地図の閲覧方法等について,登記所の適宜の箇所に掲示するなどの方法により周知を図るものとする。

イ 従前の地図又は地図に準ずる図面の閉鎖手続
地図又は地図に準ずる図面を電磁的記録に記録したときには,従前の地図又は地図に準ずる図面を閉鎖するものとされた（規則第12条第1項,第4項）。この場合の閉鎖の日付は,電子地図としての取扱いを開始した日とするものとする。

ウ 地図管理システムに登録された電子地図の閉鎖
地図管理システムに登録された電子地図を閉鎖する場合には,規則第12条第2項の規定にかかわらず,登記官の識別番号の記録を要しない。

エ 電子地図の副記録
地図管理システムに登録されている電子地図については,毎日の業務終了後に同システムの電子地図に記録されている情報と同一の情報を磁気テープに記録させ,これを副記録とするものとする。

オ 地図管理システムに登録された電子地図の閲覧
地図管理システムに登録された電子地図の閲覧は,閲覧用に印刷したもの（電子地図の一部をA3版の用紙に出力した認証文のないもの）によって行うものとする。

なお，請求人が地図又は地図に準ずる図面の平面直角座標系の番号又は記号，図郭線及びその座標値，精度区分等の情報の閲覧を希望する場合は，便宜，地図又は地図に準ずる図面の内容の全部を出力したもの（以下「補完図」という。）及び閉鎖した地図又は地図に準ずる図面を併せて閲覧に供して差し支えない。補完図は，電子地図としての取扱いを開始する前日までに，地図管理システムに登録されていた地図又は地図に準ずる図面と同一の情報の内容を出力したものを使用するものとする。補完図については，電子地図の記録事項に異動修正があったときであっても，再度，修正したものを出力することを要しない。

(2) 地図等の訂正

ア 地図又は地図に準ずる図面の訂正

地図又は地図に準ずる図面に表示された土地の区画（地図に準ずる図面にあっては，土地の位置又は形状。イの(イ)及びエにおいて同じ。）又は地番に誤りがあるときは，当該土地の表題部所有者若しくは所有権の登記名義人又はこれらの相続人その他の一般承継人（申出に係る地図等が表題登記のみがされている土地に係るときは表題部所有者，所有権の登記がある土地に係るときは所有権の登記名義人，これらの者に相続その他一般承継を生じているときはこれらの相続人その他の一般承継人となる。）は，その訂正の申出をすることができるとされた（規則第16条第1項。以下「地図訂正等申出」という。）。

従前の取扱いによる地図又は地図に準ずる図面の訂正の申出手続は，登記官の職権の発動を促すものであり，その申出の要件，必要な添付書面，申出に対する対応方法等は定められていなかったが，規則に地図訂正等申出の手続を設けることにより，この申出をすることができる者の範囲，申出情報と併せて提供すべき情報，申出の却下事由等を定め，却下事由がない場合に限り，訂正をしなければならないことを明らかにしたものである。なお，地図訂正等申出は，職権による地図等の訂正手続を否定したものではない。

これらの申出権が認められる者以外の者からの申出については，地図訂正等申出の趣旨であるか否かを確認し，地図訂正等申出の趣旨である場合は，これを却下するものとし（同条第13項第2号），そうでない場合は，これを職権の発動を促す申出があったものとして取り扱って差し支えない（同条第15項参照）。

イ 地図訂正等申出

(ア) 地図訂正等申出は，表題部所有者若しくは所有権の登記名義人又は相続人その他の一般承継人が2人以上ある場合には，そのうちの1人からすることができる。

(イ) 地図訂正等申出に係る表題部所有者若しくは所有権の登記名義人の氏名若しくは名称又は住所が登記簿に記録されている氏名又は名称及び住所と異なる場合において，地図訂正申出情報と併せて当該表題部所有者又は所有権の登記名義人の氏名若しくは名称又は住所についての変更又は錯誤若しくは遺漏があったことを証する市町村長，

登記官その他の公務員が職務上作成した情報（公務員が職務上作成した情報がない場合にあっては，これに代わるべき情報）が提供されたときは，規則第16条第13項第2号の規定により当該地図訂正等申出を却下することを要しない。

(ウ) 地図又は地図に準ずる図面に表示された土地の区画に誤りがあることによる地図訂正等申出の際に添付された地積測量図（規則第16条第5項第2号）に記録された地積が登記記録上の地積と異なる場合には，地図訂正等申出は，地積に関する更正の登記の申請と併せてしなければならないとされた（同条第2項）。ただし，当該地積の差が，規則第77条第4項＊2において準用する第10条第4項の規定による地積測量図の誤差の限度内であるときは，当該申出は，地積に関する更正の登記の申請と併せてすることを要しない。

(エ) 地図訂正等申出をする場合において，地図又は地図に準ずる図面に表示された土地の区画若しくは位置若しくは形状又は地番の誤りが登記所に備え付けられている土地所在図，地積測量図又は閉鎖された地図若しくは地図に準ずる図面により確認できる場合には，その図面を特定する情報を提供すれば，規則第16条第5項第1号の誤りがあることを証する情報の提供があったものと認めて差し支えない。

ウ　地図訂正等申出の調査
(ア) 地図訂正等申出に係る事項の調査に当たっては，地番の訂正を除き，実地調査をしなければならない。ただし，登記所備付けの資料等により訂正する事由が明らかである場合は，この限りでない。

(イ) 地図訂正等申出に係る事項の調査をした結果，規則第16条第13項各号に掲げる事由に該当する場合は，当該地図訂正等申出を却下しなければならない。

エ　地図訂正等申出情報の記録事項
地図訂正等申出に係る訂正の内容（規則第16条第3項第5号）の記録方法は，次のとおりとする。

(ア) 地図又は地図に準ずる図面に表示された土地の区画に誤りがあることを理由とする場合において，土地所在図又は地積測量図（規則第16条第5項第2号）を添付するときは，「別紙土地所在図のとおり」又は「別紙地積測量図のとおり」のように記録して差し支えない。

(イ) 地図又は地図に準ずる図面に表示された地番に誤りがあることを理由とするときは，「地図上の地番の表示「5番1」を「5番2」に，「5番2」を「5番1」に訂正」のように記録するものとする。

オ　職権による地図等の訂正
職権による地図，地図に準ずる図面又は建物所在図の訂正（規則第16条第15項）の手続は，職権による表示に関する登記についての手続に準ずるものとする（規則第96条並びに準則第16条第1項第1号後段，同条第2項第1号，第60条及び第65条参照）。

カ　地図管理システムに登録されている電子地図の訂正票

25

地図管理システムに登録されている電子地図の訂正を行った場合においては，準則第17条第1項第7号*3の規定にかかわらず，訂正票を作成し，適宜，別途保管するものとする。

キ　施行日前に提出された申出の取扱い

平成17年3月6日以前（以下「施行日前」という。）に提出された地図等の訂正の申出については，なお従前の例による。

(3)　新住市街地登記令の土地の全部についての所在図の取扱い

不動産登記法及び不動産登記法の施行に伴う関係法律の整備等に伴う関係政令の整備等に関する政令（平成17年政令第24号）による改正後の新住宅市街地開発法等による不動産登記に関する政令（昭和40年政令第330号。以下「新住市街地登記令」という。）第6条第3項（同令第11条において首都圏の近郊整備地帯及び都市開発区域の整備に関する法律（昭和33年法律第98号）第30条の2の登記について準用する場合を含む。第3の5において同じ。）の規定により新住市街地登記令第6条第2項の土地の全部についての所在図は，新たに国土調査法（昭和26年法律第180号）第19条第5項の規定による指定を受けた地図でなければならないとされた。

12　土地所在図の訂正等

(1)　土地所在図の訂正等

土地所在図，地積測量図，建物図面又は各階平面図に誤りがあるときは，表題部所有者若しくは所有権の登記名義人又はこれらの相続人その他の一般承継人（申出に係る地図等が表題登記のみがされている土地に係るときは表題部所有者，所有権の登記がある土地に係るときは所有権の登記名義人，これらの者に相続その他一般承継を生じているときはこれらの相続人その他一般承継人となる。）は，その訂正の申出をすることができるとされた（規則第88条第1項。以下「土地所在図訂正等申出」という。）。

この場合の土地所在図訂正等申出ができる事項は，規則に定める土地所在図，地積測量図，建物図面又は各階平面図の内容（規則第76条から第79条まで及び第82条から第84条まで）のすべてである。

(2)　土地所在図訂正等申出

ア　土地所在図訂正等申出は，申出に係る表題部所有者若しくは所有権の登記名義人又は相続人その他の一般承継人が2人以上ある場合には，そのうちの1人からすることができる。

イ　土地所在図訂正等申出に係る表題部所有者若しくは所有権の登記名義人の氏名若しくは名称又は住所が登記簿に記録されている氏名又は名称及び住所と異なる場合において，土地所在訂正等申出に係る申出情報と併せて当該表題部所有者又は所有権の登記名義人の氏名若しくは名称又は住所についての変更又は錯誤若しくは遺漏（いろう）があったことを証する市町村長，登記官その他の公務員が職務上作成した情報（公務員が職務上作成した情報がない場合にあっては，これに代わるべき情報）が提供されたときは，規則第88条第3項において準用する第16条第13項第2号の規定により当該土地所在図訂正等申出を却下することを要しない。

ウ　土地所在図，地積測量図，建物図
面又は各階平面図の誤りがこれらの
図面を添付情報とする更正の登記の
申請によって訂正することができる
ものである場合には，土地所在図訂
正等申出をすることはできないとさ
れた（規則第88条第1項ただし書）。

(3)　土地所在図訂正等申出の調査

ア　申出に係る事項の調査をした結果，
申出に係る事項に却下すべき理由が
ないときは，土地所在図の訂正等を
しなければならない（規則第88条第
3項において準用する規則第16条第
12項及び第13項）。

イ　土地所在図訂正等申出に係る事項
の調査に当たっては，地番又は家屋
番号の訂正を除き，実地調査をしな
ければならない。ただし，登記所備
付けの資料等により訂正する事由が
明らかである場合は，この限りでな
い。

(4)　土地所在図の訂正等の申出情報の記
録事項

土地所在図の訂正等の申出情報に記
録する事項のうち，申出に係る訂正の
内容（規則第88条第3項において準用
する規則第16条第3項第5号）につい
ては，「別添土地所在図のとおり」，「別
添地積測量図のとおり」，「別添建物図
面のとおり」又は「別添各階平面図の
とおり」のように記録して差し支えな
い。

13　表示に関する登記の添付情報の特則

(1)　表示に関する登記を電子申請により
する場合において，当該申請の添付情
報（申請人又はその代表者若しくは代
理人が作成したもの及び土地所在図等
を除く。）が書面に記載されていると

きは，当該書面に記載された情報を電
磁的記録に記録したものを添付情報と
することができ，この場合において，
当該電磁的記録は，当該電磁的記録を
作成した者による電子署名が行われて
いるものでなければならないとされた
（令第13条第1項）。この場合には，登
記官が定めた相当の期間内に，登記官
に当該書面の原本を提示しなければな
らないとされた（同条第2項）。

(2)　令第13条第1項の「当該書面に記載
された情報を電磁的記録に記録したも
の」としては，当該書面のうち令で定
められた添付情報として必要な部分の
みを記録したもので差し支えない。

(3)　「当該書面の提示」は，登記所に持
参若しくは郵送の方法により提出し，
又は実地調査の際に登記官に提示する
ことのいずれによることもできる。

(4)　令第13条第2項の「相当の期間」は，
実地調査を実施するまでの期間を目安
とする。

(5)　書面に記載された情報を電磁的記録
に記録したものを添付情報とする電子
申請がされた場合において，相当の期
間内に当該書面の提示があったときは，
その書面と添付情報とを照合確認した
後，添付情報の内容を印刷した書面に
登記官が原本確認の旨を記載して登記
官印を押印し，第2の1(2)の電子申請
管理用紙と共に保存しなければならな
い。

(6)　相当の期間内に当該書面の提示がさ
れないときは，必要な情報の提供がな
いものとして，法第25条第9号の規定
により申請を却下するものとする。

14　要役地（ようえきち）の分筆の取扱い

(1)　分筆（ぶんぴつ）後の土地の一部について地役権（ちえきけん）

を消滅させることを証する情報

登記官は，要役地についてする地役権の登記がある土地について分筆の登記をする場合において，当該分筆の登記の申請情報と併せて当該地役権を分筆後のいずれかの土地について消滅させることを証する地役権者が作成した情報が提供されたときは，当該土地について当該地役権が消滅した旨を登記しなければならないものとされた（規則第104条第6項）。

当該地役権者が作成した情報を記載した書面には，当該地役権者が記名押印し，これに当該地役権者の印鑑証明書を添付することを要する（当該消滅させることを証する情報を電子申請によって提供する場合には，当該情報に電子署名を行い，電子証明書と併せて提供することを要する。）。

(2) 分筆後の土地の地番の定め方

(1)の場合において，分筆後の土地の地番を定めるときは，地役権を消滅させない分筆後の土地について，分筆前の土地の番号を用いるものとする。この場合において，分筆前の土地に支号がないときは，分筆した土地について支号を設けない地番を存するものとすることができるとされた（準則第67条第1項第5号）。

15 前の登記に関する登記事項証明書

前の登記に関する登記済証は，準則第112条に規定する登記事項証明書として取り扱って差し支えない。

16 共同担保目録に係る事務の取扱い

規則附則第9条第1項本文の規定によりなお従前の例によるとされた共同担保目録に記録すべき情報の提供方法につい

て，同項ただし書の規定により共同担保目録1通が添付書面として提出された場合において，前の登記に係る他の登記所が規則附則第9条の共担未指定登記所であるときは，適宜，提出された共同担保目録の写しを作成して，当該他の登記所に対する規則第168条第5項の通知に添付するものとする。規則附則第9条第2項の場合についても，同様とする。

第2 第6条指定を受けた登記事務の取扱い

1 電子申請の受付後の処理

(1) 電子申請については，申請情報等が登記所に到達した時（登記所に申請情報等が到達するのは，登記所の開庁日の午前8時30分から午後5時までに限られる。）に自動的に受付番号が付され，不動産所在事項の記録がされる。

(2) 登記官は，電子申請の受付を受付用端末装置で確認した場合は，当該申請に関する調査票と共に，申請情報，添付情報及び電子署名の検証結果を書面に印刷するとともに，別記第1号様式の申請の受付の年月日及び受付番号等が記載された書面（以下「電子申請管理用紙」という。準則第32条第3項参照。）を印刷し，これらの書面を登記完了まで一括して管理するものとする。

なお，電子署名については，申請情報に付された電子署名のほか，添付情報に付された電子署名についても自動的に電子署名の検証及び電子証明書の有効性の確認が行われ，その結果が印刷されるが，登録免許税の納付情報については，①登録免許税が歳入金電子納付システムにより納付されたときは，調査用端末装置の納付状況確認画面により，納付の事実を確認した上で，当

該納付状況の情報を印刷し，この書面に印刷を行った者及び納付状況の情報により登録免許税が納付されていることを確認した登記官が押印する必要があり，②登録免許税が領収証書又は印紙により納付されたときは，貼付された領収証書又は印紙を確認した上で，登録免許税法（昭和42年法律第35号。以下「税法」という。）第24条の2第3項及び第35条第4項の規定により読み替えて適用する税法第21条から第23条までの登記機関の定める書類（以下「登録免許税納付用紙」という。）の該当欄に提出年月日を記載して押印するとともに，速やかに当該申請について付与された納付情報を取り消し，納付情報を取り消した旨が表示された納付状況の情報を印刷した上で，この書面に印刷を行った者及び貼付された領収証書又は印刷を確認した登記官が押印する必要がある。

2　審査の方法

(1)　電子申請についての審査は，1の(2)で印刷した書面を用いて行うほか，登記識別情報は，調査用端末装置において照合し，その結果を印刷して，1の(2)で印刷した書面と共に管理するものとする。

(2)　書面申請において，登記識別情報を提供する場合には，登記識別情報を記載した書面を封筒等に入れて封をし，当該封筒に登記識別情報を提供する申請人の氏名又は名称及び登記の目的を記載し，「登記識別情報在中」のように記載して，申請書に添付して提出することとされた（規則第66条第1項第2号，第2項，第3項）。

登記識別情報を記載した書面として

は，登記識別情報通知書若しくはその写し，電子情報処理組織を使用して送信された通知情報を印刷した書面又は登記識別情報が記載された適宜の用紙等がこれに当たる。

登記識別情報のみが記載された書面が提出された場合には，当該書面に申請の受付番号を記載するなど，当該書面がいずれの申請に関するものであるかを明らかにしておくものとする。

なお，当該書面が封筒に入れずに提出された場合であっても，却下事由には当たらず，補正させることを要しない。

(3)　登記識別情報を記載した書面が提出された場合の審査については，申請人から提出された登記識別情報を調査用端末装置に入力して，正しい登記識別情報との照合を行い，その結果を印刷して，申請書と共に申請書類つづり込み帳につづり込むものとする（準則第41条第2項）。

(4)　登記所の職員は，登記識別情報を記載した書面が提出された場合には，当該書面が部外者の目に触れることのないように厳重に管理し（準則第41条第1項），当該申請に基づく登記を完了したときは，当該書面をシュレッダー等を利用して細断した上で，廃棄しなければならない（規則第69条，準則第41条第3項参照）。

このため，登記識別情報を記載した書面を審査する際又は登記識別情報を調査用端末装置に入力する際には，その途中で席を離れることのないようにし，これらの審査又は調査が終了したときは，当該書面を提出の際に入れられていた封筒に戻すなど，細心の注意を払うものとする。

(5) 電子署名及び電子証明書の有効性等の審査の基準は，次のとおりとする。

　ア　情報の改ざんがある場合等

　　電子署名の検証の結果，当該電子署名がされた情報が改ざんされていることが検知された場合及び電子証明書の有効性確認の結果，電子証明書自体が偽造されたものであって該当する認証局が発行したものではない場合（電子証明書が存在しない場合）には，電子署名が行われていないものとして取り扱う。

　イ　規則第43条第1項本文の場合

　　規則第43条第1項本文の規定により必要とされる電子証明書の有効性については，申請の受付時を基準として判断するものとする。すなわち，電子証明書の有効性を確認した結果，申請の受付時において，当該電子証明書が有効期限の経過その他の事由により失効し，又はその有効性の確認に対する回答が保留となっていたことが確認された場合には，電子署名が行われていないものとして取り扱う。

　ウ　規則第43条第1項本文以外の場合

　　イ以外の場合に必要とされる電子証明書の有効性については，原則として電子署名が付された時を基準として判断するものとする。すなわち，電子証明書の有効性を確認した結果，電子署名が付されたとされる時点（この時点は，電子署名の検証によって判明する。）において，当該電子証明書が有効期限の経過その他の事由により失効し，又はその有効性の確認に対する回答が保留となっていたことが確認された場合には，電子署名が行われていないものとして取り扱う。そのため，調査の際に登記官が電子証明書の有効性確認を行った時点では電子証明書が失効等している場合であっても，差し支えない。電子証明書によっては，過去のある時点における有効性の確認ができない場合があるが，そのような場合には，当該電子署名が付された時点において既に当該電子証明書が失効等していたことが積極的に推認されるときを除き，当該電子署名は有効にされたものとして取り扱って差し支えない。

　エ　却下事由

　　申請情報に電子署名が行われていないときの却下事由は法第25条第5号，委任による代理人の権限を証する情報等の添付情報に電子署名が行われていないときの却下事由は同条第9号によるものとする。

(6) 登記官は，申請の補正期限内に申請人から補正情報と併せて提供された電子証明書が，検証の結果，既に失効している場合であっても，当該電子証明書が申請情報と併せて提供された電子証明書と同一のものであって，当該補正の内容が電子証明書の失効に関するものでないときは，当該補正情報と併せて提供された電子証明書を有効なものとして取り扱って差し支えない。

3　登記識別情報の再作成

　次に掲げる場合には，登記識別情報を再作成するものとする。

(1) 登記情報システムにおける登記識別情報の発行の処理において，作成と指示すべきところ，誤って不作成と指示して処理が完了した場合

(2) 登記識別情報通知書を作成した後，

当該登記識別情報を通知すべき者に当該登記識別情報通知書を交付する前に,通知書にはり付けられたシールがはがれた場合

なお,いったん登記識別情報を通知すべき者に登記識別情報を通知した後には,再作成することはできない。

4 電子申請の補正の方法

(1) 補正の告知

登記官は,準則第36条第1項の規定により補正コメントを法務省オンライン申請システムに掲示する措置を採ったときは,当該補正コメントが法務省オンライン申請システムに到達したことを確認して,補正コメントの履歴を印刷した上,これを1の(2)で印刷した書面と共に管理するものとする。

なお,申請人が法務省オンライン申請システムのユーザー登録において電子メールのアドレスを登録していた場合において,補正コメントが法務省オンライン申請システムに掲示されたときは,当該アドレスにあてて,申請内容に不備があるため補正の手続を促す旨及び当該補正コメントの参照を促す旨の電子メールが送信される。

(2) 補正があった場合の処理

補正情報が提供された場合は,当該情報を印刷した上,調査するが,その方法は,申請情報等の調査と同様である。また,1の(2)で印刷した書面に補正があったことを記載し,補正情報を印刷した書面を1の(2)で印刷した書面と共に管理するものとする。

なお,電子申請の補正については,書面によりすることはできない。ただし,登録免許税の不足額の納付は,登録免許税納付用紙を用いて納付することができる。

5 電子申請の却下

電子申請を却下する場合には,調査未了の補正情報又は取下情報がないことを確認しなければならない。

6 電子申請の取下げ

(1) 電子申請の取下げの処理は,取下書一覧の画面に表示される事件から,取下げの対象とする事件を選択して行うものとする。

この場合には,送信された取下情報を印刷した上,1の(2)で印刷した書面と共に管理するものとする。また,送信された取下情報の審査の方法は,申請情報等と同様である。

(2) 取下情報に不備があるときは,補正の告知に準じて,連絡コメントを作成し,不備のない取下情報等の送信を求めるものとする。

登記官は,連絡コメントを法務省オンライン申請システムに掲示する措置を採ったときは,当該連絡コメントが法務省オンライン申請システムに到達したことを確認して,連絡コメントの履歴を印刷した上,これを1の(2)で印刷した書面と共に管理するものとする。

なお,申請人に連絡コメントが掲示された旨の電子メールが送信されることについても,補正の場合と同様である。

7 却下又は取下げとなった場合の登記識別情報通知書の還付

登記官は,却下又は取下げがあった登記の申請に添付された登記識別情報通知書を準則第41条第4項[*4]の規定により申請人に還付する場合は,当該申請の申

請書又は取下書に登記識別情報通知書を還付した旨を記載するものとする。

8 申請書等に記録すべき事項の処理

(1) 電子申請に基づく登記をする場合において共同担保目録を作成するときは，電子申請管理用紙に共同担保目録の記号及び目録番号を記載するものとする。

(2) 電子申請の却下，又は取下げの場合は，電子申請管理用紙に却下した旨又は取り下げられた旨を記載し，登記官印を押印するものとする。この場合において，登録免許税を還付したときは，準則第128条第2項の手続を電子申請管理用紙に行うものとする。

(3) 電子申請の処理においては，(1)及び(2)のほか，書面申請において登記官が申請書に記載すべき事項を電子申請管理用紙に記載するものとする。

9 電子申請において送信された情報等の処理

(1) 電子申請に基づいて登記を完了したときは，電子申請管理用紙，登録免許税納付用紙及び1の(2)の登録免許税の納付状況の情報を印刷した書面（画面印刷者及び登記官の押印のあるもの）は，申請の受付番号の順序に従って申請書類つづり込み帳につづり込むものとする。電子申請を却下したときも，同様とする。

(2) 電子申請に基づいて登記を完了したときは，1の(2)で印刷した書面（電子申請管理用紙及び登録免許税の納付状況の情報を印刷した書面（画面印刷者及び登記官の押印のあるもの）を除く。）は，申請の受付番号の順序に従って適宜のつづり込み帳につづり込み，当分の間，保管するものとする。ただ

し，(1)の書面と共に申請書類つづり込み帳につづり込むことも差し支えない。

(3) 電子申請の取下げがあったときは，電子申請管理用紙，登録免許税納付用紙及び1の(2)の登録免許税の納付状況の情報を印刷した書面（画面印刷者及び登記官の押印のあるもの）は，登記完了後，当該申請の受付番号の順序に従って申請書類つづり込み帳につづり込むものとする。ただし，登録免許税の再使用の請求があったときは，この限りでない。

(4) 電子申請の取下げがあったときは，1の(2)で印刷した書面（電子申請管理用紙及び登録免許税の納付状況の情報を印刷した書面（画面印刷者及び登記官の押印のあるもの）を除く。）は，適宜廃棄して差し支えない。

(5) 法第121条第2項の規定による電磁的記録に記録された登記簿の附属書類（土地所在図等を除く。）の閲覧の請求があった場合には，(2)により保管している書面を，規則第202条第2項の規定により当該電磁的記録に記録された情報の内容を書面に出力して表示したものとして，取り扱って差し支えない。

第3 経過措置

1 保証書事件の取扱い

(1) 施行日前に旧法第44条の規定に基づき申請書に保証書を添付して申請がされた場合において，施行日後に旧法第49条第1号から第9号までの規定により却下すべきときでないことが明らかになったときは，旧法第44条ノ2第1項の事前通知をするものとする（法附則第8条）。

(2) 施行日前に旧法第44条の規定に基づき申請書に保証書を添付して申請がさ

32

れた場合において，施行日後に旧法第44条ノ2第1項の事前通知に基づく申出があったときは，当該申出に基づく手続は，同条第2項の規定によるものとする（法附則第8条）。

(3) 施行日前に旧法第44条の規定に基づき申請書に保証書を添付して所有権に関する登記以外の登記の申請がされた場合において，施行日後に未処理のものがあるときは，当該登記の完了後に不動産登記法施行細則（明治32年司法省令第11号）第69条ノ4の事後通知をするものとする（法附則第8条）。

(4) 施行日後に旧法第44条の規定に基づき申請書に保証書を添付して申請がされた場合において，登記済証の提出がないときは，登記済証を提出すべき旨又は提出することができない理由を申請情報の内容とすべき旨の補正を促し，後者の補正があった場合には事前通知の手続を採るものとする。

2 予告登記の取扱い

施行日前に旧法第3条の規定による予告登記の嘱託がされた場合において，施行日後に未処理のものがあるときは，旧法の規定による却下事由に該当しない限り，いったん旧法の規定に基づき予告登記を完了した（法附則第8条）上，規則附則第18条第2項の規定により，職権で，当該予告登記を抹消するものとする。

3 既存の予告登記の職権抹消

(1) 規則附則第18条の規定により職権で予告登記を抹消しようとするときは，別記第2号様式の調書を作成し，当該調書に受付の処理をするものとする。

(2) 規則附則第18条の規定により職権で予告登記を抹消するときは，権利部の相当区に「不動産登記規則附則第18条の規定により抹消」と記録するものとする。

(3) 規則附則第18条第2項の場合のほか，利害関係人等から予告登記の抹消の申出があった場合は，適宜，同条第1項の規定により，職権で，当該予告登記を抹消して差し支えない。

(4) (1)及び(3)にかかわらず，登記原因の無効又は取消しによる登記の抹消又は回復をしたときは，旧法第145条第3項に規定する手続に準じ，当該予告登記を抹消して差し支えない。

4 登記用紙の改製等における予告登記の取扱い

登記用紙の移記をする場合において，抹消されていない予告登記があるときは，現に効力を有しない登記事項として，予告登記を移記することを要しない。この場合においては，3の規定による抹消の手続を省略して差し支えない。

5 新住市街地登記令の土地の全部についての所在図の取扱い

新住市街地登記令第6条第1項の嘱託の場合における嘱託情報と併せて提供された同条第2項の土地の全部についての所在図は，第1の11(3)にかかわらず，国土調査法第19条第5項の指定を受けた地図でない場合であっても，施行日前に作成されていたものであるときは，土地の全部についての所在図が提供されていないことを理由に却下することを要しない。この場合において，当該嘱託が施行日後6月以内にされたときは，施行日前に作成されていたものであると認めて差し支えない。

別記第1号

受 付	識別照合	調 査	地図調査	記 入	地図記入	図面整理	校 合	通 知

申 請 番 号	
区 分	
受 付 年 月 日	
受 付 番 号	
備 考	登識失効最終番号：第　　　号 効力証明最終番号：第　　　号

34

別記第2号

約11cm

約5cm　　　　　　　　　　余　　　白

予告登記の職権抹消調書

1　不動産所在事項　　　（1）　何市区郡何町村大字何字何何番の土地
　　　　　　　　　　　　（2）　何市区郡何町村大字何字何何番地
　　　　　　　　　　　　　　　家屋番号何番の建物

2　対象となる登記事項　（1）につき，順位第何番の登記事項
　　　　　　　　　　　　（2）につき，順位第何番の登記事項

参　照

「民事月報」平成17年号外
「登記研究」686号
「平成20年先例集」8頁

メ　モ

＊1　現行は準則42条です。
＊2　現行は5項です。
＊3　現行は準則16条1項7号です。
＊4　現行は3項です。

「「不動産登記法の施行に伴う登記事務の取扱いについて」
の一部改正について」

（平成23年5月26日民二第1292号民事局長通達）

　平成17年2月25日付け法務省民二第457号当職通達「不動産登記法の施行に伴う登記事務の取扱いについて」（以下「通達」という。）の一部を下記のとおり改正し，本月30日から実施することとしましたので，この旨貴管下登記官に周知方取り計らい願います。

　　　　　　　　　記

1　通達第2の1の(2)関係

　通達第2の1の(2)中「登録免許税の納付情報については，調査端末装置により，納付の事実を確認した上，印刷する必要がある。」を次のように改める。

　「登録免許税の納付情報については，①登録免許税が歳入金電子納付システムにより納付されたときは，調査用端末装置の納付状況確認画面により，納付の事実を確認した上で，当該納付状況の情報を印刷し，この書面に印刷を行った者及び納付状況の情報により登録免許税が納付されていることを確認した登記官が押印する必要があり，②登録免許税が領収証書又は印紙により納付されたときは，貼付された領収証書又は印紙を確認した上で，登録免許税法（昭和42年法律第35号。以下「税法」という。）第24条の2

第3項及び第35条第4項の規定により読み替えて適用する税法第21条から第23条までの登記機関の定める書類（以下「登録免許税納付用紙」という。）の該当欄に提出年月日を記載して押印するとともに，速やかに当該申請について付与された納付情報を取り消し，納付情報を取り消した旨が表示された納付状況の情報を印刷した上で，この書面に印刷を行った者及び貼付された領収証書又は印刷を確認した登記官が押印する必要がある。」

2　通達第2の2の(4)関係

　通達第2の2の(4)中「調査端末装置」を「調査用端末装置」に改める。

3　通達第2の4の(2)関係

　通達第2の4の(2)中「登録免許税法（昭和42年法律第35号。以下「税法」という。）第24条の2第3項及び第33条第4項の規定により読み替えて適用する税法第21条又は第22条の登記機関の定める書類（以下「登録免許税納付用紙」という。）」を「登録免許税納付用紙」に改める。

4　通達第2の9の(1)(2)(3)(4)関係

　通達第2の9の(1)を次のように改める。

「電子申請に基づいて登記を完了した
ときは，電子申請管理用紙，登録免許税
納付用紙及び1の(2)の登録免許税の納付
状況の情報を印刷した書面（画面印刷者
及び登記官の押印のあるもの）は，申請
の受付番号の順序に従って申請書類つづ
り込み帳につづり込むものとする。電子
申請を却下したときも，同様とする。」

　通達第2の9の(2)を次のように改める。

「電子申請に基づいて登記を完了した
ときは，1の(2)で印刷した書面（電子申
請管理用紙及び登録免許税の納付状況の
情報を印刷した書面（画面印刷者及び登
記官の押印のあるもの）を除く。）は，
申請の受付番号の順序に従って適宜のつ
づり込み帳につづり込み，当分の間，保
管するものとする。ただし，(1)の書面と
共に申請書類つづり込み帳につづり込む
ことも差し支えない。」

　通達第2の9の(3)を次のように改める。

「電子申請の取下げがあったときは，
電子申請管理用紙，登録免許税納付用紙
及び1の(2)の登録免許税の納付状況の情
報を印刷した書面（画面印刷者及び登記
官の押印のあるもの）は，登記完了後，
当該申請の受付番号の順序に従って申請
書類つづり込み帳につづり込むものとす
る。ただし，登録免許税の再使用の請求
があったときは，この限りでない。」

　通達第2の9の(4)を次のように改める。

「電子申請の取下げがあったときは，
1の(2)で印刷した書面（電子申請管理用
紙及び登録免許税の納付状況の情報を印
刷した書面（画面印刷者及び登記官の押
印のあるもの）を除く。）は，適宜廃棄
して差し支えない。」

参　照

「民事月報」平成23年7月号

特例によるオンライン申請の方式

「不動産登記令の一部改正等に伴う登記事務の取扱いについて」

（平成20年1月11日民二第57号民事局長通達）

　不動産登記令の一部を改正する政令（平成20年政令第1号）及び不動産登記規則の一部を改正する省令（平成20年法務省令第1号）が本年1月15日から施行されることとなったところ，これらに伴う不動産登記事務の取扱いについては，平成17年2月25日付け法務省民二第456号通達「不動産登記事務取扱手続準則」（以下「準則」という。）及び同日付け法務省民二第457号通達「不動産登記法の施行に伴う登記事務の取扱いについて」（以下「施行通達」という。）によるもののほか，下記の点に留意し，事務処理に遺憾（いかん）のないよう，貴管下登記官に周知方取り計らい願います。

　なお，本通達中，「法」とあるのは不動産登記法（平成16年法律第123号）を，「令」とあるのは不動産登記令（平成16年政令第379号）を，「規則」とあるのは不動産登記規則（平成17年法務省令第18号）をいい，引用する条文等はいずれも改正後のものです。

記

第1　電子申請における添付情報の提供方法の特例

1　添付情報の提供方法の特例

　(1)　電子申請をする場合において，添付情報（登記識別情報を除く。）が書面に記載されているときは，令第10条及び第12条第2項の規定にかかわらず，当分の間，当該添付情報の提供は，当該書面（以下「添付書面」という。）を登記所に提出する方法によりすることができることとされた（令附則第5条第1項）。

　(2)　(1)により添付書面を登記所に提出する方法（以下「特例方式」という。）は，当該添付書面の登記所への持参及び送付のいずれの方法によることもできる。いずれの場合も，当該添付書面を提出するときは，規則別記第13号様式による用紙に必要事項を記載したものを当該書面に添付しなければならないこととされた（規則附則第21条第3項）。

　(3)　特例方式により添付書面を提出するときは，その旨をも申請情報の内容とすることとされ（令附則第5条第2項），各添付情報につき添付書面を提出する方法によるか否かの別をも申請情報の内容とすることとされた（規則附則第21条第1項）。

　(4)　特例方式により提出された添付書面については，書面申請における添付書面の規定である令第17条から第19条ま

での必要な事項につき準用することと
された（令附則第5条第3項）。

⑸　特例方式により登記原因を証する情
報を記載した書面を提出するときは，
申請情報と併せて当該書面に記載され
た情報を記録した電磁的記録を送信し
なければならないこととされ，また，
この電磁的記録については作成者の電
子署名は不要とすることとされた（令
附則第5条第4項）。この電磁的記録は，
法務大臣の定めるところにより当該書
面に記載されている事項をスキャナで
読み取って提供しなければならないこ
ととされ（規則附則第22条第1項及び
第3項），また，登記原因の内容を明
らかにする部分について記録すれば足
りることとされた（規則附則第22条第
2項）。

　なお，登記名義人の氏名若しくは名
称又は住所についての変更の登記又は
更正の登記については，登記原因を証
する情報を記録した電磁的記録を申請
情報と併せて送信することを要しない
こととされた（同項）。

⑹　⑸の登記原因の内容を明らかにする
部分とは，例えば，売買契約の場合に
は，次の内容の記載がすべて含まれて
いるものでなければならないものとす
る。

　ア　契約当事者の記載
　イ　対象不動産の記載
　ウ　売買契約の年月日の記載
　エ　売買契約締結の事実が分かる記載

⑺　特例方式により添付書面を提出する
ときは，申請の受付の日から2日以内
に当該添付書面を登記所に提出するも
のとすることとされた（規則附則第21
条第2項）。この期間の計算ついては，
初日は算入せず（民法（明治29年法律

第89号）第140条），かつ，期限が日曜，
土曜，祝日等の行政機関の休日に当た
るときは，その翌日が期限となる（行
政機関の休日に関する法律（昭和63年
法律第91号）第2条）。

⑻　特例方式により添付書面を送付する
方法により提出するときは，書留郵便
等によることとされ（規則附則第21条
第4項），当該添付書面を入れた封筒
の表面に添付書面が在中する旨を明記
することとされた（規則附則第21条第
5項）。

⑼　特例方式により提出された添付書面
については，書面申請における添付書
面と同様に，規則第19条から第22条ま
での規定に従い，規則第18条第2号か
ら第5号までに掲げる帳簿につづり込
んで保存するものとすることとされた
（規則附則第23条）。

⑽　特例方式により提出された添付書面
については，規則第38条第3項及び第
39条第3項の規定が準用されることと
された（規則附則第24条第1項）。
これにより，申請の却下又は申請の取下
げがあったときは，特例方式により提
出された添付書面は，原則として還付
するものとすることとされた。

⑾　特例方式により提出された添付書面
については，規則第45条，第49条，第
50条及び第55条の必要な事項について
準用することとされた（規則附則第24
条第2項）。これにより，特例方式に
より提出された添付書面について，原
本の還付請求ができることとされた。

⑿　特例方式により提出された添付書面
については，規則第60条第2項の必要
な事項について読替えの上，適用され
ることとされた（規則附則第24条第3
項）。これにより，特例方式により登

記所に提出した添付書面を補正し，又は補正に係る添付書面を登記所に提出する方法によって補正ができることとされた（同項）。

⒀　電子申請の場合における法第23条第1項に規定する申出は，特例方式により委任状が書面を提出する方法により提出されたときは，当分の間，規則第70条第1項の書面に通知に係る申請の内容が真実である旨を記載し，これに記名し，委任状に押印したものと同一の印を用いて押印した上，登記所に提出する方法によることができることとされた（規則附則第25条）。

　　なお，この取扱いは，代理人による申請で，委任状が書面を提出する方法により提出された場合に限ってすることができるものであり，これ以外のときは，原則どおり，規則第70条第5項第1号の規定により，申請の内容が真実である旨の情報に電子署名を行った上で，登記所に送信する方法によらなければならないこととなる。

⒁　特例方式により添付書面が送付の方法により提出されたときは，当該添付書面が到着した旨を記録したコメント通知を法務省オンライン申請システムに掲示する措置を採るものとする。なお，添付書面が登記所への持参の方法により提出されたときは，この措置を採る必要はないものとする。

2　特例方式の受付後の書面の管理

⑴　特例方式による添付書面の提出に際し，これと併せて提出された規則別記第13号様式の書面については，施行通達第2の1の⑵で印刷した書面と共に登記の完了まで管理し，登記を完了したときは，施行通達第2の9の⑴によ

り，電子申請管理用紙及び登録免許税納付用紙と共に申請書類つづり込み帳につづり込むものとする。

⑵　特例方式により登記原因を証する情報を記載した書面が提出された場合には，申請情報と併せて送信された登記原因を証する情報の電磁的記録（令附則第5条第4項）を印刷した書面は，施行通達第2の9の⑵により申請情報等を印刷した書面（電子申請管理用紙を除く。）と共に，適宜のつづり込み帳につづり込んで，当分の間，保管するものとする。

3　特例方式により添付書面が提出される場合における審査の方法

⑴　表示に関する登記の審査など，添付書面が登記所に到達する前であっても添付書面の到着を待たずに処理を進めることが可能な事務については，その事務処理を進めて差し支えないものとする。

⑵　特例方式により送信された申請情報の補正については，準則第36条第1項及び施行通達第2の4の方法によりするものとする。

⑶　特例方式により送信された添付情報及び書面で提出された添付書面の補正については，準則第36条第1項及び施行通達第2の4の方法によるほか，準則第36条第2項の方法によることもできるものとする。

⑷　添付書面が2日以内に提出されない場合であっても，申請人等に状況を確認するなどした上で，相当と認めるときは，一定の期間を法第25条柱書の補正期間と定めて提出期限を猶予することができるものとする。

　　なお，登記義務者が異なるときなど，

当該申請の不備を補正させることが相当でないときは，2日間の経過を待たずに却下することができるものとする。

(5) 添付書面が送付の方法により提出された場合には，その送付の方法が規則附則第21条第4項による方法によらなかったときであっても，申請の却下事由には当たらないものとする。

(6) 添付書面が提出された場合には，その添付書面の提出に際して，規則別記第13号様式による書面の添付がないときであっても，申請の却下事由には当たらないものとする。

(7) 申請情報と併せて送信するべき登記原因を証する情報を記録した電磁的記録の提供がないときは，法第25条第5号の規定により申請を却下するものとする。

(8) 特例方式により提出された登記原因を証する情報を記載した書面の内容が，申請情報と併せて送信された登記原因を証する情報を記録した電磁的記録の内容と相違するときは，法第25条第5号の規定により申請を却下するものとする。

4 却下の方法

特例方式により添付書面を提出する場合において，当該電子申請を却下するときは，施行通達第2の5の取扱いと同様にするものとする。

5 取下げの方法

特例方式により添付書面を提出する場合において，当該電子申請を取り下げるときは，施行通達第2の6の取扱いと同様にするものとする。

第2 登記識別情報の通知

1 登記識別情報の通知（申請の場合）

(1) 登記識別情報通知書を一定の場所にあてて送付することを求めることができることとされ，この場合，送付先の別等を申請情報の内容とすることとされた（規則第63条第3項）。

なお，規則第62条第2項の登記識別情報を受けるための特別の委任を受けた代理人にあっては，当該代理人を送付先として申し出ることができる。

(2) 登記識別情報通知書の送付については，申請人等の区分及び送付先により，それぞれ本人限定受取郵便又は書留郵便等の方法によることとされた（規則第63条第4項及び第5項）。

(3) 送付の方法による登記識別情報通知書の交付を求めるときは，申請書と併せて（特例方式により添付書面の提出をするときは規則別記第13号様式と併せて，特例方式によらずに電子申請をするときは別途送付して），送付に要する費用（本人限定受取郵便又は書留郵便等に関する料金）を郵便切手等で提出しなければならないこととされ，また，速達に係る料金に相当する郵便切手等の提出があったときは，その取扱いによることとされた（規則第63条第6項から第8項まで，規則附則第24条第4項）。

2 登記識別情報の通知（嘱託(しょくたく)の場合）

(1) 官庁又は公署が登記権利者のために登記の嘱託をしたときは，官庁又は公署の申出により，送付の方法により登記識別情報通知書の交付を求めることができるが，この場合，送付を求めるときはその旨及び送付先の住所を嘱託

情報の内容とすることとされた（規則第63条の2第1項）。

(2) 登記識別情報通知書の送付については，書留郵便，普通郵便等の方法によることとされた（規則第63条の2第2項）。

(3) 送付の方法により登記識別情報通知書の交付を求めるときは，嘱託書と併せて，送付に要する費用（書留郵便等に関する料金）を郵便切手等で提出しなければならないこととされ，また，速達に係る料金に相当する郵便切手等の提出があったときは，その取扱いによることとされた（規則第63条の2第3項）。

3 登記識別情報の通知の方法

(1) 電子申請の場合であっても，規則第63条第1項柱書の法務大臣の定める方法として，当面，登記識別情報通知書の交付を申し出ることができることとされた。

(2) 規則第63条第3項又は第63条の2第1項の規定による登記識別情報通知書の送付は，電子申請又は書面申請のいずれの場合も申し出ることができる。

(3) 規則第63条第3項又は第63条の2第1項の規定により送付の方法による登記識別情報通知書の交付の求めがあった場合には，規則第63条第3項又は第63条の2第1項の送付先（申請情報又は嘱託情報に基づき定まる送付先である。）に送付するものとする。この場合，登記識別情報通知書交付簿に登記識別情報通知書を送付した旨を記載するものとする。

(4) 規則第63条第3項又は第63条の2第1項の規定により送付の方法による登記識別情報通知書の交付の求めがあっ

た場合において，送付に要する費用の納付がないとき又は不足するときは，申請人又は代理人に対して送付に要する費用の納付を求めるものとする。

(5) 規則第63条第3項又は第63条の2第1項の規定により送付の方法による登記識別情報通知書の交付の求めがあった場合において，登記識別情報通知書を送付したにもかかわらず，受取人不明等により当該登記識別情報通知書が返戻されたときは，当該登記識別情報通知書は，規則第64条第1項第3号の規定により登記識別情報の通知を要しなくなるまでの間，厳重に管理しなければならないものとする。この場合，当該期間が経過するまでに登記識別情報通知書の交付の求めがあったときは，当該登記識別情報通知書を交付して差し支えない。

(6) 特例方式によらずに電子申請がされた場合において，登記識別情報通知書を交付するときは，受付番号を確認の上，身分証明書等の文書の提示を求める方法により，登記識別情報を交付することができる者であるか否かを細心の注意を払って確認し，交付するものとする。この場合，交付を受ける者に登記識別情報通知書交付簿に署名及び押印をさせ，その者の了解を得て，当該文書の写しを作成し，登記識別情報通知書交付簿に添付するものとする。ただし，了解を得ることができない場合にあっては，文書の種類，証明書の番号その他文書を特定することができる番号等の文書の主要な記載内容を登記識別情報通知書交付簿に記載するものとする。

(7) 特例方式により添付書面が提出された場合において，その添付書面の提出

42

に際し，規則別記第13号様式による書面の添付がないときは，登記識別情報通知書の交付については，(6)と同様の方法により交付するものとする。

なお，添付書面の提出に際し，規則別記第13号様式による書面の提供がなかったときは，その後その提供があったとしても，当該書面に押印されている印をもって確認したものとして登記識別情報通知書を交付することはできない。

第3 電子申請における登記識別情報の提供及び受領の方法

(1) 代理人として，電子申請をする者が申請人から登記識別情報を知ることを特に許されている場合は，登記識別情報の提供及び受領に係る登記識別情報提供様式，登記識別情報通知用特定ファイル届出様式及び登記識別情報取得申請書ファイル（以下「当該ファイル等」という。）には申請人本人の電子署名が不要とされ，当該ファイル等には代理人の電子署名がされていれば足りることとされた。

(2) (1)の方法により登記識別情報を提供するときは，代理人の権限を証する情報に「登記識別情報の暗号化に関する一切の権限」の委任条項が必要であるとされた。

(3) (1)の方法により登記識別情報を受領するときは，代理人の権限を証する情報に「登記識別情報の復号に関する一切の権限」の委任条項が必要であるとされた。

(4) 登記識別情報通知用特定ファイル届出様式及び登記識別情報取得申請書ファイルに申請人の電子署名がなく，

代理人の電子署名しかなかったにもかかわらず，代理人の権限を証する情報に「登記識別情報の復号に関する一切の権限」の委任条項が含まれなかったときは，規則第63条第1項第1号の規定により登記識別情報を通知することができない。

第4 送付の方法による添付書面の原本の還付

(1) 規則第55条第1項の規定による原本の還付は，申請人の申出により，添付書面の原本を送付する方法によることとされ，この場合，送付先の住所を申し出ることとされた（規則第55条第6項）。

(2) 規則第55条第6項の規定により添付書面の原本を送付する方法による還付の求めがあった場合には，当該添付書面の原本を，同項の送付先（申請人が申し出た住所）に送付するものとする。この場合，添付書面の原本を送付した旨を，申請書又は電子申請管理用紙の適宜の箇所に記載するものとする。

(3) 添付書面の原本の送付については，書留郵便等の方法によることとされた（規則第55条第7項）。

(4) 送付する方法による添付書面の原本の還付を求めるときは，送付に要する費用（書留郵便等に関する料金）を郵便切手等で提出しなければならないこととされた（規則第55条第8項）。

第5　資格者代理人による登記識別情報に関する証明の代理請求

1　資格者代理人による登記識別情報に関する証明の代理請求

(1)　登記識別情報に関する証明について，資格者代理人が代理人となって請求する場合にあっては，令第7条第1項第1号に規定する法人が請求人であるときの代表者の権限を証する情報，同項第2号に規定する代理人の代理権限を証する情報（代理人が法人である場合における当該法人の代表者の資格に関する情報を除く。），規則第68条第5項に規定する変更証明情報及び同条第6項に規定する相続その他一般承継があったことを証する情報の提供が不要とされた（同条第7項，第14項及び第15項）。この場合，当該資格者代理人が登記の申請の代理を業とすることができる者であることを証する情報を併せて提供しなければならないこととされ（同条第14項），また，同条第5項及び第6項に規定する情報を提供しないときは，その旨及びその情報の表示を請求情報の内容としなければならないこととされた（同条第1項第6号）。

(2)　規則第68条第14項の資格者代理人であることを証する情報は，次に掲げるものとする。

ア　日本司法書士会連合会又は日本土地家屋調査士会連合会が発行した電子証明書

イ　当該資格者代理人が所属する司法書士会，土地家屋調査士会又は弁護士会が発行した職印に関する証明書

ウ　電子認証登記所が発行した電子証明書

エ　登記所が発行した印鑑証明書

(3)　(2)のイ及びエの証明書は，発行後3月以内のものであることを要する。

2　資格者代理人による登記識別情報に関する証明の代理請求の方法等

資格者代理人による登記識別情報に関する証明の代理請求について，資格者代理人の補助者が使者として請求書を提出するとき又は証明書を受領するときは，原則として，当該補助者の補助者証及び特定事務指示書の提示は不要である。

参　照

「登記研究」720号
「平成20年先例集」26頁

メ　モ

本通達は，特例によるオンライン申請に関する取扱いを定めた通達です。

オンラインによる登記申請の場合には，申請情報及び添付情報は全てオンラインで送信しなければならなかったのですが，特例により，添付情報については書面による送付でも差し支えない取扱いになりました。

なお，登録免許税の納付については，オンライン申請でも特例方式でも収入印紙を貼った台紙を提供する取扱いが認められています。

○特例方式の場合の主な取扱い
　（添付書面の提出方法）
　　＊　登記所への持参または送付のいずれでもよい。
　（送付できるもの）
　　＊　委任状，住民票，印鑑証明書，登記済証，各種図面，売買契約書等，資格者代理人の本人確認情報

（ただし，書面に記載されている
　　　場合）
　　（送付できないもの）
　　　＊　申請情報，登記識別情報通知書
　　（送付の方法）
　　　書留郵便による。封筒の表面に添付
　　書面が在中する旨を明記する。
　　（添付書面の提出期間）
　　　申請の受付の日から2日以内。初日
　　は算入しない。

法令

○不動産登記令
附則
（添付情報の提供方法に関する特例）
第5条
①　電子情報処理組織を使用する方法により登記の申請をする場合において，添付情報（登記識別情報を除く。以下同じ。）が書面に記載されているときは，第10条及び第12条第2項の規定にかかわらず，当分の間，当該書面を登記所に提出する方法により添付情報を提供することができる。
②　前項の規定により添付情報を提供する場合には，その旨をも法第18条の申請情報の内容とする。
③　第17条及び第19条の規定は第1項の規定により添付情報を提供する場合につい

て，第18条の規定は同項の規定により委任による代理人（復代理人を含む。）の権限を証する情報を提供する場合について，それぞれ準用する。
④　第1項の規定により書面を提出する方法により当該登記原因を証する情報を提供するときは，法務省令で定めるところにより，申請情報と併せて当該書面に記載された情報を記録した電磁的記録を提供しなければならない。この場合においては，第12条第2項の規定は，適用しない。

参考先例

「特例方式により相続を原因とする所有権の移転等の登記を申請する場合の申請情報と併せて提供すべき登記原因証明情報について」
（平成20年11月12日民二第2958号第二課長通知）

　特例方式により相続を原因とする所有権の移転等の登記を申請する場合は，遺産分割，特別受益，放棄等の具体的な内容を記録した相続関係説明図を記録した電磁的記録を申請情報と併せて提供すれば，遺産分割協議書，特別受益証明書及び相続放棄申述受理証明書等を記録した電磁的記録までも併せて提供することを要しない。

会社法等の施行に伴う不動産登記の手続き

「会社法等の施行に伴う不動産登記事務の取扱いについて」

（平成18年3月29日民二第755号民事局長通達）

　会社法（平成17年法律第86号。以下「法」という。），会社法の施行に伴う関係法律の整備等に関する法律（平成17年法律第87号。以下「整備法」という。），商業登記規則等の一部を改正する省令（平成18年法務省令第15号。以下「改正省令」という。）及び非訟事件手続法による財産管理の報告及び計算に関する書類並びに財産目録の謄本又は株主表の抄本の交付に関する手数料の件の廃止等をする省令（平成18年法務省令第28号。以下「整備省令」という。）が平成18年5月1日から施行されることとなりましたので，これに伴う不動産登記事務の取扱いについては，下記の点に留意するよう，貴管下登記官に周知方取り計らい願います。

記

1　会社の合併又は分割による権利の移転の登記

(1)　新設合併又は新設分割の効力の発生
　　新設合併又は新設分割の場合は，新設会社は，その本店の所在地において設立の登記をすることによって成立し，その成立の日に新設合併消滅会社又は新設分割会社の権利義務を承継することとされた（法第922条，第924条，第49条，第579条，第754条第1項，第756条第1項，第764条第1項，第766条第1項）。したがって，新設合併による承継を登記原因とする権利の移転の登記の申請においては合併の記載がある新設会社の登記事項証明書（不動産登記令（平成16年政令第379号）第11条の規定により登記事項証明書の提供に代えて送信しなければならないこととされている情報を含む。以下同じ。）を，新設分割による承継を登記原因とする権利の移転の登記の申請においては分割契約書及び会社分割の記載がある新設会社の登記事項証明書を，それぞれ登記原因を証する情報として申請情報と併せて提供しなければならない。

(2)　吸収合併又は吸収分割の効力の発生
　　吸収合併又は吸収分割の場合は，「効力発生日」を合併契約書又は分割契約書において定めることとされ（法第749条第1項第6号，第751条第1項第7号，第758条第7号，第760条第6号），吸収合併存続会社又は吸収分割承継会社は，その効力発生日に吸収合併消滅会社又は吸収分割会社の権利義務を承継することとされた（法第750条第1項，第752条第1項，第759条第1項，第761条第1項）。これにより，その本店

の所在地における吸収合併又は吸収分割の登記（法第921条，第923条）は，吸収合併又は吸収分割の効力発生要件ではなく，第三者対抗要件とされた（法第908条第1項）。しかし，第三者対抗力を有していない吸収合併又は吸収分割に伴う物権変動を登記することは妥当ではない。したがって，吸収合併による承継を登記原因とする権利の移転の登記の申請においては合併の記載がある吸収合併存続会社の登記事項証明書を，吸収分割による承継を登記原因とする権利の移転の登記の申請においては分割契約書及び会社分割の記載がある吸収分割承継会社の登記事項証明書を，それぞれ登記原因を証する情報として申請情報と併せて提供しなければならず，合併契約書又は分割契約書のみをもって登記原因証明情報とすることはできない。

2　特別清算及び会社整理に関する登記

　(1)　特別清算に関する裁判による登記

　　裁判所書記官は，清算株式会社の財産に属する権利で登記されたものに関して法第540条第1項又は第2項の規定による保全処分があったとき及び登記のある権利に関して法第542条第1項又は第2項の規定による役員等の財産に対する保全処分があったときは，職権で，遅滞なく，当該保全処分の登記を嘱託しなければならないとされた（法第938条第3項）。また，当該保全処分の変更若しくは取消しがあった場合又は当該保全処分が効力を失った場合も，裁判所書記官は，同様の手続を行うものとされた（同条第4項）。

　　この場合の登記の手続は，整備法による改正前の非訟事件手続法（明治31

年法律第14号）第138条ノ15において準用する同法第135条ノ38第2項の規定に基づく嘱託がされた場合と同様である。

　　また，清算株式会社が財産の処分等の一定の行為を行うには，裁判所の許可を得なければならないが，監督委員が選任されているときは，この裁判所の許可に代えて監督委員の同意を得ることとされている（法第535条第1項）。したがって，第三者の同意を証する情報として監督委員の同意を証する情報が提供されている場合には，裁判所の許可書の提供を求める必要はない。

　　なお，有限会社法（昭和13年法律第74号）は廃止され（整備法第1条第3号），既存の有限会社については，商号中に有限会社という文字を用いる株式会社として存続し（「特例有限会社」と称する。），その経過措置に関する規定が設けられた（整備法第1章第2節参照）が，特例有限会社は，特別清算手続を利用することはできないとされた（整備法第35条）。

　(2)　会社整理に関する登記等

　　会社の整理に関する手続は廃止されたが（整備法第64条，整備法による改正前の商法（明治32年法律第48号。以下「旧商法」という。）第7節参照），整備法の施行の際現に係属している事件については，なお従前の例によることとされた（整備法第107条）。

3　特例有限会社の株式会社への商号変更

　　特例有限会社は，その商号中に有限会社という文字を用いなければならないが（整備法第3条第1項），定款を変更してその商号中に株式会社という文字を用いる商号の変更をすることができることと

された（整備法第45条第1項）。この場合の登記の手続は，組織変更がされた場合（法第920条）と同様である。

4　持分会社の代表者が法人である場合

合名会社，合資会社又は合同会社（以下「持分会社」と総称する。）の業務を執行する社員が法人である場合には，当該法人は，当該業務を執行する社員の職務を行うべき者を選任しなければならないとされた（法第598条第1項）。

申請人（申出人及び請求人を含む。以下同じ。）である持分会社の代表者が法人である場合には，申請情報の内容として，代表者である法人の商号又は名称に加えて，その職務を行うべき者の氏名が，また，添付情報として，代表者である法人の持分会社の代表者としての資格を証する情報に加えて，その職務を行うべき者の資格を証する情報が，それぞれ必要である（法第912条第7号，第913条第9号，第914条第8号）。さらに，印鑑に関する証明書を添付すべき場合には，その職務を行うべき者の印鑑に関する証明書を添付しなければならない（改正省令による改正後の商業登記規則（昭和39年法務省令第23号）第9条第1項第4号参照）。

5　資格証明情報の省略等

会社の登記において，支店の所在地における登記事項は，①商号，②本店の所在場所，③支店（その所在地を管轄する登記所の管轄区域内にあるものに限る。）の所在場所に限られた（法第930条第2項）。

このため，申請人が法人であって，当該法人の代表者の資格を証する情報を提供し又は提示しなければならない場合において，申請を受ける登記所が，当該法人の代表者の氏名及び住所を含む当該法人の登記を受けた登記所と同一であり，かつ，法務大臣が指定した登記所以外のものであるときは，当該法人の代表者の資格を証する情報の提供又は提示を省略することができることとされた（整備省令による改正後の不動産登記規則（平成17年法務省令第18号）第36条第1項第1号，第193条第5項等）。

また，「当該法人についての代理人の登記を受けた登記所」とは，本店所在地を管轄する登記所を指すので，支配人が本店所在地を管轄する登記所の管轄外にある支店に置かれている場合においては，当該支配人の置かれた支店の所在地を管轄する登記所と申請を受ける登記所とが同一であったとしても，当該登記所が本店所在地を管轄する登記所である場合を除き，支配人の資格証明情報の提供を省略することは認められない。

6　利益相反行為についての承認を証する情報

取締役が自己若しくは第三者のために株式会社と取引をしようとするとき又は株式会社が取締役の債務を保証することその他取締役以外の者との間において株式会社と当該取締役との利益が相反する取引をしようとするときは，当該取締役は，取締役会設置会社（法第2条第7号）においては取締役会，取締役会設置会社以外の株式会社においては株主総会の承認を，それぞれ得なければならないとされた（法第365条第1項，第356条第1項第2号及び第3号）。また，業務を執行する社員が自己若しくは第三者のために持分会社と取引をしようとするとき又は持分会社が業務を執行する社員の債務を保証することその他社員でない者との間

において持分会社と当該社員との利益が相反する取引をしようとするときは，当該社員は，当該社員以外の社員の過半数の承認を受けなければならないとされた（法第595条第1項）。

したがって，これらの場合に提供すべき第三者の承諾を証する情報は，それぞれ取締役会議事録，株主総会議事録，他の社員の過半数の一致があったことを証する情報となる（整備法による改正後の商業登記法（昭和38年法律第125号。以下「新商登法」という。）第46条第2項，第93条，第111条，第118条参照）。

なお，法第319条第1項の規定により株主総会の決議があったものとみなされた場合又は法第370条の規定により取締役会の決議があったものとみなされた場合に提供すべき第三者の承諾を証する情報は，それぞれ，株主全員の同意の意思表示があったことを証する情報又は取締役全員の同意の意思表示があったことを証する情報（監査役設置会社においては，これに加えて監査役が異議を述べなかったことを証する情報）となる。

7 共同代表及び共同代理の制度の廃止

数人の代表取締役等が共同して会社を代表する共同代表及び数人の支配人が共同して代理権を行使する共同代理の制度は，廃止された（整備法第64条，旧商法第39条第1項，第261条第2項等）。したがって，例えば，旧商法第261条第2項の規定に基づき共同代表の定めをおいた株式会社において施行日前に数人の代表取締役が共同して登記原因となる法律行為を行った場合であっても，登記の申請が施行日後となる場合には，代表者の一人が申請すれば足りる（整備法第65条参照）。なお，現に共同代表又は共同代理

に関する登記がされている場合には，登記官が職権で抹消することとされている（改正省令附則第2条第1項）が，施行日前に交付を受けた共同代表又は共同代理に関する登記がされている登記事項証明書を代表者の資格を証する情報として提供して登記の申請がされた場合には，申請人である会社の代表者の資格を証する情報として扱って差し支えない。

おって，共同代表又は共同代理の制度が法定されていた会社以外の法人（中間法人等の一部の法人を除く。）についても，同様の改正がされたため，それらの法人についても，会社と同様の取扱いをするものとする（会社と同様の改正がされた法人については，改正省令附則第7条第1項第1号及び第2号参照）。

8 類似商号の禁止の制度の廃止

法においては，類似商号の禁止の制度は廃止され，商号の登記は，その商号が他人の既に登記した商号と同一であり，かつ，その営業所（会社にあっては，本店）の所在場所が当該他人の商号の登記に係る営業所の所在場所と同一であるときは，することができないとされた（新商登法第27条）。したがって，施行日後は，同一本店同一商号の会社のみが禁止されることとなり，同一又は類似の商号が用いられる場合が増加することとなることから，会社が登記義務者である場合の会社の同一性の調査に当たっては留意する必要がある。

> **参 照**

「民事月報」平成18年5月号
「登記研究」700号
「平成20年先例集」167頁

会社法人等番号の導入に伴う取扱いについて

「不動産登記令等の一部を改正する政令等の施行に伴う不動産登記事務等の取扱いについて」

（平成27年10月23日民二第512号民事局長通達）

　不動産登記令等の一部を改正する政令（平成27年政令第262号。以下「改正政令」という。）及び不動産登記規則等の一部を改正する省令（平成27年法務省令第43号。以下「改正省令」という。）が本年11月2日から施行されることとなりましたが，これらに伴う不動産登記事務等の取扱いについては，下記の点に留意し，事務処理に遺憾のないよう，貴管下登記官に周知方お取り計らい願います。

　なお，本通達中，「不登法」とあるのは不動産登記法（平成16年法律第123号）を，「不登令」とあるのは改正政令による改正後の不動産登記令（平成16年政令第379号）を，「不登規則」とあるのは改正省令による改正後の不動産登記規則（平成17年法務省令第18号）を，「旧不登規則」とあるのは改正省令による改正前の不動産登記規則をいいます。また，その他の政令及び省令については，いずれも改正政令及び改正省令による改正後のものをいいます。

記

1　改正の趣旨

　行政手続における特定の個人を識別するための番号の利用等に関する法律の施行に伴う関係法律の整備等に関する法律

（平成25年法律第28号）による改正後の商業登記法（昭和38年法律第125号）第7条の規定により，商業登記簿には会社法人等番号を記録することとされた。この会社法人等番号を基礎とし，特定の法人を識別する機能を有する法人番号制度が創設されたことにより，申請，届出その他の手続を行う国民が手続の簡素化による負担の軽減や利便性の向上を得られるようにするための基盤が整備された。

　そこで，この法人番号の基礎となる会社法人等番号を利用して，不動産登記等の申請における申請人の負担の軽減等を図ることとし，改正政令においては，申請人が会社法人等番号を有する法人であるときに提供すべき添付情報を，当該法人の代表者の資格を証する情報から当該法人の会社法人等番号に変更するものとされ（不登令第7条第1項第1号イ），改正省令においては，法人である代理人の代表者の資格を証する情報等についても，会社法人等番号に代替することができることとされるなどの所要の整備がされた。

2 不動産登記に関する登記手続

(1) 申請人が法人である場合における添付情報の取扱い

ア 不登令第7条第1項第1号イの規定により会社法人等番号が提供された場合の取扱い

(ア) 会社法人等番号の提供

申請人が会社法人等番号を有する法人である場合には，当該法人の会社法人等番号を提供しなければならないとされた（不登令第7条第1項第1号イ）。

申請人の会社法人等番号を提供するときは，不登令第3条第1号の「申請人の名称」に続けて記録して差し支えない。

(イ) 会社法人等番号が提供された場合の取扱い

不登令第7条第1項第1号イの規定により会社法人等番号が提供された場合には，申請人である法人の登記記録について調査を行うものとする。

この場合において，不動産登記の申請の受付時に，当該法人について，商業登記その他法人登記の処理がされているときは，当該法人の登記記録についての調査は，当該法人の法人登記の完了後に行うものとする。

イ 不登規則第36条第1項各号の規定により登記事項証明書が提供された場合の取扱い

(ア) 登記事項証明書の提供

申請人が会社法人等番号を有する法人である場合であっても，当該法人の代表者の資格を証する登記事項証明書又は支配人等の権限

を証する登記事項証明書を提供したときは，会社法人等番号の提供を要しないとされた（不登令第7条第1項第1号及び不登規則第36条第1項各号）。また，この登記事項証明書はその作成後1月以内*のものでなければならないとされた（同条第2項）。

(イ) 登記事項証明書が提供された場合の取扱い

不登規則第36条第1項各号の規定により，上記(ア)の登記事項証明書が提供された場合には，当該登記事項証明書により当該法人の代表者の資格又は支配人等の権限について調査を行うものとする。

(2) 法人である代理人の代理権限証明情報の取扱い

ア 法人である代理人によって登記の申請をする場合において，当該代理人の会社法人等番号を提供したときは，当該代理人の代表者の資格を証する情報の提供に代えることができるとされた（不登規則第37条の2）。

イ この会社法人等番号の提供は上記(1)ア(ア)に準ずるものとし，会社法人等番号が提供された場合の取扱いは上記(1)ア(イ)と同様である。

(3) 住所（変更）証明情報の取扱い

ア 登記名義人となる者等の住所を証する情報（以下「住所証明情報」という。）を提供しなければならない場合において，その申請情報と併せて会社法人等番号を提供したときは，当該住所証明情報を提供することを要しないとされた（不登令第9条及び不登規則第36条第4項）。

イ この会社法人等番号の提供は，住所について変更又は錯誤若しくは遺

漏_{ろう}があったことを証する情報（以下「住所変更証明情報」という。）の提供に代替することができる（不登令第9条）が，当該会社法人等番号は当該住所についての変更又は錯誤若しくは遺漏があったことを確認することができるものに限られる（不登規則第36条第4項ただし書）。

ウ　住所証明情報又は住所変更証明情報の提供に代替する会社法人等番号の提供は上記(1)ア(ア)に準ずるものとし，会社法人等番号が提供された場合の取扱いは上記(1)ア(イ)と同様である。

(4)　その他会社法人等番号の提供により代替することができる添付情報の取扱い

ア　法人の合併による承継又は法人の名称変更等を証する情報の取扱い

法人の承継を証する情報（不登令第7条第1項第4号及び第5号イ並びに別表の22の項添付情報欄等）又は法人の名称変更等を証する情報（不登令別表の23の項添付情報欄等）の提供を要する場合において，当該法人の会社法人等番号を提供したときは，これらの情報の提供に代えることができるものとする。

また，同一登記所（申請を受ける登記所が申請人である法人の登記を受けた登記所と同一であり，法務大臣が指定した登記所以外のものである場合（旧不登規則第36条第1項第1号）をいう。以下同じ。）における当該法人の承継又は変更を証する情報の提供の省略を定めた昭和38年12月17日付け民事甲第3237号当職通達は廃止する。

イ　第三者の許可等を証する情報の取扱い

登記原因について第三者が許可等したことを証する情報を提供しなければならない（不登令第7条第1項第5号ハ）場合において，登記官が必要であると認めたときは，当該第三者の代表者の資格を証する情報を提供させることができるものとされている（大正8年12月10日民事第5154号当職回答）ところ，当該第三者の会社法人等番号を提供したときは，その代表者の資格を証する情報の提供に代えることができるものとする。

ウ　その他の情報の取扱い

会社の分割による権利の移転の登記の申請をする場合において提供すべき新設会社又は吸収分割承継会社の登記事項証明書（平成18年3月29日付け法務省民二第755号当職通達）など，登記原因証明情報の一部として登記事項証明書の提供が必要とされている場合においても，これらの会社の会社法人等番号を提供したときは，登記事項証明書の提供に代えることができるものとする。

エ　会社法人等番号の取扱い

上記アからウまでの場合における会社法人等番号の取扱いについては，上記(3)イ及びウと同様である。

また，電子申請（不登規則第1条第3号）の申請人がその者の商業登記規則（昭和39年法務省令第23号）第33条の8第2項（他の法令において準用する場合を含む。）に規定する電子証明書を提供したときは，当該電子証明書の提供をもって，当該申請人の会社法人等番号の提供に代えることができるとされた（不登規

則第44条第2項）ところ，上記アからウまでの場合においても，当該電子証明書の提供をもって会社法人等番号の提供に代えることができるものとする。

(5) 登記申請の代理権が消滅していない場合の添付情報の取扱い

ア 登記の申請をする者の委任による代理人の権限は，法定代理人の死亡又はその代理権の消滅若しくは変更によっては消滅せず（不登法第17条第4号），この法定代理人には法人の代表者も含まれるものとされている（平成5年7月30日付け法務省民三第5320号当職通達（以下「平成5年通達」という。）の記第2の1）ところ，当該代表者が死亡等した場合であっても，当該法人が会社法人等番号を有する法人であるときは，当該法人の会社法人等番号を提供しなければならない（不登令第7条第1項第1号イ）。この場合には，申請情報に当該代表者の代表権が消滅した旨を明らかにしなければならないものとし，当該会社法人等番号によって当該代表者の資格を確認することができないときは，その資格を確認することができる登記事項証明書を提供しなければならないものとする。

イ また，同一登記所における法人の代表者の資格を証する情報の取扱いを定めた平成5年通達の記第2の1は廃止する。

ウ 上記アの場合における会社法人等番号の取扱いについては，上記(1)と同様である。

(6) 地図等の訂正の申出等の手続における添付情報の取扱い

地図等の訂正の申出（不登規則第16条），登記識別情報の失効の申出（不登規則第65条），登記識別情報に関する証明の請求（不登規則第68条）及び土地所在図等の訂正の申出（不登規則第88条）の手続における会社法人等番号の取扱いについては，上記(1)，(2)及び(4)と同様である。

3 不動産登記簿の附属書類の閲覧の請求手続

(1) 請求人が法人であるときにおける提示書面の取扱い

請求人が法人であるときは，当該法人の代表者の資格を証する書面を提示しなければならないところ，当該法人の会社法人等番号をも請求情報の内容としたときは，この限りでないとされた（不登規則第193条第4項）。

(2) 代理人によって請求するときにおける提示書面の取扱い

代理人によって請求するときは，当該代理人の権限を証する書面を提示しなければならないところ，支配人等が法人を代理して請求する場合において，当該法人の会社法人等番号をも請求情報の内容としたときは，この限りでないとされた（不登規則第193条第5項）。

また，法人である代理人によって請求する場合において，当該代理人の会社法人等番号をも請求情報の内容としたときは，当該代理人の代表者の資格を証する書面を提示することを要しないものとされた（不登規則第193条第6項）。

(3) 会社法人等番号が請求情報の内容とされた場合の取扱い

会社法人等番号が請求情報の内容とされた閲覧の請求の受付時に，請求人

又は法人である代理人について，商業登記その他法人登記の処理がされているときは，閲覧の請求に応ずることはできないこととなる。

4 筆界特定の手続

(1) 筆界特定の申請における添付情報の取扱い

筆界特定の申請（不登規則第209条）における会社法人等番号の取扱いについては，上記2(1)，(2)及び(4)と同様である。

(2) 調書等の閲覧等の請求における提示書面の取扱い

調書等の閲覧の請求（不登規則第227条）及び筆界特定書等以外の筆界特定手続記録の閲覧の請求（不登規則第238条）における会社法人等番号の取扱いについては，上記3と同様である。

(3) 関係人が法人である場合等における添付情報の取扱い

①関係人が法人である場合に提供すべき情報（不登規則第243条第1項及び第2項）及び②筆界特定の申請の後に申請人又は関係人が代理人を選任したときに提供すべき情報（同条第3項及び第4項）については，提供する登記事項証明書に期間の制限がないことを除いて，①にあっては上記2(1)に準ずるものとし，②にあっては上記2(2)イと同様である。

5 不動産登記以外の手続

(1) 抵当証券交付等の申請における添付書類の取扱い

ア 抵当証券の交付を代理人（法人の代表者を含む。）によって申請するときは，その権限を証する書面を添付しなければならない（抵当証券法（昭和6年法律第15号）第3条第1項第5号）ところ，改正省令の施行に伴う改正の内容は以下のとおりである。

(ア) 法人がその申請をする場合において，申請書に当該法人の会社法人等番号をも記載したときは，当該法人の代表者の資格を証する書面の添付は不要とされた（抵当証券法施行細則（昭和6年司法省令第22号）第22条第1項）。

(イ) 支配人等が法人を代理してその申請をする場合において，申請書に当該法人の会社法人等番号をも記載したときは，当該支配人等の権限を証する書面の添付は不要とされた（抵当証券法施行細則第22条第2項）。

(ウ) 法人である代理人によってその申請をする場合において，申請書に当該代理人の会社法人等番号をも記載したときは，当該代理人の代表者の資格を証する書面の添付は不要とされた（抵当証券法施行細則第22条第3項）。

イ 抵当証券の記載の変更の申請についても，上記アと同様となる（抵当証券法施行細則第53条第4項）。

ウ 抵当証券の交付又は記載変更の申請の申請書に申請人又は法人である代理人の会社法人等番号をも記載した場合の取扱いについては，上記2(1)ア(イ)及び(2)イと同様である。

また，抵当権設定者等の同意書（抵当証券法第3条第1項第4号）等における会社法人等番号の取扱いについては，上記2(4)イ及びエと同様である。

(2) 鉱害賠償登録の申請における添付書
類の取扱い

ア　申請人が会社法人等番号を有する
法人である場合には申請書に会社法
人等番号を記載しなければならない
とされた（鉱害賠償登録規則（昭和
30年法務省令第47号）第20条第1項）。

イ　鉱害賠償登録の申請における会社
法人等番号の取扱いについては，上
記2(1)ア(イ)，イ，(2)及び(4)と同様で
ある。

(3) 船舶の登記及び製造中の船舶の登記
の申請における添付情報の取扱い

船舶の登記及び製造中の船舶の登記
の申請（船舶登記令（平成17年政令第
11号）第13条第1項第1号及び第2号
並びに第27条第1項第1号及び第2号
並びに船舶登記規則（平成17年法務省
令第27号）第49条）については，上記
2(1)から(5)までと同様である。

また，所有権に関する登記の申請等
において所有権の登記名義人となる者
が法人であるときに提供すべき情報
（船舶登記令第13条第1項第4号ロ及
びニ並びに船舶登記規則第21条）につ
いても，上記2(1)及び(2)と同様である。

(4) その他の登記の申請における添付情
報の取扱い

以下の申請については，上記2(1)か
ら(5)までと同様である。

ア　企業担保権に関する登記の申請
（企業担保登記登録令（昭和33年政
令第187号）第8条第1項第1号及
び第2号並びに企業担保登記規則
（昭和33年法務省令第38号）第5条
及び第12条）

イ　農業用動産の抵当権に関する登記
の申請（農業用動産抵当登記令（平

成17年政令第25号）第10条第1号及
び第2号並びに農業用動産抵当登記
規則（平成17年法務省令第29号）第
40条）

ウ　建設機械の登記の申請（建設機械
登記令（昭和29年政令第305号）第
8条第1項第1号及び第2号並びに
建設機械登記規則（平成17年法務省
令第30号）第35号）

(5) 登記簿又は登録簿の附属書類等の閲
覧等の請求手続

以下の請求における提示書面の取扱
い等については，上記3と同様である。

ア　抵当証券の控えの謄抄本の交付並
びに抵当証券の控え及び附属書類の
閲覧の請求（抵当証券法施行細則第
10条第2項から第5項まで）

イ　鉱害賠償に係る登録簿の附属書類
の閲覧の請求（鉱害賠償登録規則第
11条第4項から第6項まで）

ウ　船舶，製造中の船舶，農業用動産
及び建設機械の登記に係る登記簿の
附属書類の閲覧の請求（船舶登記規
則第45条第4項から第6項まで，農
業用動産抵当登記規則第36条第4項
から第6項まで及び建設機械登記規
則第31条第4項から第6項まで）

参　照

「登記研究」820号

メ　モ

＊：現行では，作成後3か月以内のもの
と変更されています（後掲⑱民事局長
通達2・(6)参照）。

・後掲の⑰及び⑱を参照してください。

民法の一部改正（債権法関係）と不動産登記事務

「民法の一部を改正する法律等の施行に伴う不動産登記事務の取扱いについて」

（令和2年3月31日民二第328号民事局長通達）

───通　達───────────

民法の一部を改正する法律（平成29年法律第44号。以下「改正法」という。），民法の一部を改正する法律の施行に伴う関係法律の整備等に関する法律（平成29年法律第45号。以下「整備法」という。）及び民法の一部を改正する法律及び民法の一部を改正する法律の施行に伴う関係法律の整備等に関する法律の施行に伴う関係政令の整備に関する政令（平成30年政令第183号。以下「整備政令」という。）が本年4月1日から施行されますが，これに伴う不動産登記事務の取扱いについては，下記の点に留意するよう，貴管下登記官に周知方お取り計らい願います。

なお，本通達中，「新法」とあるのは改正法による改正後の民法（明治29年法律第89号）を，「旧法」とあるのは改正法による改正前の民法を，「旧商法」とあるのは整備法による改正前の商法（明治32年法律第48号）をいいます。

記

第1　不動産登記に関連する改正の概要

改正法は，民法のうち債権関係の規定について，その中でも，取引社会を支える最も基本的な法的インフラである契約に関する規定を中心に，社会・経済の変化への対応を図るための見直しを行うとともに，国民一般にとっての分かりやすさを向上させるため，判例や通説的見解など現在の実務で通用している基本的なルールを明文化することを内容とするものである。

改正事項のうち不動産登記に特に関連するものは，次のとおりである。

1　意思表示

（1）錯誤

錯誤による意思表示の効力を否定するための錯誤の要素性の要件について，判例を踏まえて，①錯誤に基づき意思表示がされていたこと及び②錯誤が法律行為の目的及び取引上の社会通念に照らして重要なものであることをその要件とすることとされた（新法第95条第1項）。

また，表示の錯誤と動機の錯誤とを区別して規定した上で，判例の趣旨を踏まえ，動機の錯誤については，錯誤の一般的な要件に加え，表意者にとって法律行為の動機となった事情が法律行為の基礎とされていることが表示さ

れていなければ，動機の錯誤による意思表示の効力を否定することはできないことが明文化された（同条第2項）。

さらに，旧法は錯誤の効果を「無効」としていたが，錯誤の主張をすることができるのが表意者のみであると解されていたことなどを踏まえ，「取消し」に改められた（同条第1項）。

(2) 意思表示の効力の発生

意思表示は，隔地者や対話者の区別なく，その通知が相手方に到達したときからその効力が生ずることが明文化された（新法第97条第1項）。

2 時効

時効の中断及び停止の概念が，制度を分かりやすいものとするため，時効の完成を猶予（ゆうよ）する効果を有する「完成猶予」及び時効を新たに進行させる効果を有する「更新」という新たな概念により再構成される（新法第147条から第154条まで）とともに，天災等による時効の完成猶予の期間について，制度の合理化の観点から，障害が消滅した時から3箇月を経過するまでに伸長された（新法第161条）。

また，制度の合理化の観点から，民法の短期消滅時効の特例（旧法第170条から第174条まで）及び商事消滅時効（旧商法第522条）が廃止されるとともに，債権の消滅時効に関して「債権者が権利を行使することができることを知った時」から5年で消滅時効が完成するという主観的起算点からの消滅時効が追加された（新法第166条第1項第1号）。

3 根抵当権の被担保債権の範囲

根抵当権の被担保債権の範囲について，従前の登記実務の取扱いを踏まえ，手形等の債権と同様に，電子記録債権が含ま

れ得る旨が明文化された（新法第398条の2第3項）。

4 法定利率

旧法において年5パーセントとされてきた法定利率について，制度の合理化の観点から，年3パーセントに引き下げられた（新法第404条第2項）。

また，法定利率は，日本銀行の公表する国内の銀行の貸出約定（かしだしやくじょう）平均金利（へいきんきんり）の変動幅（どうはば）を基準として，3年ごとにその利率を見直すこととされた（同条第3項から第5項まで）。その上で，利息の算定は，別段の意思表示がない限り，「利息が生じた最初の時点における法定利率」によることとされ（同条第1項），遅延損害金の算定は，約定利率が法定利率を超えない限り，「債務者が遅滞の責任を負った最初の時点における法定利率」によることとされた（新法第419条第1項）。

さらに，商行為によって生じた債務の法定利率を年6パーセントとする規定（旧商法第514条）については，法定利率について変動制が採用されたことを踏まえ，廃止された。

5 債権者代位権

債権者代位権について，「自己の債権を保全するため必要がある」ことが要件として明文化され（新法第423条第1項），債務者の権利の目的が可分であるときは，債権者は自己の債権の額の限度においてのみ代位行使をすることができることが明文化されるなど，その要件や行使方法等が明確化・合理化された（新法第423条から第423条の6まで）。

また，登記請求権の保全を目的とする債権者代位権について，一般の債権者代位権とは区別して規定が設けられた上で，

代位行使の範囲の規定（新法第423条の
2）は準用されないことなどが明らかに
された（新法第423条の7）。

6 詐害行為取消権

詐害行為取消権について，被保全債権
が債権者を害することを知ってした債務
者の行為の前の原因に基づいて生じたも
のである場合に限り当該行為について詐
害行為取消請求をすることができること
（新法第424条第3項），破産法の否認権
の制度を参考に行為類型ごとの要件の特
例が設けられたこと（新法第424条の2
から第424条の4まで）など，その要件
や行使方法，期間の制限等が明確化・合
理化された（新法第424条から第426条ま
で）。

また，詐害行為取消請求を認容する確
定判決の効果について，制度の合理化の
観点から，被告となった者に加えて，債
務者にも及ぶなどとされた（新法第425
条）。

7 多数当事者

(1) 不可分債権及び不可分債務

不可分債権及び不可分債務の概念が
整理され，不可分債権及び不可分債務
は，その目的が性質上不可分である場
合に限り成立し，当事者の意思によっ
ては成立しないこととされた（新法第
428条，第430条）。

また，債務者が不可分債権者の一人
に対して相殺権を有するときに，その
債務者が相殺権を行使したときは，相
殺の効力は，他の不可分債権者に対し
ても生ずることとされた（新法第428
条において準用する新法第434条）。

さらに，不可分債務者の一人との間
で更改があった場合には，他の不可分

債務者の債務も消滅することとされた
（新法第430条において準用する新法第
438条）。

(2) 連帯債権

連帯債権はその目的が性質上可分な
ものについて法令の規定又は当事者の
意思表示によって成立するとするなど，
連帯債権について明文の規定が設けら
れた（新法第432条から第435条の2ま
で）。

(3) 連帯債務

連帯債務はその目的が性質上可分な
ものについて法令の規定又は当事者の
意思表示によって成立するとされた
（新法第436条）。

また，制度の合理化の観点から，連
帯債務者の一人に対して生じた事由が
他の連帯債務者に及ぼす効力について
見直しがされ，連帯債務者の一人に対
する債務の免除や時効の完成は他の連
帯債務者に対してその効力を生じず
（新法第441条），ある連帯債務者が相
殺を援用しない間は，他の連帯債務者
は相殺を援用することまではできず，
その連帯債務者の負担部分の限度にお
いて，債権者に対して債務の履行を拒
むことができることとされた（新法第
439条第2項）。

8 保証

保証人が個人である根保証契約（以下
「個人根保証契約」という。）であって主
たる債務の範囲に貸金等債務が含まれる
もの（以下「個人貸金等根保証契約」と
いう。）については，従来から，極度額
を定めなければ無効となるとされていた
が，個人保証人保護の観点から，この規
律の対象が個人根保証契約全般に拡大さ
れた（新法第465条の2）。

また，個人貸金等根保証契約における元本確定事由に関する規律について，①主債務者が債権者から強制執行等を受けたこと及び②主債務者が破産したことという事由を除き，この規律の対象が個人根保証契約全般に拡大された（新法第465条の4第1項）。

さらに，事業のために負担した貸金等債務を主債務とする保証契約については，法人である主債務者の取締役等が保証人となる場合や個人である主債務者が行う事業に現に従事している主債務者の配偶者が保証人となる場合などを除き，公証人が保証人になろうとする者の保証意思を事前に確認して保証意思宣明公正証書を作成しなければならないものとし，この意思確認の手続を経ていない保証契約は無効とすることとされた（新法第465条の6，第465条の9）

9　債権譲渡

債権の譲渡等の円滑化を図るため，債権の譲渡を禁止し，又は制限する旨の譲渡制限特約が付されていても，これによって債権の譲渡の効力が妨げられないとされた（新法第466条第2項）。また，譲渡制限特約について悪意・重過失の譲受人等に対しては，債務者は債務の履行を拒むことができ，譲渡人に対する弁済その他の債務を消滅させる事由をもって対抗することができることとされた（同条第3項）。

さらに，債務者は，譲渡制限特約が付された金銭債権が譲渡された場合には，当然に供託をすることができ，譲受人が供託された金銭の還付を請求することができることとされた（新法第466条の2）。

10　債務引受

債務者が負担する債務と同一の内容の債務を第三者が負担することとする制度である債務引受について，第三者が債務を負担した後も元の債務者が引き続き債務を負担する「併存的債務引受」と，第三者が債務を負担した後は元の債務者がその債務を免れることになる「免責的債務引受」とに分けて，以下のとおり，基本的な要件等を定めた規定が新設された（新法第470条から第472条の4まで）。

(1)　併存的債務引受

併存的債務引受は，債権者と引受人との契約又は債務者と引受人との契約によって成立することとされた（新法第470条第2項，第3項前段）。その上で，債務者と引受人との契約によって成立する併存的債務引受については，債権者が引受人に対して承諾をした時に，効力を生ずることとされた（同項後段）。

(2)　免責的債務引受

免責的債務引受は，債権者と引受人との契約により，又は債務者と引受人との契約及び債権者の引受人に対する承諾によって成立することとされた（新法第472条第2項前段，第3項）。その上で，債権者と引受人との契約によって成立する免責的債務引受については，債権者が債務者に対してその契約をした旨を通知した時に，効力を生ずることとされた（同条第2項後段）。

また，債務者が免れる債務の担保として設定されていた担保権については，債権者があらかじめ又は同時に引受人に対する意思表示をすることによって，引受人が負担する債務に移すことができることとされた（新法第472条の4

第1項本文，第2項）。ただし，引受人以外の者が設定者である場合には，その承諾を得なければならないこととされた（同条第1項ただし書）。

11　弁済

(1)　弁済の効果

弁済の基本的な効果として，債務者が債権者に対して債務の弁済をしたときはその債権は消滅することが明文化された（新法第473条）。

(2)　第三者の弁済

債務者の意思に反して弁済をすることができない第三者の要件について，「利害関係を有しない第三者」から「弁済をするについて正当な利益を有する者でない第三者」に改められた（新法第474条第2項本文）。

また，債権者を保護する観点から，弁済をするについて正当な利益を有する者でない第三者の弁済が債務者の意思に反する場合であっても，債務者の意思に反することを債権者が知らなかったときは，その弁済は有効とすることとされた（同項ただし書）。

さらに，弁済をするについて正当な利益を有する者でない第三者は，債権者の意思に反する場合には，原則として，弁済をすることができないこととされた（同条第3項）。

(3)　代物弁済

代物弁済の合意について，代物の給付がなくとも成立する諾成契約であることが明確化された（新法第482条）。

(4)　弁済による代位

弁済をするについて正当な利益を有する者以外の者が弁済によって代位をするには債権者の承諾を要するとの規律（旧法第499条第1項）が制度の合理化の観点から廃止され，債務者に対する通知等により対抗要件を備えれば足りることとされた（新法第499条，第500条）。

(5)　保証人間の弁済による代位

複数の保証人のうちの一人が弁済をした場合において，弁済をした保証人が他の保証人に対して債権者に代位するときは，自己の権利に基づいて当該他の保証人に対して求償をすることができる範囲内に限り，債権者が有していた一切の権利を行使することができる旨が明文化された（新法第501条第2項括弧書き）。

(6)　保証人の代位による付記登記

弁済をした保証人が不動産の第三取得者又は物上保証人に代位するに当たり付記登記を要するとの規律（旧法第501条第1号，第6号）は，制度の合理化の観点から，廃止された。

12　相殺

不法行為に基づく損害賠償債権を受働債権とする相殺の禁止について，禁止される相殺の範囲を見直し，①悪意による不法行為に基づく損害賠償債権を受働債権とする相殺と，②人の生命又は身体の侵害による損害賠償債権（債務不履行に基づくものを含む。）を受働債権とする相殺としている（新法第509条）。

13　更改

(1)　更改の要件

更改の要件について，①債務の内容についての重要な変更，②債務者の交替又は③債権者の交替のいずれかが必要であり，従前の債務を消滅させ，これと同一性を有しない新たな債務を発生させるものであることが明確化され

た（新法第513条）。

(2)　債務者の交替による更改

　　更改前の債務者の意思に反するとき
には債務者の交替による更改をするこ
とができないとする旨の規律（旧法第
514条ただし書）は廃止された（新法
第514条参照）。

　　また，債務者の交替による更改は，
債権者が更改前の債務者に対して更改
の契約をした旨を通知した時に効力を
生ずることとされた（新法第514条第
１項後段）。

(3)　債権者の交替による更改

　　債権者の交替による更改が，旧債権
者，新債権者及び債務者の三者の契約
によって成立することが明文化された
（新法第515条第１項）。

(4)　更改後の債務への担保の移転

　　更改の合意とは別に，債権者（債権
者の交替による更改にあっては，更改
前の債権者）は，単独で，更改前の債
務の担保として設定された質権又は抵
当権を更改後の債務に移すことができ
ることとされた（新法第518条第１項）。

　　なお，当該質権又は抵当権の設定者
が第三者である場合に，当該第三者の
承諾を得なければならないとの規律は，
新法においても維持されている（新法
第518条第１項ただし書）。

14　契約に関する基本原則

　　契約自由の原則について，契約を締結
するかどうかの自由（新法第521条第１
項），契約の内容を決定する自由（同条
第２項）及び契約締結の方式の自由（新
法第522条第２項）として明文化された。

15　契約の成立

　　契約は申込み（契約の内容を示してそ

の締結を申し入れる意思表示）に対して
相手方が承諾したときに成立することが
明文化された（新法第522条第１項）。

　　また，隔地者間の契約について，承諾
の通知を発した時に成立する旨の特則を
定めた規定（旧法第526条第１項）が削
除され，承諾の通知が到達した時に契約
が成立することとされた（新法第97条第
１項）。

16　契約上の地位の移転

　　契約の当事者の一方が第三者との間で
契約上の地位を譲渡する合意をした場合
において，その契約の相手方がその譲渡
を承諾したときは，契約上の地位は，そ
の第三者に移転することが明文化された
（新法第539条の２）。

17　契約の解除

　　債務不履行による契約の解除について，
制度の合理化の観点から，債務者に帰責
事由がない場合にも，債権者は契約を解
除することができ（新法第541条，第542
条），債務不履行について債権者自身に
帰責事由がある場合にのみ，契約の解除
をすることができないこととされた（新
法543条）。

　　また，催告解除の要件に関して，判例
を踏まえ，債務不履行がその契約や取引
上の社会通念に照らして軽微であるとき
は契約を解除することができないことが
明文化された（新法第541条ただし書）。

　　さらに，無催告解除の要件に関して，
制度の合理化の観点から，債務者が履行
拒絶の意思を明確に表示した場合や，契
約をした目的を達するのに足りる履行の
見込みがないことが明らかな場合等にも
催告をすることなく契約を解除すること
ができることとされた（新法第542条）。

18　売買

(1)　権利移転の対抗要件の具備に係る売主の義務

　売買契約の売主は買主に対して登記その他の売買の目的である権利の移転についての対抗要件を備えさせる義務を負う旨が明文化された（新法第560条）。

(2)　契約不適合責任としての解除

　売買の目的物が特定物であるか不特定物であるかを問わず，種類，品質又は数量に関して目的物が契約の内容に適合しない場合には，新法第541条又は第542条の規定による契約の解除をすることができることとされた（新法第564条）。

　また，売主が買主に移転した権利が契約の内容に適合しない場合についても同様とされた（新法第565条において準用する新法第564条）。

(3)　買戻しの特約

　買戻権を行使する際に売主が返還すべき金銭について，制度の合理化の観点から，代金及び契約の費用とするだけでなく，当事者の別段の合意で定めた金額及び契約の費用とすることもできることとされた（新法第579条）。

　これに伴い，買戻しの特約の登記の登記事項について，同条の別段の合意をした場合にあっては，買主が支払った代金に代えて，その合意により定めた金額を登記することとされた（整備法による改正後の不動産登記法（平成16年法律第123号）第96条）。また，この場合における買戻しの特約の登記の申請においては，その合意により定めた金額をも申請情報の内容とすることとされた（整備政令による改正後の不動産登記令（平成16年政令第379号）第3条，別表の64の項）。

19　消費貸借

(1)　諾成的消費貸借

　判例を踏まえ，諾成的消費貸借に関する明文の規定が設けられ，その上で，諾成的消費貸借は，消費貸借の合意が書面によってされた場合に限ってその成立を認めることとされた（新法第587条の2第1項）。

　なお，電磁的記録によってされた消費貸借は，書面による消費貸借とみなし，諾成的消費貸借契約が有効に成立するための書面性の要件を満たすこととされた（同条第4項）。

(2)　準消費貸借

　判例を踏まえ，消費貸借に基づく返還債務を旧債務として準消費貸借を締結することができることが明確化された（新法第588条）。

(3)　利息

　消費貸借の貸主は特約がなければ借主に対して利息を請求することができないことが明文化された（新法第589条第1項）。

　また，利息を付す特約があるときは，貸主は借主が金銭その他の物を受け取った日以後の利息を請求することができることが明文化された（同条第2項）。

20　賃貸借

(1)　短期賃貸借

　短期賃貸借について定める旧法第602条中の「処分につき行為能力の制限を受けた者」の文言が削除され，行為能力の制限を受けた者が賃貸借をすることができるかどうかは，同条では

なく行為能力制度に関する規定によって決せられることが明確化された（新法第602条前段）。

また，短期賃貸借に係る法定の期間を超える約定をした場合の取扱いについて，法定の期間を超える部分のみが無効となる旨が明確化された（同条後段）。

(2) 賃貸借の存続期間

旧法で20年とされている賃貸借の存続期間の上限について，制度の合理化の観点から，50年に伸長された（新法第604条）。

(3) 不動産の賃貸借の対抗力

不動産の賃貸借の登記をしたときは，その不動産について物権を取得した者のほか，二重に賃貸借の設定を受けた者など賃貸借について対抗関係にある第三者にも対抗することができることが明確化された（新法第605条）。

(4) 不動産の賃貸人たる地位の移転

不動産の賃貸人たる地位の移転について，賃貸借の対抗要件が備えられた賃貸不動産が譲渡されたときは，原則として，賃貸人たる地位は不動産の譲渡人から譲受人に移転することとされた（新法第605条の2第1項）。

その上で，不動産の譲渡人及び譲受人が，賃貸人たる地位を譲渡人に留保する旨の合意に加えて，その不動産を譲受人が譲渡人に賃貸する旨の合意をしたときは，例外的に，賃貸人たる地位は，譲受人に移転しないこととされた（同条第2項前段）。また，この譲渡人と譲受人間の賃貸借が終了したときは，譲渡人に留保されていた賃貸人たる地位は，譲受人に当然に移転することとされた（同項後段）。

なお，これらによる不動産の賃貸人たる地位の移転は，賃貸物である不動産について所有権の移転の登記をしなければ，賃借人に対抗することができないこととされた（同条第3項）。

(5) 賃料の減額等

不可抗力による減収により賃料の減額請求や賃貸借契約の解除をすることができる土地の範囲について，「耕作又は牧畜を目的」とする土地に限定された（新法第609条，第610条）。

また，賃借物の一部滅失による賃料の減額請求や賃貸借契約の解除について，一部の滅失だけでなく広く使用及び収益をすることができなくなった場合に拡張される（新法第611条）とともに，賃料については請求をしなくとも当然に減額されることとされた（同条第1項）。

(6) 敷金

敷金の定義として，「いかなる名目によるかを問わず，賃料債務その他の賃貸借に基づいて生ずる賃借人の賃貸人に対する金銭の給付を目的とする債務を担保する目的で，賃借人が賃貸人に交付する金銭」をいうことなどが明文化された（新法第622条の2第1項柱書き）。

21 請負

制度の合理化の観点から，土地工作物を目的とする請負契約の解除を制限する規定（旧法第635条ただし書）が削除され，解除の一般的な規律に従って解除することができることとされた。

22 組合

組合の業務の決定・執行（対内関係）と組合の代理（対外関係）に関し，これらを区別した上で，対内関係については

より詳細なルールを設けることとされ（新法第670条），対外関係については業務の決定・執行と基本的に同様の要件の下で組合員や業務執行者が他の組合員を代理することができることとされた（新法第670条の2）。

また，組合員の加入の要件についても，明文の規定が設けられた（新法第677条の2第1項）。

第2　改正に伴う不動産登記事務の取扱いについて

1　意思表示

上記第1の1(1)のとおり，改正法により錯誤の効果が取消しに改められたところ，新法第95条第1項に基づき意思表示が取り消されたことにより登記の抹消の申請をするときは，その登記原因は「年月日取消」となる。

なお，同項により意思表示が取り消されることとなるのは，施行日以後にされた意思表示に限られる（改正法附則第6条第1項）。

2　根抵当権の被担保債権の範囲

根抵当権者が債務者との取引によらないで取得した電子記録債権について，これまでも根抵当権の被担保債権に含まれると解することが可能としてきたところ（平成24年4月27日付け法務省民二第1106号当局民事第二課長通知），上記第1の3のとおり，改正法により，この旨が条文上も明らかになったものであり，これまでの取扱いと変わるところはない。

3　法定利率

抵当権の登記においては，利息に関する定めがあるときはその定めが，民法第375条第2項に規定する損害の賠償額の定めがあるときはその定めが，登記事項とされている（不動産登記法第88条第1項第1号，第2号）。また，質権の登記においては，利息に関する定めがあるときはその定めが，違約金又は賠償額の定めがあるときはその定めが，登記事項とされている（同法第95条第1項第2号，第3号）。

これらの定めが登記事項とされているのは，その優先弁済権の範囲を明らかにし，第三者に対抗することができるようにするためであるから，改正法施行後も，これらの定めについて，優先弁済権の範囲が客観的に明らかにならない内容により登記をすることができないことに変わりはない。

したがって，例えば，利息の利率について，新法第404条第1項等の規定により利息が生じた最初の時点における法定利率によることとなる場合や，遅延損害金の利率について，新法第419条第1項の規定により債務者が遅滞の責任を負った最初の時点における法定利率によることとなる場合であって，具体的な利率が登記の申請時点で定まっていないときは，被担保債権の発生原因となる債権契約の成立の時点における法定利率（登記する利率を当事者の合意により定めたときは，その利率）を登記することとなる。

なお，新法第404条第1項及び第2項並びに第419条第1項の規定は，施行日前に利息が生じ，遅滞の責任を負っていた場合には適用されないことに留意する（改正法附則第15条第1項，第17条第3項）。

おって，改正法施行後は，法定利率も変動することとなる以上，登記記録から商事債権であることが明らかである場合

における利息や，民事債権に基づくものも含めて遅延損害金については，具体的な割合が登記されていない限り，登記原因の日付上の被担保債権の発生原因の債権契約成立時点の法定利率の範囲でしか，第三者に対抗することができないと解される。したがって，当事者の合意により優先弁済権の範囲をこれと異なることとし，第三者に対抗するためには，上記のとおり，当事者の合意に基づき，一定の割合の利率を登記する必要がある。

また，登記した利息又は損害金の利率を変更するときは，通常の変更の登記と同様，登記権利者と登記義務者の共同申請により変更することとなり，さらに，当該変更の登記について，登記上利害関係を有する第三者があるときは，通常どおり，その第三者の承諾を得る必要があることとなる。

4 債務引受

(1) 併存的債務引受

上記第1の10(1)のとおり，改正法により，第三者が債務を負担した後も元の債務者が引き続き債務を負担する債務引受については，「併存的債務引受」として，その基本的な要件等が定められた。

そのため，改正法施行後は，旧債務者が負担する債務の担保として設定された担保権の被担保債権を，引受人が負担する新債務をも担保するものと変更するときは，その担保権の変更の登記の登記原因は「併存的債務引受」となる。

なお，これまでのように登記原因が「重畳的債務引受」とされている場合であっても，当該申請を受け付け，「重畳的債務引受」を登記原因として登記

しても差し支えない。

おって，上記の被担保債権の変更は，併存的債務引受の効果として当然に生ずるものではなく，別途，担保権の設定者と債権者との合意により行われるものである。したがって，併存的債務引受による担保権の変更の登記の申請において提供すべき登記原因証明情報は，当該被担保債権の変更について担保権の設定者と債権者との合意があったことを証するものでなければならない。また，その担保権の変更の登記における登記原因の日付は，当該合意の効力が生じた日となる。

(2) 免責的債務引受

上記第1の10(2)のとおり，改正法により，免責的債務引受の基本的な要件等が定められた。

免責的債務引受に伴い，旧債務者が負担する債務の担保として設定された担保権の被担保債権を新債務に移転するときにおける担保権の変更の登記の申請において提供すべき登記原因証明情報は，新法において定められた免責的債務引受及びこれに伴う担保権の移転の要件を満たすことを証するものでなければならない。具体的には，債権者と引受人との契約による免責的債務引受である場合にはその契約の成立及び債権者による旧債務者への通知（新法第472条第2項）があったことを，債務者と引受人との契約による免責的債務引受である場合にはその契約の成立及び債権者の承諾（同条第3項）があったことを，それぞれ証するものでなければならない。また，いずれの場合にも，担保権の移転についての債権者の意思表示（新法第472条の4第2項）があったことを証するものでなけ

ればならず，これらに加えて，担保権
の設定者が引受人以外の者である場合
には，その設定者の承諾（同条第1項）
があったことを証するものでなければ
ならない。

なお，その担保権の変更の登記の登
記原因は，従来どおり「免責的債務引
受」となる。また，新法において，担
保権の移転についての債権者の意思表
示は，担保の移転の有無について不確
定な状態が存続することのないよう，
免責的債務引受の効力発生以前にする
こととされており（同条第2項），担
保権の設定者が引受人以外の者である
場合のその設定者の承諾も，免責的債
務引受の効力発生以前にされるべきも
のである。したがって，その担保権の
変更の登記の登記原因の日付は，契約
の当事者の別段の意思表示のない限り，
債権者と引受人との契約による免責的
債務引受である場合には債権者による
通知の到達日（新法第472条第2項参
照），債務者と引受人との契約による
免責的債務引受である場合には債権者
の承諾の日（同条第3項参照）となる。

(3) 経過措置

債務の引受けに関する新法第470条
から第472条の4までの規定は，債務
の引受けに関する契約が施行日前に締
結された場合については，適用されな
いことに留意する（改正法附則第23条）。

5 弁済

(1) 弁済による代位

上記第1の11(4)のとおり，改正法に
より，弁済をするについて正当な利益
を有する者以外の者が代位をする場合
にも，債権者の承諾を要しないことと
改められた。これにより，この場合の

代位弁済による担保権の移転等の登記
の申請において，上記の債権者の承諾
を証する情報（不動産登記令第7条第
1項第5号ハ）の提供は不要となる。

なお，施行日前に債務が生じた場合
において，その債務の弁済をしたこと
による代位については，新法の規定は
適用されず，旧法第499条第1項に基
づき債権者の承諾を要することに留意
する（改正法附則第25条第1項）。

(2) 保証人の代位による付記登記

上記第1の11(6)のとおり，改正法に
より，保証人が不動産の第三取得者又
は物上保証人に対して債権者に代位す
るにはあらかじめ付記登記を要すると
の規律（旧法第501条第1号，第6号）
が廃止された。これにより，不動産の
第三取得者への所有権の移転の登記が
既にされている場合等であっても，保
証人の代位弁済による担保権の移転等
の登記の申請をすることができること
となる。

なお，施行日前に債務が生じた場合
において，その債務の弁済をしたこと
による代位については，新法の規定は
適用されず（改正法附則第25条第1項），
旧法第501条第1号又は第6号の規定
に基づきあらかじめ付記登記を要する
ことに留意する。

6 更改

上記第1の13のとおり，改正法によ
り，更改の要件及び更改後の債務への担保の
移転の規律が見直された。

これにより，債務者の交替による更改
を原因とする担保権の変更の登記につい
ては，その登記原因は「債務者更改によ
る新債務担保」となり，その登記原因の
日付は，契約の当事者の別段の意思表示

のない限り，債権者から更改前の債務者
への通知の到達日（新法第514条第1項
後段参照）となる。

　また，債権者の交替による更改を原因
とする担保権の移転の登記については，
その登記原因は「債権者更改による新債
務担保」となり，その登記原因の日付は，
契約の当事者の別段の意思表示のない限
り，旧債権者，新債権者及び債務者の三
者の契約に基づく更改の効力の発生日
（新法第515条第1項参照）となる。

　なお，施行日前に更改の契約が締結さ
れた場合には，新法の規定は適用されな
いことに留意する（改正法附則第27条）。

7　賃貸借

(1)　短期賃貸借

　　上記第1の20(1)のとおり，改正法に
より，行為能力の制限を受けた者が賃
貸借をすることができるかどうかは，
行為能力制度に関する規定によって決
せられることが明確化された。

　　つまり，未成年者が短期賃貸借をす
る場合であっても，その法定代理人の
同意を得る必要があり（新法第5条第
1項），成年被後見人が短期賃貸借を
した場合であっても取り消すことがで
きる（新法第9条）こととなる。また，
被保佐人が新法第602条に定める期間
を超える賃貸借（賃貸借の更新を含
む。）をするには，その保佐人の同意
を得る必要があり（新法第13条第1項
第9号），被補助人（新法第602条に定
める期間を超える賃貸借をするにはそ
の補助人の同意を得なければならない
旨の家庭裁判所の審判があった場合に
限る。）が新法第602条に定める期間を
超える賃貸借（賃貸借の更新を含む。）
をするには，その補助人の同意を得る

必要がある（新法第17条第1項）こと
となる。

　　なお，被保佐人又は上記の審判の
あった被補助人が賃貸人である場合に
おける賃借権の設定の登記においては，
改正法の施行後においても，引き続き，
賃貸人が財産の処分につき行為能力の
制限を受けた者である旨を登記する必
要がある（不動産登記法第81条第5号）。

(2)　賃貸人たる地位の移転

　　新法第605条の2第2項前段の規定
により賃貸人たる地位が留保された場
合における留保された賃借権（以下「第
1賃借権」という。）と，第1賃借権
の賃貸人たる地位を留保するために不
動産の譲受人が譲渡人のために設定し
た賃借権（以下「第2賃借権」という。）
については，いずれか一方の賃借権が
登記されていなくとも，もう一方の賃
借権の登記をすることができる。

　　また，第1賃借権及び第2賃借権の
設定の登記は，いずれも主登記により
行うものとする（下記第3参照）。

　　なお，第1賃借権の設定の登記がな
いまま第2賃借権の設定の登記がされ，
その後，第1賃借権の設定の登記の申
請をする場合（別紙の2(3)参照）には，
当該申請の登記原因証明情報は，第1
賃借権の賃貸人が第2賃借権の賃借人
であることをも証するものでなければ
ならない。また，当該申請における登
記権利者は第1賃借権の賃貸人，登記
義務者は所有権の登記名義人であるが，
その登記原因証明情報については，登
記義務者に加えて，第1賃借権の賃貸
人（第2賃借権の賃借人）も，その内
容を確認して，電子署名又は署名若し
くは記名押印を行う必要がある。

　　おって，不動産の賃貸人たる地位の

留保に関する新法第605条の2第2項の規定は，施行日前に賃貸借契約が締結されていた場合には，適用されないことに留意する（改正法附則第34条第1項）。

(3) 改正法施行後の賃借物の転貸の登記及び賃借権の移転の登記の取扱い

　賃借物の転貸の登記及び賃借権の移転の登記の申請においては，賃貸人の承諾を証する情報の提供を要することとされている（不動産登記令別表の39の項，40の項）。

　改正法施行後も，賃貸人たる地位の留保は例外的な取扱いであり（新法第605条の2第1項，第2項），賃貸人は所有権の登記名義人であることが原則であるから，登記官において，登記記録，申請情報，添附情報等から，所有権の登記名義人とは別の者が賃貸人であるとの疑義が生ずる場合（登記記録から，賃貸人たる地位が留保されていることが判明する場合等）を除き，上記の承諾を証する情報は，所有権の登記名義人により作成されていれば足り，承諾した者が賃貸人であることを証することを要しない。

第3　登記の記録例

　新法第579条の別段の合意をした場合（上記第1の18(3)参照）の買戻しの特約の登記の記録例は，別紙の1の振り合いによる。

　また，新法第605条の2第2項前段の規定による賃貸人たる地位の留保（上記第1の20(4)，第2の7(2)参照）に関する登記の記録例は，別紙の2の振り合いによる。

記録例

1 買戻権に関する登記
 (1) 買戻の特約の登記（新法第579条の別段の合意をした場合）
  ① 所有権を目的とする場合

権 利 部（甲区）		（所有権に関する事項）	
順位番号	登記の目的	受付年月日・受付番号	権利者その他の事項
何	所有権移転	令和何年何月何日 第100号	原因　令和何年何月何日売買 所有者　何市何町何番地 　　　　何　某
付記1号	買戻特約	令和何年何月何日 第100号	原因　令和何年何月何日特約 合意金額　金何万円 契約費用　金何万円 期間　令和何年何月何日から何 　　年間 買戻権者　何市何町何番地 　　　　何　某

  ② 地上権を目的とする場合

権 利 部（乙区）		（所有権以外の権利に関する事項）	
順位番号	登記の目的	受付年月日・受付番号	権利者その他の事項
付記1号	何番地上権移転	令和何年何月何日 第100号	原因　令和何年何月何日売買 地上権者　何市何町何番地 　　　　何　某
付記1号 の付記1号	買戻特約	令和何年何月何日 第100号	原因　令和何年何月何日特約 合意金額　金何万円 契約費用　金何万円 期間　令和何年何月何日から何 　　年間 買戻権者　何市何町何番地 　　　　何　某

 (2) 買戻代金の変更の登記（新法第579条の別段の合意をした場合）

権 利 部（甲区）		（所有権に関する事項）	
順位番号	登記の目的	受付年月日・受付番号	権利者その他の事項
付記1号 の付記1号	何番付記1号買 戻権変更	令和何年何月何日 第何号	原因　令和何年何月何日変更 合意金額　金何万円

（注）1　登記上の利害関係人が存する場合には，その者が承諾したことを証する情報を

Ⅰ
基本通達

提供したときに限り，付記登記による。
2　変更前の売買代金を抹消する記号（下線）を記録する。
2　新法第605条の2第2項前段の規定による賃貸人たる地位の留保に関する登記
(1)　留保された賃借権の登記がされている場合において，譲渡人のために譲受人が設定した賃借権の設定の登記をするとき

権　利　部（甲区）　　　（所有権に関する事項）			
順位番号	登記の目的	受付年月日・受付番号	権利者その他の事項
何	所有権移転	令和何年何月何日 第何号	原因　令和何年何月何日売買 所有者　何市何町何番地 　　甲　某
何	所有権移転	令和何年何月何日 第何号	原因　令和何年何月何日売買 所有者　何市何町何番地 　　丙　某

権　利　部（乙区）　　　（所有権以外の権利に関する事項）			
順位番号	登記の目的	受付年月日・受付番号	権利者その他の事項
1	賃借権設定	令和何年何月何日 第何号	原因　令和何年何月何日設定 賃料　1月何万円 支払時期　毎月末日 存続期間　何年 賃借権者　何市何町何番地 　　乙　某
2	賃借権設定	令和何年何月何日 第何号	原因　令和何年何月何日1番賃 　　借権の賃貸人たる地位の留保 　　のため設定 賃料　1月何万円 支払時期　毎月末日 存続期間　何年 賃借権者　何市何町何番地 　　甲　某

(2)　留保された賃借権の登記がされていない場合において，譲渡人のために譲受人が設定した賃借権の設定の登記をするとき

権　利　部（甲区）　　　（所有権に関する事項）			
順位番号	登記の目的	受付年月日・受付番号	権利者その他の事項
何	所有権移転	令和何年何月何日 第何号	原因　令和何年何月何日売買 所有者　何市何町何番地 　　甲　某

何	所有権移転	令和何年何月何日 第何号	原因　令和何年何月何日売買 所有者　何市何町何番地 　　　丙　某

権　利　部（乙区）　（所有権以外の権利に関する事項）			
順位番号	登記の目的	受付年月日・受付番号	権利者その他の事項
1	賃借権設定	令和何年何月何日 第何号	原因　令和何年何月何日設定 賃料　1月何万円 支払時期　毎月末日 存続期間　何年 賃借権者　何市何町何番地 　　　甲　某

(3)　(2)の賃借権の設定の登記がされている場合において，留保された賃借権の設定の登記をするとき

権　利　部（甲区）　（所有権に関する事項）			
順位番号	登記の目的	受付年月日・受付番号	権利者その他の事項
何	所有権移転	令和何年何月何日 第何号	原因　令和何年何月何日売買 所有者　何市何町何番地 　　　甲　某
何	所有権移転	令和何年何月何日 第何号	原因　令和何年何月何日売買 所有者　何市何町何番地 　　　丙　某

権　利　部（乙区）　（所有権以外の権利に関する事項）			
順位番号	登記の目的	受付年月日・受付番号	権利者その他の事項
1	賃借権設定	令和何年何月何日 第何号	原因　令和何年何月何日設定 賃料　1月何万円 支払時期　毎月末日 存続期間　何年 賃借権者　何市何町何番地 　　　甲　某
2	賃借権設定	令和何年何月何日 第何号	原因　令和何年何月何日1番賃 　　借権の賃借人による設定 賃料　1月何万円 支払時期　毎月末日 存続期間　何年 賃借権者　何市何町何番地 　　　乙　某

参 照

「登記研究」869号

メ モ

・錯誤による抹消登記の登記原因は「年月日取消」となり、その日付は、取消しの意思表示が相手方に到達した日です。

なお、これは、抹消登記の場合であり、たとえば、甲の単有名義を甲・乙の共有名義に、甲・乙の共有名義を甲（または乙）の単有名義にするような更正登記の場合の登記原因は「錯誤」であり、従前の取扱いに変更はないもの考えられています「登記研究」872号3頁以下参照）。

Ⅱ

申請手続

署名証明書には有効期間に関する定めがない

「外国に在留する邦人の在留証明，印鑑証明及び署名証明の有効期間に関する取扱いについて」

（昭和48年11月17日民三第8525号第三課長通知）

──通 知──

標記の件について，別紙甲号のとおり外務大臣官房領事移住部領事課長から依頼があり，別紙乙号のとおり回答したから通知する。

──照 会──

（別紙甲号）

本邦における不動産登記手続に関連し，外国に居住する邦人が登記権利者または義務者である場合，その者の同一性確認のため，現住地および特に住所地を外国において変更した場合は，住所変更経過の疎明を本邦登記所より求められ，それぞれの住所地を管轄するわが国の在外公館から在留証明の発給をうけて提出しなければならないことがあります。

在外公館においては，現住地および過去の移転の経緯が確認できる範囲において前住地も併記して在留証明書を発給し，申請者（在留邦人）の要望に出来る限り応じておりますが，前住地の記載ができないものもあります。

本邦の登記所によっては，これら邦人の外国在留の特殊性を理解して国外住所変更

経過についての疎明（そめい）を免除する所がある一方，不可とする登記所もあり，在留邦人が困却している旨在ニュー・ヨーク総領事より下記1のとおり意見具申越しました。

ついては貴省において何らかの統一的取扱い方につきご検討方お願いいたします。また印鑑証明（または本人の署名証明）の有効期間についても下記2のとおり意見具申越しましたのであわせてご検討下さるようお願いいたします。

　　　記

1　本邦における如く全国一律に住民登録の制度が実施されている場合は別として，外国に居住する邦人に過去の移転の経緯を在外公館により証明してもらうことは困難である場合が多く，申請者には過重な負担となっている。外国各地を移転した本人の同一性の確認という目的から見れば，在外公館で発給した在留証明書の記載事項（本人氏名，生年月日および本籍地）と消除住民票，戸籍謄本等との照合によりその目的を達せられるものと考えられるので，在留邦人からの申請については上記記載のある一枚の在留証明書にて登記手続ができるよう各登記所において統一的な取扱方をお願いいたしたい。

2　不動産登記に必要な印鑑証明は発給さ

れて3ヵ月以内のものと規定（不動産登記法施行細則第44条＊）されている。これは本邦においては交通，通信，商取引の実情，法務局の数等諸般の要素から合理的な期間と考えられるが，交通，通信，その他本邦とは全く異なる外国居住という環境下にある邦人の提出すべき印鑑証明書についても本邦と同様その有効期間を一律3ヵ月とすることは申請者にとり困難な事情も生ずることが充分考えられる。よって，これら在留邦人の場合は6ヶ月程度に有効期間を延長するよう例外規定を設定下さるようお願いする。

——回　答——

（別紙乙号）

3月7日付け領領第112号をもって依頼のありました標記の件については，次のように考えます。

おって，この旨各法務局民事行政部長及び地方法務局長に通知したので，念のため申し添えます。

記

1　住所の変更を証する書面等について

中間の住所移転の経緯について在外公館の証明を得ることができない場合において，在留証明書と消除住民票若しくは戸籍謄抄本等により本人の同一性が確認できるときには，右の各書面に加えて，中間の住所移転の経緯及びこれについての証明を得ることができない旨の本人の上申書を提出すれば，足りるものと考える。

2　印鑑証明書について

申し越しの措置をとることは，できないものと考える。

なお，印鑑証明書に代えて提出する申請人のなした署名についてそれが本人のなしたものである旨の証明書（署名証明書）については，不動産登記法施行細則第44条＊の規定の適用はないので，念のため申し添える。

参照

「登記研究」314号

メモ

＊　現行は令16条3項です。

外国人が登記義務者として登記を申請する場合

「外国人が登記義務者として登記を申請する場合の署名証明について」

(昭和59年8月6日民三第3991号第三課長回答)

── 照 会 ──

外国人がその所有不動産につき登記義務者として登記を申請する場合には，不動産登記法施行細則第42条＊の規定による印鑑証明書の提出に代えて申請書又は委任状に記載された登記義務者の表示が本人の自署であること（及び本人の拇印に相違ないこと）についての所属国の官憲等の証明を得ることとされておりますが，所属国駐在の日本の大使館等において本人の自署であることの証明を受けた場合にも，その証明を上記印鑑証明書に代わるものとして取り扱って差し支えないものと考えますが，いささか疑義がありますので何分の御指示を賜りたく照会いたします。

── 回 答 ──

本年5月15日付け二不登一第465号をもって照会のあった標記の件については，貴見のとおり取り扱って差し支えないものと考えます。

参 照

「民事月報」昭和59年9月号

「登記研究」442号
「平成9年先例集」99頁

参考先例

昭和34年11月24日民事甲第2542号民事局長通達：「登記研究」146号
要旨：外国人が登記義務者として登記申請をするときは，申請書または委任状の署名が本人のものであることの本国の官公署または在日公館の証明書を提出させる。

メ モ

＊ 現行は令16条2項，18条2項です。
・所有権の登記名義人である外国人が登記義務者となる場合に提出するサイン証明書は，令16条2項の印鑑証明書の代わりに提出されるものであるから原本還付はできないとされています（「登記研究」692号質疑応答）。
・印鑑登録をすることができない外国人が登記義務者として登記申請する場合には，当該外国人の署名が本人のものであることの日本の公証人の作成した署名証明書の提供をもって，印鑑証明書に代えるこ

とができるとされています（「登記研究」
828号質疑応答）。

在外日本人の委任行為の公証について

「弁護士法第23条の2に基づく照会について（在外日本人の委任行為の公証）」

（昭和58年5月18日民三第3039号第三課長依命回答）

—— 照 会 ——

甲は，日本国民であるが，現在メキシコに在住し，日本国内に住居地を有しないものである。このため不動産移転登記をする場合，印鑑証明書の交付を受けることが出来ず，メキシコの日本大使館において，本人の署名捺印である旨の証明をうけるしかない。

しかし右甲は，日本国に帰省する機会がある。この機会をとらえて不動産の所有権移転登記を済ませたいと考えている。

① この場合日本国内の公証人が，右甲の委任行為を公証することが出来るか。
② 右委任の公正証書をもって，不動産所有権移転の登記手続をすることが出来るか。

—— 依命回答 ——

昭和55年3月18日付け登第79の1085号を

もって法務省民事局長あて照会のあった標記の件については，いずれも貴見のとおりと考えます。

参照

「民事月報」昭和58年9月号
「登記研究」429号
「平成9年先例集」98頁

参考先例

昭和29年9月14日民事甲第1868号民事局長回答：「登記研究」83号

要旨：在サンパウロ日本領事の「本人の自署であること並びに本人の拇印に相違ない」旨の領事の証明書をもって登記義務者の印鑑証明書に代えることができる。

09 先例

同日にオンライン申請された場合の登記識別情報の提供の可否

「電子申請における不動産登記規則第67条に規定される登記識別情報の提供の省略の可否について」

（平成20年6月20日民二第1738号第二課長通知）

—— 通　知 ——

標記について，別紙甲号のとおり日本司法書士会連合会から照会があり，別紙乙号のとおり回答したので，この旨貴管下登記官に周知方取り計らい願います。

—— 照　会 ——

（別紙甲号）

いわゆる連件申請によらない方法により，同一の不動産について二以上の権利に関する登記の申請が電子申請によりされた場合（同日付けで法務局に受け付けられたものに限る。）に，下記のような内容の申請情報の提供がされたときは，後件につき不動産登記規則第67条の規定を適用して，登記識別情報が提供されたものとみなして差し支えないと考えますが，いささか疑義がありますので照会します。

記

（事例）

① 平成20年6月10日申請　甲から乙への所有権の移転の登記（代理人A）

② 平成20年6月10日申請　乙を登記義務者とする抵当権の設定の登記（代理人B）

（申請情報の内容）

(1) 事例①の申請情報の内容

本件の所有権の移転の登記と，6月10日付で後に申請される抵当権の設定の登記（代理人B）とは連件扱いとされたい。

(2) 事例②の申請情報の内容

本件の抵当権の設定の登記と，6月10日受付第○○号（代理人A）の所有権の移転の登記とは連件扱いとされたい。

※ 代理人A，代理人Bのいずれかの申請情報に上記内容が記録されていない場合は，事例②の申請について，登記識別情報の提供がされていないものとして取り扱う。

—— 回　答 ——

（別紙乙号）

本月18日付け日司連発第425号で照会のあった標記の件については，貴見のとおり取り扱って差し支えないと考えます。

なお，この旨法務局及び地方法務局に周知しましたので，申し添えます。

参　照

「民事月報」平成20年9月号
「登記研究」725号

コンビニエンスストアにおいて交付された印鑑証明書及び住民票の写しの取扱いについて

「コンビニエンスストアにおいて交付された印鑑証明書及び住民票の写しの取扱いについて」

（平成22年1月29日民二・民商第240号第二課長・商事課長通知）

──通　知──────────

コンビニエンスストアにおいて印鑑に関する証明書（以下「印鑑証明書」という。）及び住民票の写し（以下，印鑑証明書及び住民票の写しを併せて「証明書等」という。）を交付するサービス（以下「コンビニ交付」という。）が，本年2月2日から開始され，以後，順次全国に拡大されることとされていますので，この証明書等を用いて登記・供託の申請等の手続がされた場合の取扱いについては，下記に留意し，事務処理に遺漏のないよう，貴管下登記官及び供託官に周知方取り計らい願います。

記

第1　コンビニ交付に係る証明書等の交付の仕組み等について

1　コンビニ交付の仕組み

コンビニエンスストアに設置されているタッチパネル式の端末装置（いわゆる「キオスク端末」）のICカードリーダに事前に証明書等のコンビニ交付を受けるための情報が入力された住民基本台帳カードをかざして，本人確認を行った上，交付手数料を納めると，証明書等が交付

される。

なお，交付される証明書等は，総合行政ネットワーク（LGWAN）等を経由して，地方公共団体の証明書発行サーバから送信された証明書等のPDFデータを普通紙に印刷したものである。

2　コンビニ交付に係る証明書等に措置される偽造防止策

コンビニ交付に係る証明書等には，偽造防止策として，証明書等をコピー機で複写した場合に「複写」という文字（けん制文字）が浮かび上がる措置に加えて，証明書等の裏面に偽造防止検出画像及びスクランブル画像を印刷する措置が施される。

第2　コンビニ交付に係る証明書等を提供して不動産登記の申請がされた場合の取扱いについて

1　コンビニ交付に係る証明書等を提供して不動産登記の申請がされた場合には，まず，証明書等の「表面」について，地紋紙等の専用紙による証明書等に対して現在行っている審査と同様の審査を行うものとする。

2　次に，証明書等の「裏面」について，

専用の読取機を使用して偽造防止検出画像の確認を行うものとする（下記5参照）。

3　上記1及び2の方法による審査を行ってもなお証明書等の真贋[しんがん]について疑義があるときは，当該証明書等を発行した市区町村に対して偽造の有無等を問い合わせて確認をするものとし，その問い合わせ方法については，次のとおりとする。

(1)　印鑑証明書については，あらかじめ印鑑証明書を発行した市区町村の担当者に連絡を取った上で，印鑑証明書の原本を当該市区町村あてに持参又は送付をする方法によるものとする。

なお，送付の方法による場合には，書留郵便又は信書便の役務であって信書便事業者において引受け及び配達の記録を行うものによるものとする。

おって，この場合には，市区町村から問い合わせに対する回答がされるまでの間，印鑑証明書の写しを申請情報と併せて保管しておくものとする。

(2)　住民票の写しについても，(1)と同様とする。

ただし，市区町村に対して住民票の写しに記載された事項を電話やファックスにより確認することができる場合には，これらの方法によることも差し支えない。

4　上記3の確認を行った場合には，当該確認を行った旨を申請情報又は証明書等の適宜[てきぎ]の欄に記載するものとする。

5　上記2の確認を行うためには，専用の読取機が必要となるが，当該読取機が配備される前にコンビニ交付に係る証明書等を提供して不動産登記の申請がされた場合には，上記1の審査を行った上で，当該証明書等を発行した市区町村に対して偽造の有無等を問い合わせて確認をするものとし，その問い合わせ方法については，上記3と同様とする。

第3　商業・法人登記，動産譲渡登記，債権譲渡登記及び供託の事務においてコンビニ交付に係る証明書等が提出された場合の取扱いについて

商業・法人登記，動産譲渡登記，債権譲渡登記及び供託の事務においてコンビニ交付に係る証明書等が提出された場合には，第2に準じて取り扱うものとする。

第4　実施時期について

この通知による取扱いは，本年2月2日から実施するものとする。

参　照

「登記研究」749号

代理権の不消滅と登記手続

「登記申請の代理権が消滅していない場合の申請書の添付書類等について」

（平成6年1月14日民三第366号第三課長通知）

―― 通　知 ――――――――――

標記について，別紙甲号のとおり東京法務局民事行政部長から照会があり，別紙乙号のとおり回答したので，この旨貴管下登記官に周知方取り計らい願います。

―― 照　会 ――――――――――

（別紙甲号）

標記については，本年7月30日付け法務省民三第5320号民事局長通達（以下「基本通達」という。）の記の第2で示されているところでありますが，下記のとおり取り扱って差し支えないものと考えますが，いささか疑義がありますので，照会いたします。

記

1　登記名義人が登記申請の委任をした後死亡した場合において，相続人がその委任を受けた代理人により当該委任に係る代理権限証書を添付して登記の申請をするとき

　⑴　当該申請が不動産登記法施行細則（以下「細則」という。）第42条第1項又は第42条ノ2第1項の適用を受ける

ものである場合には，申請書に，相続を証する書面のほか，登記名義人の印鑑証明書（作成後3か月以内のものに限る。）の添付をも要する。

　⑵　当該申請が不動産登記法第44条の規定による保証書を添付してするものであり，かつ，保証書の登記義務者の表示が死亡した登記名義人となっている場合には，登記申請人である相続人全員あて同法第44条ノ2第1項の規定による通知をするものとし，これに対し，相続人全員から印鑑証明書を添付して同法第44条ノ2第2項の規定による申出があったときは，申請を受理して差し支えない。

2　登記申請の委任をした法人代表者の代表権限が消滅した場合において，その委任を受けた代理人が当該委任に係る代理権限証書を添付して登記の申請をするとき

　⑴　申請書に添付された登記申請の代理権限を証する書面の作成名義人である法人の代表者が現在の代表者でない場合には，当該代表者の代表権限を証する書面として申請書に添付する書面には，当該代表者が代表権限を有してい

たことを明らかにする当該法人の閉鎖
登記簿謄本が含まれる。この場合にお
いて，閉鎖登記簿謄本は，作成後3か
月を超えるものであっても差し支えな
い。

　なお，上記のような書面を添付して
申請をするときは，その代理人におい
て当該代表者の代表権限が消滅してい
る旨を明らかにする必要がある。
(2)　商業登記等事務取扱手続準則第9条
第2項の規定により登記用紙の末尾に
閉鎖した役員欄の用紙が編綴<small>へんてつ</small>されてい
る場合には，基本通達第2の1のアの
「当該法人の登記簿」は，この閉鎖し
た役員欄の用紙を含むものとして取り
扱う。
(3)　基本通達第2の1のなお書きについ
ては，当該代表者の印鑑について商業
登記規則第9条ノ2の規定による処理
がされた印鑑紙が保存されているとき
であっても，印鑑証明書の提出を要す
る。

―回　答――――――――――――

（別紙乙号）
　平成5年12月8日付け2不登1第128号
をもって照会のあった標記の件については，
いずれも貴見のとおり取り扱って差し支え
ないものと考えます。

【参　照】

「登記研究」556号

【参考先例】

「不動産登記法等の一部改正に伴う登記
事務の取扱いについて」

（平成5年7月30日付け法務省民三第
5320号民事局長通達）（抜粋）
第2　登記申請代理権の不消滅に関する規
　定の新設
1　委任による登記申請代理権の不消滅に
関する規定が新設されたが，委任者の法
定代理人の代理権が消滅した場合もこれ
に該当し（法第26条第3項），この場合
の法定代理人には，法人の代表者も含ま
れる。したがって，細則第44条ノ8第1
項に規定する場合において，申請書に添
付された登記申請の代理権限を証する書
面の作成名義人である法人の代表者が現
在の代表者でないと認められるときで
あっても，次に掲げる場合には，これを
適法な登記申請の代理権限を証する書面
の添付があるものとして扱う。なお，そ
の申請が細則第42条第1項又は第42条ノ
2第1項の申請であるときは，当該代表
者の印鑑証明書（作成後3か月以内のも
のに限る。）の提出があることを要する。
ア　登記申請の代理人が当該代表者の代
表権限が消滅した旨及び当該代表者が
代表権限を有していた時期を明らかに
し，当該法人の登記簿でそのことを確
認することができる場合
イ　当該代表者の代表権限を証する書面
（作成後3か月以内のものに限る。）が
申請書に添付されている場合
2　委任による登記申請代理権の不消滅に
関する規定は，登記申請の委任がされた
後，改正法施行前に本人の死亡等の事由
が生じた場合には，適用されない（改正
法附則第2項）。

【参　照】

「民事月報」平成6年号外
「平成9年先例集」218頁

　現行不動産登記法においては，登記の申請をする者の委任による代理人の権限は，次の場合には消滅しないとされています。

①本人の死亡，②本人である法人の合併による消滅，③本人である受託者の信託に関する任務の終了，④法定代理人の死亡またはその代理権の消滅若しくは変更(法17条)。

12 先例

行政区画の変更と住所変更登記

「行政区画の変更に伴う登記名義人等の住所の変更に係る登記事務の取扱いについて」

（平成22年11月1日民二第2759号第二課長通知）

— 通　知 —

標記について，別紙甲号のとおり東京法務局民事行政部長から当職あて照会があり，別紙乙号のとおり回答しましたので，この旨貴管下登記官に周知方取り計らい願います。

— 照　会 —

（別紙甲号）

区制施行などの地番変更を伴わない行政区画の変更に係る登記名義人の住所等の変更に係る登記事務の取扱いについて，下記のとおり照会します。

記

1　登記名義人の住所の変更の登記について

（1）登記名義人が登記記録に記録された住所から他の住所に移転した後，当該移転後の住所について区制施行などの地番変更を伴わない行政区画の変更が行われた場合の登記名義人の住所の変更の登記を一の申請でするときは，その登記原因を「平成○○年○○月○○日住所移転，平成○○年○○月○○日

区政施行」とすることで差し支えないと考えますが，「平成○○年○○月○○日住所移転」のみで足りるとする意見もあり，いささか疑義がありますので照会します。

（2）（1）の場合，当該登記の申請の添付情報として，当該行政区画の変更に係る市区町村長等の証明書（登録免許税法施行規則（昭和42年大蔵省令第37号）第1条第1項第2号）が提供されたときは，登録免許税法（昭和42年法律第35号）第5条第5号の規定により登録免許税は非課税となるものと考えますが，いささか疑義がありますので照会します。

2　共同根抵当権の追加設定をする場合の前の登記の債務者の住所の変更の登記について

共同根抵当権の追加設定をする場合には，民法（明治29年法律第89号）第398条の16の規定により「同一の債権の担保として」根抵当権を設定する必要があるため，追加設定する根抵当権の「極度額」，「被担保債権の範囲」及び「債務者」は，前の登記と同一の内容であることを要しますが，前の登記の債務者の住所につい

て，区制施行などの地番変更を伴わない
行政区画の変更が行われた場合は，前の
登記の債務者の変更の登記をすることな
く，追加設定の登記をすることができる
と考えますが，債務者の変更の登記を要
するとする意見もあり，いささか疑義が
ありますので，照会します。

―― 回　答 ――――――――――

（別紙乙号）

　本年10月18日付け２不登１第389号を
もって照会のありました標記の件について
は，１及び２ともに，貴見のとおりと考え
ます。

参　照

「登記研究」755号

13 先例

DV防止法の被支援措置者が登記義務者の場合の住所変更の登記

「配偶者からの暴力の防止及び被害者の保護に関する法律第1条第2項に規定する被害者が登記義務者となる所有権の移転の登記の前提としての住所の変更の登記の要否について」

（平成25年12月12日民二第809号第二課長通知）

——— 通　知 ———

　標記について，別紙甲号のとおり千葉地方法務局長から当職宛てに照会があり，別紙乙号のとおり回答しましたので，この旨貴管下登記官に周知方お取り計らい願います。

——— 照　会 ———

（別紙甲号）

　所有権の移転の登記の申請に当たり，その登記義務者が登記記録上の住所から転居している場合には，当該所有権の移転の登記の前提として，登記記録上の住所を現在の住所へ変更することを内容とする登記名義人の住所についての変更の登記をする必要があるとされておりますが，当該登記義務者が配偶者からの暴力の防止及び被害者の保護に関する法律（平成13年法律第31号。以下「DV防止法」という。）第1条第2項に規定する被害者として住民基本台帳事務処理要領（昭和42年10月4日付け法務省民事甲第2671号法務省民事局長，発保第39号厚生省保険局長，庁保発第22号社会保険庁年金保険部長，42食糧業第2668号（需給）食糧庁長官及び自治振第150号自治省行政局長通知）第6の10の措置（以下「支援措置」という。）を受けている者（以下「被支援措置者」という。）であり，かつ，当該被支援措置者から下記の取扱いによることの申出があったときは，DV防止法第2条の規定の趣旨に鑑み，当該取扱いによることができるものと考えますが，いささか疑義がありますので，照会します。

記

1　所有権の移転の登記の申請における登記義務者が被支援措置者である場合においては，当該登記義務者が登記記録上の住所から転居しているときであっても，当該所有権の移転の登記の前提として，当該登記義務者である登記名義人の住所についての変更の登記をすることを要しない。

2　1の所有権の移転の登記の申請をする場合には，登記義務者に係る住所について変更があったことを証する市町村長その他の公務員が職務上作成した情報（公務員が職務上作成した情報がない場合にあっては，これに代わるべき情報）及び支援措置を受けていることを証する情報＊を提供しなければならない。

3　1の所有権の移転の登記の申請がされた場合において，不動産登記法（平成16年法律第123号。以下「不登法」という。）第23条第1項の規定により通知をしなければならないときは，当該登記義務者の現在の住所に宛てて通知する。

4　1の所有権の移転の登記の申請が不登法第18条第1号の規定による電子情報処理組織を使用する方法によってされた場合には，登記完了証に記録する登記義務者の住所については，登記完了証の記録内容に係る編集機能を使用して，登記記録上の住所を記録して作成する。

5　1の所有権の移転の登記に係る申請書及びその添付書面その他の登記簿の附属書類を申請書類つづり込み帳につづり込む場合には，当該申請書の1ページ目の適宜の箇所に当該登記に係る申請が被支援措置者によるものであることが一見して明らかになるような措置を施し，当該附属書類が廃棄されるまでの間，当該措置を継続する。

6　5の附属書類に係る閲覧請求については，原則として，当該被支援措置者又はその代理人以外の者は不登法第121条第2項ただし書に規定する利害関係を有しないものとし，また，当該代理人からの閲覧の請求の場合は不動産登記規則（平成17年法務省令第18号）第193条第4項に規定する当該代理人の権限を証する書面に当該被支援措置者が記名押印し，その印鑑に関する証明書（不動産登記令（平成16年政令第379号）第16条第2項に規定する印鑑に関する証明書をいう。）を添付して提供しなければならない^(注意)。

─回　答─

（別紙乙号）

本月5日付け不I2第629号をもって照会のありました標記の件については，貴見のとおり取り扱って差し支えありません。

なお，照会のありました取扱いは，ストーカー行為等の規制等に関する法律（平成12年法律第81号）第7条に規定するストーカー行為等の相手方，児童虐待の防止に関する法律（平成12年法律第82号）第2条に規定する児童虐待を受けた児童等として，住民基本台帳事務処理要領（昭和42年10月4日付け法務省民事甲第2671号法務省民事局長，保発第39号厚生省保険局長，庁保発第22号社会保険庁年金保険部長，42食糧業第2668号（需給）食糧庁長官及び自治振第150号自治省行政局長通知）第6の10の措置を受けている者が登記義務者であるときも同様であり，また，所有権の移転の登記のほか，抵当権その他の権利の移転の登記についても同様に取り扱って差し支えないものと考えますので，その旨を申し添えます。

参　照

「民事月報」平成26年2月号

「登記研究」808号

（注意）　5及び6の取扱いの一部については，後掲の⑮「平成27年3月31日民二第198号第二課長依命通知」により変更されています。

＊　支援措置を受けていることを証する情報とは

本通達では，支援措置を受けていることを証する情報の提供を要するとされていますが具体的なものは示されていませんが，市区町村が支援措置の申出者に対して通知する「支援決定通知書」が該当するものと考えられています（「平成25年12月12日付け法務省民二第808号民事第二課長回答「配偶者からの暴力の防止及び被害者の保護に関する法律第1条第2項に規定する被害者が登記義務者となる所有権の移転の登記の前提としての住所の変更の登記の要否について」の解説」河本哲志・「民事月報」平成26年2月号27頁）。

14 先例

DV防止法の被支援措置者が登記権利者の場合の住所の取扱い

「配偶者からの暴力の防止及び被害者の保護等に関する法律第1条第2項に規定する被害者が登記権利者となる所有権の移転の登記における登記権利者の住所の取扱いについて」

（平成27年3月31日民二第196号第二課長依命通知）

—— 依命通知 ——

標記について，別紙甲号のとおり富山地方法務局長から当職宛てに照会があり，別紙乙号のとおり回答しましたので，この旨貴管下登記官に周知方お取り計らい願います。

—— 照　会 ——

（別紙甲号）

所有権の移転の登記の申請において，その登記権利者が配偶者からの暴力の防止及び被害者の保護等に関する法律（平成13年法律第31号。以下「DV防止法」という。）第1条第2項に規定する被害者として住民基本台帳事務処理要領（昭和42年10月4日付け法務省民事甲第2671号法務省民事局長，保発第39号厚生省保険局長，庁保発第22号社会保険庁年金保険部長，42食糧業第2668号（需給）食糧庁長官及び自治振第150号自治省行政局長通知）第6の10の措置（以下「支援措置」という。）を受けている者（以下「被支援措置者」という。）であって，下記1の要件に係る場合には，DV防止法第2条の規定及び平成25年12月12日付け法務省民二第809号法務省民事局民事第二課

長通知（以下「民事第二課長通知」という。）の趣旨を踏まえ，下記の取扱いをしたいと考えますが，差し支えないか照会します。

記

1　被支援措置者が所有権の移転の登記の申請における登記権利者であり，次の要件のいずれも満たす場合には，申請情報の内容として提供された住所を当該権利者の住所として取り扱う。

(1)　住民票上の住所地を秘匿する必要があり，当該登記権利者の印鑑証明書を添付して「住民票に現住所として記載されている住所地は，配偶者等からの暴力を避けるために設けた臨時的な緊急避難地であり，飽くまで申請情報として提供した住所が生活の本拠である」旨を内容とする上申書が申請情報とともに提供されること。

(2)　上記(1)の申請情報の内容として提供された当該登記権利者の住所が，添付情報として提供された登記名義人となる者の住所を証する市町村長その他の公務員が職務上作成した情報（公務員が職務上作成した情報がない場合にあっては，これに代わるべき情報。以下同じ。）において前住所又は前々住所等として表示されていること。

89

(3)　申請情報及び添付情報等から上記(1)の上申書の記載内容に疑念を抱かしめる事情がないと認められること。

2　上記1の取扱いによる登記の申請には、登記権利者の前住所又は前々住所等が表示された当該登記権利者の住所を証する市町村長その他の公務員が職務上作成した情報及び当該登記権利者が支援措置を受けていることを証する情報を提供させる。

3　上記1の取扱いによる登記に係る申請書及びその添付書面その他の登記簿の附属書類（以下「登記簿の附属書類」という。）を申請書類つづり込み帳につづり込む場合には、民事第二課長通知別紙甲号記の5により取り扱う。

4　上記3の登記簿の附属書類に係る閲覧請求については、民事第二課長通知別紙甲号記の6により取り扱う。

のありました標記の件について、記の1及び2については貴見のとおり取り扱われて差し支えありませんが、記の3及び4については本日付け法務省民二第198号当職通知のとおり取り扱うよう留意願います。

なお、本取扱いは、ストーカー行為等の規制等に関する法律（平成12年法律第81号）第7条に規定するストーカー行為等の相手方、児童虐待の防止に関する法律（平成12年法律第82号）第2条に規定する児童虐待を受けた児童等として、住民基本台帳事務処理要領（昭和42年10月4日付け法務省民事甲第2671号法務省民事局長、保発第39号厚生省保険局長、庁保発第22号社会保険庁年金保険部長、42食糧業第2668号（需給）食糧庁長官及び自治振第150号自治省行政局長通知）第6の10の措置を受けている者が登記権利者であるときも同様ですので、その旨を申し添えます。

―― 回　答 ――――――――――――

（別紙乙号）

本年2月26日付け登第60号をもって照会

参　照

「民事月報」平成27年5月号
「登記研究」808号

15 先例 DV防止法の被支援措置者の現住所が記載されている申請書類の閲覧

「配偶者からの暴力の防止及び被害者の保護等に関する法律第1条第2項に規定する被害者が登記義務者又は登記権利者とならないが，添付情報に当該被害者の現住所が記載されている場合における閲覧の方法について」

（平成27年3月31日民二第198号第二課長依命通知）

―― 依命通知 ――

標記について，別紙甲号のとおり岡山地方法務局長から当職宛てに照会があり，別紙乙号のとおり回答しましたので，この旨貴管下登記官に周知方お取り計らい願います。

なお，本通知に抵触する平成25年12月12日付け法務省民二第809号当職通知による取扱いは，本通知によって変更したことになりますので，その旨を申し添えます。

―― 照　会 ――

（別紙甲号）

配偶者からの暴力の防止及び被害者の保護等に関する法律（平成13年法律第31号。以下「DV防止法」という。）第1条第2項に規定する被害者として住民基本台帳事務処理要領（昭和42年10月4日付け法務省民事甲第2671号法務省民事局長，保発第39号厚生省保険局長，庁保発第22号社会保険庁年金保険部長，42食糧業第2668号（需給）食糧庁長官及び自治振第150号自治省行政局長通知）第6の10の措置を受けている者（以下「被支援措置者」という。）が登記義務者又は登記権利者とならないが，登記申請の添付情報に被支援措置者の住所が記載されている場合には，申請書類つづり込み帳につづり込まれた当該登記申請書及びその附属書類（不動産登記令（平成16年政令第379号。以下「不登令」という。）第21条第1項で定める図面を除く。以下「登記申請書等」という。）について，被支援措置者又はその代理人から閲覧の制限の申出があったときは，DV防止法第2条の規定の趣旨に鑑み，平成25年12月12日付け法務省民二第809号法務省民事局民事第二課長通知別紙甲号記の5及び6にかかわらず，下記の取扱いをしたいと考えますが，差し支えないか照会します。

記

登記申請書等に被支援措置者の住所が記載されている場合は，以下のとおり，当該被支援措置者又はその代理人の申出に基づき，当該住所が記載されている部分（印鑑に関する証明書や住民票の様式等で当該住所を市町村単位で推認させる部分を含む。以下同じ。）について閲覧の制限を行うことができるものとする。

1　閲覧の制限の申出の方法

閲覧の制限の申出は，被支援措置者又はその代理人の記名押印のある別紙様式

又はこれに準ずる申出書によって行い，かつ，次の各書面をいずれも添付しなければならない。

(1) 申出をする本人が被支援措置者であることを証する書面

(2) 被支援措置者が申出をする場合にあっては，申出書の押印に係る被支援措置者の印鑑に関する証明書（不登令第16条第2項に規定する印鑑に関する証明書をいう。以下(3)に同じ。）。ただし，当該証明書を提出することができないやむを得ない事情があると認められる場合にあって，不動産登記規則（平成17年法務省令第18号）第72条第2項に掲げる方法により当該被支援措置者本人であることを確認することができるときを除く。

(3) 被支援措置者の代理人が申出をする場合にあっては，被支援措置者が記名押印した当該代理人の権限を証する書面及び当該押印に係る被支援措置者の印鑑に関する証明書

2 閲覧の制限の申出があった場合の取扱い

上記1の方法による閲覧の制限の申出があった場合は，次の各措置を執ることとする。

(1) 住所が記載されている部分を塗抹するなどして閲覧をすることができない措置を施した登記申請書等の写しを作成し，申請書類つづり込み帳につづり込む。

(2) 申請書類つづり込み帳につづり込まれた登記申請書等の写しの1ページ目の適宜の箇所に，閲覧の制限があることが一見して明らかになるような措置を施す。

(3) 登記申請書等の原本は，申出書とと

もに封入し，申請書類つづり込み帳の最後部につづり込む。

3 閲覧の制限の申出があった登記申請書等について閲覧の請求があった場合の取扱い

(1) 被支援措置者又はその代理人から閲覧の制限の申出があった登記申請書等について閲覧の請求があった場合には，原本を閲覧に供する。

(2) 上記(1)以外の者から閲覧の制限の申出があった登記申請書等について閲覧の請求があった場合には，上記2(1)の写しを閲覧に供する。

ただし，請求人が当該登記申請書の附属書類である被支援措置者の印鑑に関する証明書の印影について不動産登記法（平成16年法律第123号）第121条第2項ただし書に規定する利害関係を有する場合には，当該印影以外に係る部分を別用紙等で覆った上で，当該印影に係る部分に限りその原本を閲覧に供して差し支えない。

────回　答────────────

（別紙乙号）

本月25日付け不登第65号をもって照会のありました標記の件については，貴見のとおり取り扱われて差し支えありません。

なお，本取扱いは，ストーカー行為等の規制等に関する法律（平成12年法律第81号）第7条に規定するストーカー行為等の相手方，児童虐待の防止に関する法律（平成12年法律第82号）第2条に規定する児童虐待を受けた児童等として，住民基本台帳事務処理要領（昭和42年10月4日付け法務省民事甲第2671号法務省民事局長，保発第39号厚生省保険局長，庁保発第22号社会保険庁

登記申請書等閲覧制限措置申出書

申出年月日	平成　　　　年　　　　月　　　　日
申出人の表示	住　　所 氏　　名 □　登記申請人 □　その他 連　絡　先（自宅・携帯・勤務先） （　　　　　）　－
代理人の表示	住　　所 代理資格 氏　　名 連絡先（自宅・携帯・勤務先） （　　　　　）　－
閲覧制限の対象 とする登記申請 書等	法務局（地方法務局）　　　　支局 　　　　　　　　　　　　　　出張所 　　　受付第　　　　号（　　　　　　　　　　）
閲覧制限の対象	□　住所を証する情報　　□　印鑑に関する証明書 □　遺産分割協議書　　□　特別受益証明書　　□　承諾書 □　その他（　　　　　　　　　　　　　　　　）
申出の理由	※遺産分割協議書に住所が記載されており，当該住所が公開されることにより，生命又は身体に危害を受けるおそれがあるため
添付書類	□　支援措置を受けていることを証する情報 □　代理人の権限を証する情報　　□　印鑑に関する証明書 □　その他（　　　　　　　　　　　　　　　）

上記のとおり申出します。
　　　　法務局（地方法務局）　　　　　　　支　局　御中
　　　　　　　　　　　　　　　　　　　　出張所

年金保険部長，42食糧業第2668号（需給）食糧庁長官及び自治振第150号自治省行政局長通知）第6の10の措置を受けている者又はその代理人が申出人となるときも同様ですので，その旨を申し添えます。

参　照

「民事月報」平成27年5月号
「登記研究」808号

個人番号カードと不動産登記事務の取扱いについて

「行政手続における特定の個人を識別するための番号の利用等に関する法律等の施行に伴う不動産登記事務の取扱いについて」

(平成27年12月17日民二第874号民事局長通達)

　行政手続における特定の個人を識別するための番号の利用等に関する法律（平成25年法律第27号。以下「番号利用法」という。）附則第1条第4号に掲げる規定，行政手続における特定の個人を識別するための番号の利用等に関する法律の施行に伴う関係法律の整備等に関する法律（平成25年法律第28号。以下「番号利用法整備法」という。）附則第3号に掲げる規定及び戸籍法施行規則等の一部を改正する省令（平成27年法務省令第51号。以下「改正省令」という。）が平成28年1月1日から施行されることとなり，本日付け法務省民二第873号当職通達「不動産登記事務取扱手続準則の一部改正について」（以下「改正準則」という。）を発出したところですが，これらに伴う不動産登記事務の取扱いについては，下記の点に留意し，事務処理に遺憾のないよう，貴管下登記官に周知方お取り計らい願います。

　なお，本通達中，「国民年金法」とあるのは番号利用法整備法第10条の規定による改正後の国民年金法（昭和34年法律第141号）を，「住基法」とあるのは番号利用法整備法第19条の規定による改正後の住民基本台帳法（昭和42年法律第81号）を，「旧住基法」とあるのは同条の規定による改正

前の住民基本台帳法を，「公的個人認証法」とあるのは番号利用法整備法第31条の規定による改正後の電子署名等に係る地方公共団体情報システム機構の認証業務に関する法律（平成14年法律第153号）を，「旧公的個人認証法」とあるのは同条による改正前の電子署名に係る地方公共団体の認証業務に関する法律を，「不登規則」とあるのは改正省令による改正後の不動産登記規則（平成17年法務省令第18号）を，「準則」とあるのは改正準則による改正後の不動産登記事務取扱手続準則（平成17年2月25日付け法務省民二第456号当職通達）をそれぞれいいます。

記

第1　個人番号カード及び公的個人認証法の規定による署名用電子証明書

1　個人番号カード

(1)　個人番号カードの交付

　市町村長（特別区の区長を含む。以下同じ。）は，当該市町村（特別区を含む。以下同じ。）が備える住民基本台帳に記録されている者に対し，その者の申請により，その者に係る個人番号カードを交付するものとされた（番

号利用法第2条第7項, 第17条第1項)。

また, 個人番号カードの様式は, 別添のとおりとされた (行政手続における特定の個人を識別するための番号の利用等に関する法律の規定による通知カード及び個人番号カード並びに情報提供ネットワークシステムによる特定個人情報の提供等に関する省令 (平成26年総務省令第85号) 別記様式第2)。

(2)　住民基本台帳カードの廃止

ア　住民基本台帳カード (旧住基法第30条の44第1項) は廃止するものとされた (番号利用法整備法第19条)。

イ　既に交付されている住民基本台帳カードは, その有効期間が満了するなど旧住基法第30条の44第9項の規定によりその効力を失う時又は個人番号カードの交付を受ける時のいずれか早い時までの間は, 個人番号カードとみなして住基法の規定を適用するものとされた (番号利用法整備法第20条第2項)。

なお, 住民基本台帳カードの交付を受けている者が個人番号カードの交付を受けた場合には当該住民基本台帳カードを返納しなければならないものとされている (行政手続における特定の個人を識別するための番号の利用等に関する法律及び行政手続における特定の個人を識別するための番号の利用等に関する法律の施行に伴う関係法律の整備等に関する法律の施行に伴う総務省関係政令の整備に関する政令 (平成27年政令第301号) 附則第2条第1項の規定により読み替えて適用される同令第1条の規定による改正前の住民基本台帳法施行令 (昭和42年政令第292号) 第30条の21第2項)。

2　公的個人認証法の規定による署名用電子証明書

住民基本台帳に記録されている者は, その者が記録されている住民基本台帳を備える市町村の市町村長を経由して, 地方公共団体情報システム機構 (以下「機構」という。) に対して, 自己に係る署名用電子証明書の発行の申請をすることができるものとされ, 機構は, 機構が電子署名を行った当該申請に係る署名用電子証明書を発行するものとされた (公的個人認証法第3条第1項, 第6項)。

旧公的個人認証法第3条第6項の規定により都道府県知事が発行した電子証明書は, 公的個人認証法第3条第6項の規定により機構が発行した署名用電子証明書とみなすものとされた (番号利用法整備法第32条第1項)。

第2　個人番号カード等に係る不動産登記事務の取扱い

1　資格者代理人から提供された本人確認情報の取扱い

(1)　個人番号カード

上記第1の1の改正に伴い, 不登規則第72条第2項第1号に掲げる書類のうち, 住民基本台帳カードを個人番号カードに変更するものとされた。

(2)　住民基本台帳カード

不登規則第72条第2項第1号 (他の省令において準用する場合を含む。) の適用については, 既に交付されている住民基本台帳カード (行政手続における特定の個人を識別するための番号の利用等に関する法律及び行政手続における特定の個人を識別するための番号の利用等に関する法律の施行に伴う

関係法律の整備等に関する法律の施行に伴う総務省関係省令の整備等に関する省令（平成27年総務省令第76号）第5条の規定による改正前の住民基本台帳法施行規則（平成11年自治省令第35号）別記様式第2の様式によるものに限る。以下(2)において同じ。）は，その有効期間が満了し，又は個人番号カードの交付を受けるなど旧住基法第30条の44第9項の規定によりその効力を失う時までの間は，個人番号カードとみなすものとされた（改正省令附則第2条第3号）。

したがって，この場合には，資格者代理人から提供された本人確認情報について，資格者代理人が申請人から提示を受けた書類が住民基本台帳カードであるときであっても，不登規則第72条第2項第1号に掲げる書類の提示を受けたものとして取り扱うものとする。

2　登記官による本人確認資料の取扱い

個人番号カードは，行政事務の処理における本人確認の簡易な手段であることから（番号利用法第3条第3項），登記官が，不登法第24条第1項の規定による本人確認を行う場合において，個人番号カードの提示又はその写しの提供を受けたときは，これを本人確認資料として取り扱うことができる。また，上記第1の1(2)イのとおり，個人番号カードとみなされた住民基本台帳カードについても本人確認資料として取り扱うことができるものとする。

3　特定個人情報の収集制限等

(1)　個人番号

個人番号カードの裏面には個人番号（番号利用法第2条第5項）が記載さ

れているところ，特定個人情報（個人番号をその内容に含む個人情報をいう。番号利用法第2条第8項）は収集し，又は保管してはならないとされていることから（番号利用法第20条），本人確認調書の作成に当たっては，個人番号カードの裏面の写しは作成しないものとし，また，個人番号は記録しないものとする。

(2)　基礎年金番号

基礎年金番号（国民年金法第14条）は，同法第108条の4の規定により告知を求めること等が禁止されていることから，本人確認調書の作成に当たっては，国民年金手帳（同法第13条第1項）の写しの基礎年金番号部分は塗抹するものとし，また，基礎年金番号は記録しないものとする。

第3　公的個人認証法の規定による署名用電子証明書に係る不動産登記事務の取扱い

1　公的個人認証法の規定による署名用電子証明書

上記第1の2の改正に伴い，不登規則第43条第1項第1号に規定する電子証明書について，旧公的個人認証法第3条第1項の規定に基づき作成された電子証明書を公的個人認証法第3条第1項の規定に基づき作成された署名用電子証明書に変更するものとされた。

2　旧公的個人認証法の規定による電子証明書

公的個人認証法第3条第6項の規定により機構が発行した署名用電子証明書とみなされた旧公的個人認証法第3条第1

項の規定に基づき作成された電子証明書は，不登規則第43条第1項第1号に規定する署名用電子証明書として取り扱うものとする。

（編注：別添別記様式第2は省略しました。）

参　照

「民事月報」平成28年2月号
「登記研究」821号

17 先例

不正登記防止申出・事前通知における会社法人等番号

「不動産登記事務取扱手続準則の一部改正に伴う登記事務の取扱いについて」

（令和2年3月27日民二第305号第二課長依命通知）

――依命通知――

　標記については，本日付け法務省民二第304号民事局長通達*において通達されたところですが，これに伴う登記事務の取扱いについては，下記のとおりですので，留意願います。

記

1　不正登記防止申出に係る申出書に押印をした者が登記名義人若しくはその一般承継人である法人の代表者又はその代理人である場合において，その法人が会社法人等番号（商業登記法（昭和38年法律第125号）第7条（他の法令において準用する場合を含む。）に規定する会社法人等番号をいう。）を有し，当該申出書に会社法人等番号をも記載したときは，当該押印をした者に係る印鑑証明書の添付を省略することができることとされた（第35条第3項第1号関係）。

2　法人の代表者に不動産登記法（平成16年法律第123号）第23条第1項の通知をした場合において，不動産登記規則（平成17年法務省令第18号）第70条第1項の書面に押印した者に係る法人の会社法人等番号をも記載したときは，資格を証する書面に加えて印鑑証明書の添付も省略

することができることとされた（第46条第2項関係）。

参照

「登記研究」869号

メモ

＊　「不動産登記事務取扱手続準則の一部改正」（「登記研究」869号掲載）。

18 通達

会社法人等番号と印鑑証明書

「不動産登記規則等の一部を改正する省令の施行に伴う不動産登記事務等の取扱いについて」

(令和2年3月30日民二第318号民事局長通達)

― 通 達 ―

不動産登記規則等の一部を改正する省令（令和2年法務省令第8号。以下「改正省令」という。）が本日から施行されることとなりましたが，これに伴う不動産登記事務等の取扱いについては，下記の点に留意し，事務処理に遺漏（いろう）のないよう，貴管下登記官に周知方お取り計らい願います。

なお，本通達中，「不登令」とあるのは不動産登記令（平成16年政令第379号）を，「不登規則」とあるのは改正省令による改正後の不動産登記規則（平成17年法務省令第18号）をいいます。また，その他の省令については，改正省令による改正後のものをいいます。

記

1 改正の趣旨

不動産登記手続における添付書類の簡素化を行うため，令和元年6月21日に閣議決定された「成長戦略フォローアップ」等において，不動産登記手続において，本年度中に，異なる法務局間での法人の印鑑証明書の添付を不要とするとの方針が明らかにされた。

そこで，改正省令においては，法人の

代表者又は代理人が申請書等に記名押印した者である場合において，当該法人の会社法人等番号（商業登記法（昭和38年法律第125号）第7条（他の法令において準用する場合を含む。）に規定する会社法人等番号をいう。以下同じ。）を申請情報の内容としたときは，登記官が記名押印した者の印鑑に関する証明書（以下，単に「印鑑証明書」という。）を作成することが可能である場合に限り，印鑑証明書の添付を要しないこととされるなどの所要の整備がされた。

2 改正に伴う不動産登記事務の取扱いについて

(1) 法人が登記を申請する場合における印鑑証明書の取扱い

ア 会社法人等番号を申請情報の内容とした場合

申請書に記名押印すべき者が会社法人等番号を有する法人の代表者又は代理人（委任による代理を除く。）である場合において，当該法人の会社法人等番号を不登令第7条第1項第1号イの規定により添付情報として提供するほか，さらに申請情報の内容にもしたときは，申請を受けた

登記所の登記官が当該者の印鑑証明書を作成することができる場合に限り，当該者に係る印鑑証明書の提供を要しないこととされた（不登規則第48条第1号）。

なお，会社法人等番号を申請情報の内容とするときは，申請書における添付情報の表示として「印鑑証明書（会社法人等番号何番）」の例により記載するものとする。

イ　会社法人等番号を申請情報の内容とするとともに印鑑証明書が提供された場合の取扱い

上記アの場合において，申請書に記名押印した者の印鑑証明書も添付情報として提供されたときは，当該印鑑証明書に基づき当該登記申請について調査を行っても差し支えない。

(2)　委任による代理人によって登記を申請する場合における印鑑証明書の取扱い

ア　代理人（復代理人を含む。）の権限を証する情報に記名押印すべき者が会社法人等番号を有する法人の代表者又は代理人である場合において，当該法人の会社法人等番号を申請情報の内容としたときは，当該者に係る印鑑証明書の提供を要しないこととされた（不登規則第49条第2項第1号）。

イ　この場合における取扱いについては上記(1)と同様である。

(3)　申請書と併せて提供しなければならない同意又は承諾を証する情報を会社法人等番号を有する法人が作成した場合における当該法人の印鑑証明書の取扱い

ア　申請書と併せて提供しなければならない同意又は承諾を証する書面に

記名押印すべき者が会社法人等番号を有する法人の代表者又は代理人である場合において，当該法人の会社法人等番号を申請情報の内容としたときは，当該者に係る印鑑証明書の提供を要しないこととされた（不登規則第50条第2項において準用する第48条第1号）。

イ　この場合における取扱いについては上記(1)と同様である。

(4)　その他添付情報を会社法人等番号を有する法人が作成した場合における当該法人の印鑑証明書の取扱い

ア　要役地についてする地役権の登記がある土地について分筆の登記をする場合において，当該分筆の登記の申請情報と併せて当該地役権を分筆後のいずれかの土地について消滅させることを証する地役権者が作成した書面に記名押印すべき者が会社法人等番号を有する法人の代表者又は代理人である場合において，添付情報の表示として「承諾書（会社法人等番号何番）」の例により申請書に記載したときは，当該者に係る印鑑証明書の提供を要しないこととする。

イ　この場合における取扱いについては上記(1)と同様である。

(5)　登記識別情報の失効の申出等の手続における印鑑証明書の取扱い

登記識別情報の失効の申出（不登規則第65条）及び登記識別情報に関する証明の請求（不登規則第68条）の手続における印鑑証明書の取扱いについては，上記(1)及び(2)と同様である。

(6)　不登規則第36条第1項各号の規定により提供される登記事項証明書の作成時期の改正

申請人が会社法人等番号を有する法

人である場合であっても，当該法人の代表者の資格を証する登記事項証明書又は支配人等の権限を証する登記事項証明書を提供したときは，会社法人等番号の提供を要しないとされているところ（不登令第7条第1項第1号及び不登規則第36条第1項各号），この登記事項証明書はその作成後3月以内のものでなければならないとされた（不登規則第36条第2項）。

(7) 地図等の訂正の申出等の手続における登記事項証明書の取扱い

地図等の訂正の申出（不登規則第16条），登記識別情報の失効の申出（不登規則第65条），登記識別情報に関する証明の請求（不登規則第68条）及び土地所在図等の訂正の申出（不登規則第88条）の手続における登記事項証明書の取扱いについては，上記(6)と同様である。

3 改正に伴う不動産登記以外の登記・登録事務の取扱いについて

(1) 鉱害賠償登録の申請（鉱害賠償登録規則（昭和30年法務省令第47号）第20条及び第26条）については，上記2(1)及び(6)と同様である。

(2) 企業担保権に関する登記の申請（企業担保登記規則（昭和33年法務省令第38号）第5条及び第12条）については，上記2(3)及び(6)と同様である。

(3) 船舶の登記及び製造中の船舶の登記の申請（船舶登記規則（平成17年法務省令第27号）第21条及び第49条），農業用動産の抵当権に関する登記の申請

（農業用動産抵当登記規則（平成17年法務省令第29号）第40条）及び建設機械の登記の申請（建設機械登記規則（平成17年法務省令第30号）第35条）については，上記2(1)から(3)まで及び(6)と同様である。

(4) 夫婦財産契約に関する登記の申請（夫婦財産契約登記規則（平成17年法務省令第35号）第11条）については，上記2(2)と同様である。

参　照

「登記研究」869号

メ　モ

改正後の不動産登記規則第48条等において規定する会社法人等番号を申請情報の内容とすることで印鑑証明書の添付を省略することができる「登記官が記名押印した者の印鑑に関する証明書を作成することが可能である場合」とは，登記所に届出がされている印鑑のうち，登記申請時において有効である場合を指すといわれています。したがって，申請書の作成時において代理権限等を有していた者が記名押印した場合であっても，申請書の提出時において資格を喪失し，または改印もしくは印鑑の廃止の届出がされた場合には，登記官が当該者に係る印鑑証明書を作成することができないため，従前の取扱いと同様，委任状等に押印した印鑑に係る印鑑証明書の提供が必要とされています。

表示に関する登記

19
先例

地積測量図の作成者

「地積測量図の作製者について」

（昭和61年9月29日民三第7272号第三課長依命通知）

——依命通知——

標記の件について，別紙甲号のとおり照会があり，別紙乙号のとおり回答されたので，参考までに通知します。

——照　会——

（別紙甲号）

標記の件について，別紙のとおり全国公共嘱託登記土地家屋調査士協会連絡協議会会長から照会があったので，同協議会会長意見のとおり解して差し支えない旨回答したいと考えますが，いささか疑義がありますので照会します。

（別紙）

社団法人公共嘱託登記土地家屋調査士協会は，設立の目的を達成するため，公共嘱託登記事件の適正な処理に努力しているところでありますが，一部の官公署等から，第三者の調査，測量の成果に基づいて地積測量図の作製を要請される場合があります。その場合，地積測量図に記載すべき作製者*1については，下記のとおりと解しますがいささか疑義がありますので照会します。

記

不動産登記法施行細則第42条の4第4項*2が地積測量図には申請人のほか作製者が署名押印すべきものとしている趣旨は，その図面の正確性を担保することにあると解されるから，その図面に表示された土地について実際に調査，測量した者（官公署等の職員であると，私人であるとを問わない。）が作製者として署名押印すべきである。

——回　答——

（別紙乙号）

本月1日付け日調連発第104号をもって照会のあった標記の件については，貴見により回答して差し支えありません。

おって，別紙のとおり各法務局長及び地方法務局長あて通知したので，申し添えます。

> ### 参　照
>
> 「民事月報」昭和61年12月号
> 「登記研究」469号
> 「平成15年先例集」18頁
> ＊1　現在は，「作製者」ではなく「作成者」とします。
> ＊2　現行は規則74条2項です。

20 先例

区分建物の敷地の代位による分筆登記について

「建物の区分所有等に関する法律の適用がある建物の敷地の分筆の登記の取扱いについて」

（平成29年3月23日民二第171号第二課長通知）

── 通 知 ──

標記について，別紙甲号のとおり東京法務局民事行政部長から当職宛てに照会があり，別紙乙号のとおり回答しましたので，この旨貴管下登記官に周知方お取り計らい願います。

── 照 会 ──

（別紙甲号）

建物の区分所有等に関する法律（昭和37年法律第69号。以下「法」という。）の適用がある一棟の建物（専有部分が60ある敷地権付き区分建物であり，各専有部分の区分所有者はそれぞれ1名である。）の敷地（区分所有者全員の共有に属するもの）について，東京都から分筆の登記の嘱託がされました。

当該分筆の登記の嘱託は，分離処分可能規約を設定した上で，敷地の一部（建物が所在しない部分）について東京都と売買契約を締結した59名を被代位者として代位によりされたものです。

法第21条において準用する法第17条の規定によれば，建物の敷地の変更は，区分所有者及び議決権の各4分の3以上の多数による集会の決議で決するとされており，当該分筆の登記の嘱託の前提となる区画決定行為は，建物の敷地の変更に当たるものと解されるところ，当該分筆の登記の嘱託においては，被代位者及び当該被代位者の有する議決権の割合も4分の3以上であるほか，代位原因を証する情報として，売買契約書並びに当該区画決定行為及び分離処分可能規約の設定に係る決議が記載された管理組合臨時総会議事録（当該議事録には地積測量図が添付され，敷地のどの部分について区画決定をし，分離処分を可能としたのかが明らかにされている。）が添付されており，当該決議がされていることも明らかであることから，当該分筆の登記の嘱託を受理して差し支えないと考えますが，共有者の一部の者に代位してする共有土地の分筆の登記の申請を受理すべきではないとする昭和37年3月13日付け民事三発第214号民事局第三課長電報回答もあり，いささか疑義がありますので照会します。

また，当該分筆の登記に伴い，上記59名を被代位者として代位により区分建物の表題部（敷地権の目的である土地の表示欄及び敷地権の表示欄）の変更の登記の嘱託もされているところ，被代位者とされていない1名が所有する区分建物については，昭

和58年11月10日付け法務省民三第6400号民事局長通達記第七の二により登記官が当該変更の登記をして差し支えないと考えますので併せて照会します。

—— 回 答 ——

（別紙乙号）

本月3日付け2不登1第7号をもって照会のありました標記の件については，いずれも貴見のとおり取り扱われて差し支えありません。

参 照

「民事月報」平成29年5月号
「登記研究」847号

メ モ

本件通知に対する解説として，次の留意点が指摘されています。「本回答は，集会の決議の要件（同法＊第21条において準用する同法第17条）を満たしているマンション敷地（区分所有者全員の共有に属するもの）からその一部（建物が所在しない部分）を分筆する分筆の登記の嘱託を対象とするものであり，それ以外の共有地の分筆の登記の嘱託については，従前のどおり昭和37年回答の対象となると考えられる。」（「民事月報」平成29年5月号131頁）。

＊　建物の区分所有等に関する法律のことです。

21 通達

農地の地目変更の取扱い（民事局長通達）

「登記簿上の地目が農地である土地について農地以外の地目への地目の変更の登記申請があった場合の取扱いについて」

（昭和56年8月28日民三第5402号民事局長通達）

最近一部の地域において，農地について，農地法上必要な許可を得ないで造成工事等を行った上，標記の登記申請をする事例が多く生じているが，中には，その処理をめぐり，地目の変更及びその日付に関する登記官の認定が厳正を欠いているとの批判や，登記官が農地法の潜脱に加担したものであるかのような誤解を招くに至った事例もみられる。

このような事態にかんがみ，今後標記の登記申請があった場合には，特に左記の点に留意の上，農地行政の運営との調和に配意しつつ，地目の変更及びその日付の認定を厳正に行うことにより，いやしくも右のような批判や誤解を招くことがないように処理するよう貴管下登記官に周知方取り計らわれたい。

なお，標記の登記申請に当たり，申請人，申請代理人等が登記官に対し，不当な圧力をかけてその申請の早期受理を強く迫る場合も見られるので，このような場合には，その対応について臨機に適切な措置を講ずるよう配意されたい。

おって，左記一の1から3までについては，農林水産省と協議済みであり，この点に関して同省構造改善局長から各都道府県知事あてに別紙のとおり通達されたので，

念のため申し添える。

記

一 標記の登記申請に係る事件の処理は，次の手続に従って行うものとする。

1 登記官は，申請書に次の各号に掲げる書面のいずれかが添付されている場合を除き，関係農業委員会に対し，標記の登記申請に係る土地（以下「対象土地」という。）についての農地法第4条若しくは第5条の許可（同法第4条又は第5条の届出を含む。）又は同法第73条の許可（転用を目的とする権利の設定又は移転に係るものに限る。）（以下「転用許可」という。）の有無，対象土地の現況その他の農地の転用に関する事実について照会するものとする。

(1) 農地に該当しない旨の都道府県知事又は農業委員会の証明書

(2) 転用許可があったことを証する書面

2 登記官は，1の照会をしたときは，農業委員会の回答（農業委員会事務局長の報告を含む。以下同じ。）を受けるまでの間，標記の登記申請に係る事件の処理を留保するものとする。ただし，1の照会後2週間を経過したときは，この限りでない。

3　対象土地について農地法第83条の2＊の規定により対象土地を農地の状態に回復させるべき旨の命令（以下「原状回復命令」という。）が発せられる見込みである旨の農業委員会の回答があった場合には，農業委員会又は同会事務局長から原状回復命令が発せられた旨又は原状回復命令が発せられる見込みがなくなった旨の通知がされるまでの間，標記の登記申請に係る事件の処理を更に留保するものとする。ただし，農業委員会の右回答後2週間を経過したときは，この限りでない。

4　対象土地の現況が農地である旨の農業委員会の回答があった場合において，対象土地の地目の認定に疑義を生じたときは，登記官は，法務局又は地方法務局の長に内議するものとする。

二　登記官が対象土地について地目の変更の認定をするときは，次の基準によるものとする。

1　対象土地を宅地に造成するための工事が既に完了している場合であっても，対象土地が現に建物の敷地（その維持若しくは効用を果たすために必要な土地を含む。）に供されているとき，又は近い将来それに供されることが確実に見込まれるときでなければ，宅地への地目の変更があったものとは認定しない。

2　対象土地が埋立て，盛土（もりど），削土（さくど）等により現状のままでは耕作の目的に供するのに適しない状況になっている場合であっても，対象土地が現に特定の利用目的に供されているとき，又は近い将来特定の利用目的に供されることが確実に見込まれるときでなければ，雑種地への地目の変更があったものとは認定しない。ただし，対象土地を将来再び耕作の目的に供することがほとんど不可能であると認められるときは，この限りでない。

3　対象土地の形質が変更され，その現状が農地以外の状態にあると認められる場合であっても，原状回復命令が発せられているときは，いまだ地目の変更があったものとは認定しない。

三　申請人，申請代理人等の供述以外に確実な資料がないのに，地目の変更の日付を安易に申請どおりに認定する取扱いはしないものとする。

（別紙）

56構改B第1345号
昭和56年8月28日

　　　　知事殿

　　　　　　　　　　　　農林水産省構造改善局長

　　登記簿上の地目が農地である土地の農地以外への
　　地目変更登記に係る登記官からの照会の取扱いについて

　不動産登記法による地目認定と農地法の統制規定との相互の運用の円滑化を図るための調整措置については，これまで「登記官吏が地目を認定する場合における農地法との関係について」（昭和38年7月8日付け38農地第2708号（農），農林省農地局長通達）及び「登記官が地目を認定する場合における農地法との関連について」（昭和49年2月9日付け49構改B第250号，農林省構造改善局長通達）により運用してきたと

ころであるが，最近一部の地域において，農地につき農地法の許可なく転用し，登記簿上の地目を農地以外の地目に変更登記した上譲渡する等の事態が生じている。

このような事態は，優良農用地を確保し，良好な農業環境を保持することを目的とする転用規制等農地法の励行確保を期する上で看過することができないものであり，その未然防止を図るためには，基本的には農地担当部局等において，不断に農地事情の迅速適確な把握に努めるとともに，適切な是正措置を適時に講じていく必要があることは当然である。しかし，違法な転用行為の防止や適時の是正措置の実施等転用規制の厳正な執行に万全を期するためには，併せて不動産登記制度と農地制度との相互の運用の整合性を可能な限り確保していくことが肝要であり，このため，法務省民事局長と登記簿上の地目が農地である土地の農地以外への地目変更の登記申請があった場合の取扱いについて協議を行ってきたところである。

その結果，登記簿上の地目が農地である土地の農地以外への地目変更登記の取扱いに関し，登記官は，地目変更登記申請に農地法の転用許可証等又は都道府県知事若しくは農業委員会の農地に該当しない旨の証明書が添付されていないものについては，必ず農業委員会に農地法の転用許可等の有無，現況が農地であるか否か等について照会するとともに，農業委員会の回答をまって登記事案の処理が行われることとなった。また，違法転用に係る事案で，都道府県知事が農地の状態に回復すべき旨の命令（以下「原状回復命令」という。）を発する見込みであるものについては，登記官は，原状回復命令が発せられるまで登記事案の処理を更に留保し，原状回復命令が発せられたときは登記申請を却下することとされ，別添のとおり法務省民事局長より通達されたところである。

ついては，登記官からの照会に係る事務の処理についてその取扱いを下記のとおり定めたので，これが処理に当たっては迅速に対処し，登記官に対する回答期限の厳守については特に配慮し，遺憾なきを期するとともに，登記官からの照会により違法転用の事実又はその可能性が明らかになった事案については，適時適切に違法行為の防止又は是正のための措置が講じられるよう措置されたい。

なお，「登記官吏が地目を認定する場合における農地法との関連について」（昭和38年7月8日付け38農地第2708号（農），農林省農地局長通達）及び「登記官が地目を認定する場合における農地法との関連について」（昭和49年2月9日付け49構改B第250号，農林省構造改善局長通達）は，廃止する。

おって，貴管下農業委員会に対しては，貴職からこの旨通達されたい。

記

1　農業委員会の処理

　(1)　農業委員会は，登記官から標記照会を受けたときは，照会に係る土地について農地法第4条，第5条又は第73条の許可（届出を含み，第73条にあっては転用を目的とする場合に限る。以下「転用許可」という。）を受けているか否かを確認し，

更に転用許可を受けていない事案については転用許可を要しないものであるか否かを確認するとともに，原則として農業委員3人以上と農業委員会事務局職員により遅滞なく現地調査を行い，現況が農地であるか否かを確認するものとする。この場合において，転用許可を要しない事案には，転用許可の適用が除外されているもののほか，災害によって農地以外の土地に転換しているもの等が含まれるので，留意するものとする。

(2) 農業委員会は，(1)の調査の結果，転用許可を要する事案で，かつ，転用許可を受けないで農地転用行為が行われているものがあった場合には，直ちに当該事案について都道府県農地担当部局に報告し，原状回復命令を発する予定があるか否かについて適宜の方法により同部局に確認するものとする。

(3) 農業委員会は，登記官が標記照会をした日から2週間以内に，別紙様式第1号により登記官に回答するものとする。

(4) 農業委員会は，(3)により近く原状回復命令が発せられる見込みである旨の回答をした事案について次の事項を確認したときは，速やかに別紙様式第2号又は第3号により登記官に通知するものとする。この場合において，当該通知は(3)の回答の日から2週間以内に行うものとする。

　ア　都道府県知事が原状回復命令を発したとき

　イ　原状回復命令を発する見込みがなくなったとき

(5) 農業委員会の総会又は農地部会の開催の都合等により農業委員会が(2)の報告，(3)の回答又は(4)の通知を適時に行うことができないときは，農業委員会事務局長が(2)の報告若しくは(4)の通知をし，又は(3)の回答に代わる調査結果の報告をするものとする。

(6) 農業委員会は，(3)又は(4)による回答又は通知の期限が差し迫っている事案については，適宜の方法によりあらかじめ登記官と連絡調整し，事案の適確な処理が図られるよう努めるものとする。

2　都道府県農地担当部局の処理

(1) 都道府県農地担当部局は，1の(2)により農業委員会から報告を受けたときは，遅滞なく現地調査を行い，原状回復命令を発する予定があるか否かについて，適宜の方法により農業委員会に通知するものとする。

(2) 都道府県農地担当部局は，農業委員会が1の(3)又は(4)による登記官への回答又は通知をそれぞれ所定の期限内に行い得るよう，事務処理の迅速化に努めるものとする。

(3) 都道府県農地担当部局は，農業委員会の回答に係る農地の地目の認定に疑義が生じた場合において，法務局又は地方法務局から協議を受けたときは，農業委員会から当該協議に係る地目の認定の経緯，認定の理由等を聴取するとともに，現地調査をした上，法務局又は地方法務局と協議し，その結果を農業委員会に通知するものとする。

3 その他

(1) 農業委員会及び都道府県農地担当部局は，1の(3)又は(4)の回答又は通知がそれぞれ所定の期限内に行われない場合には登記官は照会に係る事案の登記申請を処理することとなることに留意し，照会に係る事務の迅速かつ適正な処理に努めるものとする。

なお，農業委員会又は都道府県農地担当部局は，農地を違法転用し，あるいは違法転用に係る農地の登記簿上の地目を農地以外の地目に変更している事案については，既に第三者に譲渡されているものを含め，その実態に即し，その所有者又は行為者等に対し，土盛その他の転用行為の中止，原状回復等の勧告を行い，原状に回復されたときは登記簿上の地目の農地への変更登記申請等の指導を行うものとし，当該勧告及び指導に従わない者に対しては，農地法第83条の2の規定に基づく措置命令を発する等の措置を講じ，更に当該命令等に従わない者については行政代執行の検討及び捜査機関に対する農地法違反の告発を行うことを考慮する等により，農地法の厳正な励行確保を期するものとする。

(2) 農業委員会及び都道府県農地担当部局は，1の(2)並びに2の(1)及び(2)により事務の処理をすることが「農地等転用関係事務処理要領」（昭和46年4月26日付け46農地B第500号，農林省農地局長通達）第3に定める事務処理手続と異なる場合には，事務処理の迅速化を図る観点からこの通達の定めるところにより処理することとし，原状回復命令を発するに際しての書面による農業委員会に対する意見の聴取を省略して差し支えない。

（編注：様式第1号から第3号は省略しました。）

メ モ

＊ 現行は農地法51条です。

参 照

「登記研究」405号

農地の地目変更の取扱い（第三課長依命通知）

「登記簿上の地目が農地である土地について農地以外の地目への地目の変更の登記申請があった場合の取扱いについて」

（昭和56年8月28日民三第5403号第三課長依命通知）

───依命通知───

標記については，本日付け法務省民三第5402号をもって民事局長から通達（以下「通達」という。）されたところですが，この運用に当たっては，左記の点に留意するよう貴管下登記官に周知方しかるべく取り計らわれたく通知します。

記

一　通達が発せられた背景

登記簿上の地目が農地である土地について農地以外の地目への地目の変更の登記がされると，農地法上必要な転用許可がない場合であっても，その登記前と比べて数倍ないし十数倍の価格でこれを売却することができるという実態があること等から，最近一部の地域において，農地について，転用許可を得ないで簡易な造成工事を施すなどした上で，農地以外の地目への地目の変更の登記を申請する事例が多くなっている。

また，都市計画法上，市街化調整区域においては，原則として都道府県知事の許可を受けなければ建築物の新築等をしてはならないこととされている（同法第43条第1項）が，市街化調整区域に関する都市計画の決定又は変更（いわゆる線引き）の際既に宅地であった土地（いわゆる既存宅地）については，その旨の都道府県知事の確認を受ければ建築物の新築等が許されることとなっている（同項第6号ロ）ところ，いわゆる既存住宅地である旨の確認に当たっては，地目の変更の登記の原因日付の記載がその有力な資料として用いられているという実情にあるため，市街化調整区域内の土地（農地に限らない。）について，地目の変更の日付がいわゆる線引きの日より前の日（通常十数年前の日）であると主張して宅地への地目の変更の登記を申請する事例も少なくない。

標記の登記申請に係る事件の処理に当たっては，地目の変更又はその日付の認定を厳正に行うべきことはいうまでもないが，同時にできるかぎり農地行政や都市計画行政の運営との調和にも配意することが望ましいと考えられるところから，今般農林水産省とも協議の上，標記の取扱いについて通達が発せられることとなったものである。

二　登記申請処理上の留意点

1　標記の登記申請があったときは，登記官は，原則として関係農業委員会に対し農地の転用に関する事実の有無について照会すべきこととされた（通達一の1）

が，この照会は，農業委員会又は都道府県知事においてこれを端緒として農地の違反転用の防止又は是正（ぜせい）の措置を講ずることができるようにするとともに，登記官において農業委員会から地目の変更の有無の認定に必要な資料を得るために行うものである。

2　通達一の1による照会は，別紙様式又はこれに準ずる様式によってするものとする。

3　登記官から照会を受けた農業委員会は，照会を受けた日から2週間以内に登記官に回答をするものとされているが，農業委員会の総会又は農地部会がおおむね月1回程度しか開催されないため，所定の期間内に回答をすることができないこととなるときは，登記官に対して農業委員会事務局長から調査結果の報告がされるので，この報告があったときは，農業委員会の回答があった場合と同様に取り扱うものとする。

4　農業委員会に照会をしたときは，原則としてその回答があるまで事件の処理を留保すべきであるが，照会後2週間以内に農業委員会の回答がないときは，登記官は，実地調査を実施した上，対象土地の現在の客観的状況に応じて，申請を受理し，又は却下して差し支（つか）えない（通達一の2）。

5　原状回復命令が発せられる見込みである旨の農業委員会の回答があったときは，原則として農業委員会又は同会事務局長から原状回復命令が現実に発せられた旨又は発せられる見込みがなくなった旨の通知があるまで事件の処理を更に留保すべきであるが，原状回復命令が発せられる見込みである旨の農業委員会の回答後2週間以内に原状回復命令が発せられたかどうかについての通知がないときは，

登記官は，実地調査を実施した上，対象土地の現在の客観的状況に応じて，申請を受理し，又は却下して差し支えない（通達一の3）。

6　対象土地が農地である旨の農業委員会の回答があった場合において，対象土地の地目の認定に疑義を生じたときは，登記官は法務局又は地方法務局の長に内議するものとされた（通達一の4）が，これは，農地行政の運営との調和を図りつつ，管内の登記行政の統一的運営を確保するためにするものである。

7　対象土地を宅地に造成するための工事が既に完了している場合であっても，対象土地が現に建物の敷地若しくはその維持・効用を果たすために必要な土地（以下「建物の敷地等」という。）に供されているとき，又は近い将来建物の敷地等に供されることが確実に見込まれるときでなければ，宅地への地目の変更があったものと認定すべきではない（通達二の1）が，対象土地を宅地に造成するための工事が完了している場合において，次の各号のいずれかに該当するときは，対象土地が近い将来建物の敷地等に供されることが確実に見込まれるものと認定して差し支えない。

(1)　建物の基礎工事が完了しているとき。

(2)　対象土地を建物の敷地等とする建物の建築について建築基準法第6条第1項の規定による確認がされているとき。

(3)　対象土地を建物の敷地等とするための開発行為に関する都市計画法第29条の規定による都道府県知事の許可がされているとき。

(4)　対象土地を建物の敷地等とする建物の建築について都市計画法第43条第1項の規定による都道府県知事の許可がされているとき。

8　対象土地が形質の変更により現状のままでは耕作の目的に供するのに適しない状況になっており，かつ，対象土地が不動産登記事務取扱手続準則第117条＊イからネまでのいずれの土地にも該当しないと認められる場合であっても，対象土地が現に特定の利用目的に供されているとき，又は近い将来特定の利用目的に供されることが確実に見込まれるときでなければ，原則として雑種地への地目の変更があったものと認定すべきでない（通達二の2本文）が，対象土地が現に特定の利用目的に供されておらず，また，その将来の利用目的を確実に認定することもできないときであっても，諸般の事情から対象土地が将来再び耕作の目的に供することがほとんど不可能であると認められるときは，雑種地への地目の変更があったものと認定して差し支えない（通達二の2ただし書）。

9　対象土地の形質が変更され，その現状が農地以外の状態にあると認められる場合であっても，原状回復命令が発せられているときは，いまだ地目の変更があったものとは認定しないものとされた（通達二の3）が，これは，原状回復命令が発せられている以上，その命令を受けた者は自ら対象土地を農地の状態に回復する義務があり（農地法第93条第3号参照），また，その命令を発した行政庁が行政代執行により対象土地を農地の状態に回復させることもできる（行政代執行法参照）ことにかんがみ，対象土地の現在の客観的状況がそのまま将来にわたって固定的安定的に継続するとはいい難いので，対象土地の地目の変更があったものとは認定すべきでないからである。

通達二の3はこのような趣旨であるから，原状回復命令が発せられている場合であっても，原状回復がされないまま長期間が経過し，その命令を受けた者がこれに従う見込みがなく，また，行政庁が行政代執行をする見込みもないと認められるときは，登記官は，実地調査を実施した上，その当時における対象土地の客観的状況に応じ，地目を認定して差し支えない。

10　地目の変更の日付は，確実な資料に基づいて認定するものとし，安易に申請どおりに認定すべきでない（通達三）が，確実な認定資料が得られないときは，「年月日不詳」，「昭和何年月日不詳」等として差し支えない。なお，登記簿上の地目が農地以外の土地についてする地目の変更の日付の認定も，これと同様に処理するものとする。

（編注：様式は省略しました。）

参照

「登記研究」405号

メモ

＊　現行は準則68条です。

建築条件付売買予定地の農地転用について

「登記簿上の地目が農地である土地について農地以外の地目への地目の変更の登記申請があった場合の取扱いについて」

（平成31年3月29日民二第267号第二課長依命通知）

——依命通知——

標記については，昭和56年 8 月28日付け法務省民三第5402号民事局長通達*¹ 及び同日付け法務省民三第5403号当職依命通知*²（以下「昭和56年当職依命通知」という。）によることとされているところ，今般，建築条件付売買予定地に係る農地転用許可及び転用事実の証明の取扱いについて，本日付け30農振第4002号農林水産省農村振興局長通知及び同日付け30農振第4003号農林水産省農村振興局農村政策部農村計画課長通知（以下，併せて「農林水産省通知等」という。）が発出されたことを踏まえ，これらに伴う地目の変更の登記に関する取扱いについては，昭和56年当職依命通知のほか，本依命通知によることとしますので，貴管下登記官に周知方お取り計らい願います。

なお，本依命通知による取扱いについては，農林水産省と協議済みであることを申し添えます。

記

1 建築条件付売買予定地の農地転用について

　住宅の用に供される土地の造成のみを目的とする農地転用については，当該土地を最終的に住宅の用に供することが確実と認められないことから，原則としてこれを認めないこととされている（農地法施行規則（昭和27年農林省令第79号）第47条第 5 号及び第57条第 5 号）。

　ただし，農林水産省通知等では，建築条件付売買予定地（自己の所有する宅地造成後の土地を売買するに当たり，土地購入者との間において自己又は自己の指定する建設業者（建設業法（昭和24年法律第100号）第 3 条第 1 項の許可を受けて建設業を営む者をいう。以下同じ。）との間に，当該土地に建設する住宅について，一定期間内に建築請負契約が成立することを条件として売買が予定される土地をいう。）であって，次の(1)から(3)までの要件を全て満たすことが確実と認められ，農地転用許可がされた土地については，これを特定建築条件付売買予定地ということとされ，当該土地に係る農地転用許可があったことを証する書面（以下「転用許可書」という。）においては，転用事由として，特定建築条件付売買予定地である旨が明記される取扱いとされた。

(1) 当該土地について，農地転用事業者

と土地購入者とが売買契約を締結し，当該農地転用事業者又は当該農地転用事業者が指定する建設業者（建設業者が複数の場合を含む。⑵において同じ。）と土地購入者とが，当該土地に建設する住宅について，一定期間（おおむね3月以内）に建築請負契約を締結することを約すること。

⑵ ⑴の農地転用事業者又は当該農地転用事業者が指定する建設業者と土地購入者とが，⑴の一定期間内に建築請負契約を締結しなかった場合には，当該土地を対象とした契約が解除されることが当事者間の契約書において規定されていること。

⑶ 農地転用事業者は，農地転用許可に係る当該土地の全てを販売することができないと判断したときは，販売することができなかった残余の土地に自ら住宅を建設すること。

また，特定建築条件付売買予定地に係る地目の変更の登記申請のために，転用事実の証明に係る申請があった場合には，農業委員会は，当該土地に付された転用許可の要件の履行状況を含む転用事実の証明を行うものとされた。

2　特定建築条件付売買予定地に係る地目の認定について

特定建築条件付売買予定地に係る地目の変更の登記申請において，特定建築条件付売買予定地である旨の記載がされている転用許可書が添付され，これに加えて転用事実の証明がされた書面が添付された場合における当該地目の認定に当たっては，当該証明は，転用許可の要件の履行状況が確認された上で発行されるものであることから，昭和56年当職依命通知の記二の7の対象土地が近い将来建物の敷地等に供されることが確実に見込まれるものと判断することができ，当該特定建築条件付売買予定地の地目が農地から宅地へと変更されたものと認定して，差し支えない。

「建築条件付売買予定地に係る農地転用許可の取扱いについて」
（平成31年3月29日30農振第4002号農村振興局長通知）

　農地転用許可制度においては，住宅の用に供される土地の造成（その処分を含む。）の
みを目的とする農地転用については，当該土地を最終的に住宅の用に供することが確実と
認められないことから，農地法施行規則（昭和27年農林省令第79号）第47条第5号及び第
57条第5号において，原則として，これを認めないこととされているところである。
　しかしながら，近年，住宅について，そのデザイン，家族構成を踏まえた間取り等のニー
ズが多様化し，建築条件付売買（自己の所有する宅地造成後の土地を売買するに当たり，
土地購入者との間において，自己又は自己の指定する建設業者（建設業法（昭和24年法律
第100号）第3条第1項の許可を受けて建設業を営む者をいう。）との間に当該土地に建設
する住宅について一定期間内に建築請負契約が成立することを条件に当該土地を売買する
ことをいう。）が増加しているところである。
　このような状況を踏まえ，今般，別紙のとおり建築条件付売買予定地に係る農地転用許
可関係事務取扱要領を定めたので，今後は，次の各通知によるほか，同要領に御留意の上，
農地転用許可制度の適正な運用をお願いする。
　なお，貴管内の市町村長に対しては，貴職から通知いただくようお願いする。
　また，本取扱いについては，国土交通省及び法務省と協議済みであるとともに，関係団
体に周知することを申し添える。
　おって，別途，農地転用許可を伴う建築条件付売買予定地等に係る転用事実の証明の取
扱いについては，担当課長から周知する。

○　農地法関係事務に係る処理基準について（平成12年6月1日付け12構改B第404号農
　林水産事務次官依命通知）
○　「農地法の運用について」の制定について（平成21年12月11日付け21経営第4530号・
　21農振第1598号農林水産省経営局長・農村振興局長通知）
○　農地法関係事務処理要領の制定について（平成21年12月11日付け21経営第4608号・21
　農振第1599号農林水産省経営局長・農村振興局長通知）

Ⅲ　表示に関する登記

別紙

建築条件付売買予定地に係る農地転用許可関係事務取扱要領

1　趣旨

　　この要領は，建築条件付売買予定地に係る農地転用許可関係事務に関し，「農地法の運用について」の制定について（平成21年12月11日付け21経営第4530号・21農振第1598号農林水産省経営局長・農村振興局長通知）第2の1の(2)のアの（ク）の特例を定めるものとする。

2　定義

　　この要領において使用する用語は，農地法（昭和27年法律第329号。以下「法」という。）において使用する用語の例によるほか，次の定義に従うものとする。

建築条件付売買予定地	自己の所有する宅地造成後の土地を売買するに当たり，土地購入者との間において自己又は自己の指定する建設業者との間に当該土地に建設する住宅について一定期間内に建築請負契約が成立することを条件として売買が予定される土地
特定建築条件付売買予定地	建築条件付売買予定地であって，3の(1)から(3)までの要件を全て満たすことが確実と認めて許可されたもの
建築業者	建設業法（昭和24年法律第100号）第3条第1項の許可を受けて建設業を営む者
土地購入者	農地転用事業者から建築条件付売買により土地を購入し，住宅を建設する者
農地転用許可権者	都道府県知事又は指定市町村の長
建築確認	建築基準法（昭和25年法律第201号）第6条第1項の規定による確認

3　建築条件付売買予定地に係る農地転用許可の取扱い

　　建築条件付売買予定地とするために農地転用許可を受けようとする場合であって，次の要件を全て満たすことが確実と認められるときには，当該土地は，宅地造成のみを目的とするものに該当しないものとして取り扱うものとする。

(1)　当該土地について，農地転用事業者と土地購入者とが売買契約を締結し，当該農地転用事業者又は当該農地転用事業者が指定する建設業者（建設業者が複数の場合を含む。(2)において同じ。）と土地購入者とが当該土地に建設する住宅について一定期間内（おおむね3月以内）に建築請負契約を締結することを約すること。

(2)　(1)の農地転用事業者又は農地転用事業者が指定する建設業者と土地購入者とが，(1)の一定期間内に建築請負契約を締結しなかった場合には，当該土地を対象とした売買契約が解除されることが当事者間の契約書において規定されていること。

(3) 農地転用事業者は，農地転用許可に係る当該土地の全てを販売することができない
と判断したときは，販売することができなかった残余の土地に自ら住宅を建設するこ
と。

4 農地転用許可申請
　特定建築条件付売買予定地とするための農地転用許可申請に当たっては，次に留意す
るものとする。
(1) 当該許可申請書中の「その他参考となるべき事項」欄等に，3の(1)から(3)までの事
項を記載するものとする。
(2) 当該許可申請書には，次の書類を添付するものとする。
　ア　農地法施行規則（昭和27年農林省令第79号。以下「則」という。）第30条第3号
又は第4号の書類として，当該許可申請に係る土地の全てに関する標準的な建物の
面積，位置等を表示する図面，当該事業の全てを実施するために必要な資力及び信
用があることを証する書面等（3の(3)の状況となった場合において必要となるもの
を含む。）
　イ　則第30条第7号又は第57条の2第2項第5号に規定する「その他参考となるべき
書類」として，農地転用事業者と土地購入者との間における売買契約の一般的な契
約書案

5 農地転用許可の判断等
(1) 農地転用許可権者は，特定建築条件付売買予定地に供するための農地転用許可申請
があった場合には，農地転用許可をし得るものとする。ただし，農地転用事業者につ
いて，これまでに，次に掲げる事実があることその他の事情がある場合であって，こ
れらを総合的に勘案した上で，当該土地を申請に係る用途に供することが確実と認め
られないと判断されるときは，3を適用しないこととすることができるものとする。
　ア　農地転用許可に付した条件を履行しなかったこと。
　イ　住宅等の建設を行うために農地転用許可を受けたにもかかわらず，住宅等の建設
を行わず造成した土地を放置し，又は必要な許可を得ずに転売したこと。
　ウ　関係法令を遵守しなかったこと。
(2) 農地転用許可権者が発行する許可指令書については，転用事由が特定建築条件付土
地とするための農地転用であることを明記すること。

6 農地転用許可に付ける条件
　特定建築条件付土地に係る農地転用許可について，法第4条第7項又は法第5条第3
項において準用する法第3条第5項の規定に基づき付ける条件は，農地法関係事務に係
る処理基準について（平成12年6月1日付け12構改B第404号［農林水産］事務次官通知。）
及び農地法関係事務処理要領の制定について（平成21年12月11日付け21経営第4608号・
21農振第1599号農林水産省経営局長・農村振興局長通知）の定めによるほか，次のとお
りとする。
(1) 許可に係る工事（住宅の建設工事を含む。）が完了するまでの間，当該許可の日か
ら3月後及び1年ごとに当該工事の進捗状況を報告するとともに，当該工事が完了し
たときは，遅滞なくその旨を報告すること。

(2)　農地転用事業者から土地購入者への土地の引渡しについては，当該土地に住宅が建設されたことを確認した後又は当該土地の宅地造成後に建築確認が行われた後に行うこと。

7　農地転用許可後の措置

特定建築条件付土地に係る転用事業について，農地転用許可権者は，住宅が建設されるまでの間，農地転用許可に付けた条件の履行状況を確認する必要がある。

このため，6の(1)の報告の際に，①売買契約締結の状況，②建築請負契約締結の状況，③建築確認の状況，④土地の引渡しの状況，⑤農地転用事業者自らが住宅を建設することとなった状況等についても併せて確認すること。

「農地転用許可を伴う建築条件付売買予定地等に係る転用事実の証明の取扱いついて」
　　（平成31年3月29日30農振第4003号農村振興局農村政策部農村計画課長通知）

　農地転用許可を伴う地目変更登記の取扱いについては，従来，下記のとおり通知されており，建築条件付売買予定地に係る農地転用許可関係事務取扱要領（平成31年3月29日付け30農振第4002号農林水産省農村振興局長通知）に規定する建築条件付売買予定地の場合も含め，農地転用許可を伴う地目変更登記の取扱いについては，これらの通知に基づき運用されているところである。

　このため，地目変更登記のために転用事実の証明に係る申請があった場合には，農業委員会は，転用の状況を現地調査等により確認した上で，建築基準法（昭和25年法律第201号）第6条第1項の規定による確認などの状況が，これらの通知に示された状況に適合するのであれば，転用事業が完了する前でも転用事実の証明を行っても差し支えない。

　なお，貴管内の市町村に対しては，貴職から通知いただくようお願いする。

　おって，本取扱いについては，法務省及び国土交通省と協議済みであるとともに，関係団体に周知することを申し添える。

記

○　登記簿上の地目が農地である土地について農地以外の地目への地目の変更の登記申請があった場合の取扱いについて（昭和56年8月28日付け法務省民三5402号法務省民事局長通知）＊1

○　登記簿上の地目が農地である土地について農地以外の地目への地目の変更の登記申請があった場合の取扱いについて（昭和56年8月28日付け法務省民三5403号法務省民事局第三課長通知）＊2

参　照

「登記研究」861号

メ　モ

　＊1　前掲21の通達参照。なお，通知ではなく通達の誤りです。
　＊2　前掲22の依命通知参照

121

農作物栽培高度化施設に係る建物の種類（通達）

「農業経営基盤強化促進法等の一部を改正する法律の施行に伴う不動産登記事務の取扱いについて」

（平成30年11月16日民二第613号民事局長通達）

───通　達───────

農業経営基盤強化促進法等の一部を改正する法律（平成30年法律第23号。以下「改正法」という。）が本日施行されましたが，これに伴う不動産登記事務の取扱いについては，農地行政の運営との調和に配意しつつ，下記の点に留意し，事務処理に遺憾のないよう，貴管下登記官に周知方お取り計らい願います。

なお，本通達中「不登法」とあるのは不動産登記法（平成16年法律第123号）をいいます。

おって，本取扱いについては，農林水産省と協議済みであることを申し添えます。

記

第1　農作物栽培高度化施設に係る建物の種類について

農作物栽培高度化施設とは，農作物の栽培の用に供する施設であって農作物の栽培の効率化又は高度化を図るためのもののうち周辺の農地に係る営農条件に支障を生ずるおそれがないものとして農林水産省令（平成30年農林水産省令第73号による改正後の農地法施行規則（昭和27年農林水産省令第79号）をいう。以下同じ。）で定めるものをいうこととされた（改正法による改正後の農地法（昭和27年法律第229号。以下「改正農地法」という。）第43条第2項）。

改正農地法の施行後において，農作物栽培高度化施設に係る建物の表題登記の申請（不登法第47条第1項）がされた場合には，当該施設に係る建物の種類（不登法第44条第1項第3号）については，「農作物栽培高度化施設」とするものとする。

第2　農作物栽培高度化施設の用に供される土地の地目について

農林水産省で定めるところにより農業委員会に届け出て農作物栽培高度化施設の底面とするために農地をコンクリートその他これに類するもので覆う場合における農作物栽培高度化施設の用に供される当該農地については，当該施設内において行われる農作物の栽培を耕作に該当するものとみなして，改正農地法の規定を適用するものとされた（改正農地法第43条第1項）。

すなわち，農地が，農作物栽培高度化施設の敷地及びその維持又は効用を果たすための土地となった場合であっても，当該農地は，農地法第4条又は5条に規定する農

地の転用に該当しないこととなるため，当
該農地については，不登法第37条の規定を
適用しないものとする。

「登記研究」854号

Ⅲ　表示に関する登記

農作物栽培高度化施設に係る建物の種類（第二課長依命通知）

「農業経営基盤強化促進法等の一部を改正する法律の施行に伴う不動産登記事務の取扱いについて」

（平成30年11月16日民二第614号第二課長依命通知）

——依命通知——

農業経営基盤強化促進法等の一部を改正する法律（平成30年法律第23号。以下「改正法」という。）の施行に伴う登記事務の取扱いについては，本日付け法務省民二第613号民事局長通達*（以下「通達」という。）が発出されましたが，通達の運用に当たっては，下記の点に留意するよう，貴管下登記官に周知方お取り計らい願います。

なお，本通知中「不登法」とあるのは不動産登記法（平成16年法律第123号），「不登規則」とあるのは不動産登記規則（平成17年法務省令第18号）及び「準則」とあるのは不動産登記事務取扱手続準則（平成17年2月25日付け法務省民二第456号法務省民事局長通達）をそれぞれいいます。

おって，本取扱いについては，日本土地家屋調査士連合会に対して，別途周知しましたので，申し添えます。

記

第1 不動産登記事務に関連する農地法の一部を改正する法律の概要

1 農作物栽培高度化施設

改正法による改正後の農地法（昭和27年法律第229号。以下「改正農地法」という。）において，農作物栽培高度化施設とは，農作物の栽培の用に供する施設であって農作物の栽培の効率化又は高度化を図るためのもののうち周辺の農地に係る営農条件に支障を生ずるおそれがないものとして，農林水産省令（平成30年農林水産省令第73号による改正後の農地法施行規則（昭和27年農林水産省令第79号）。以下「省令」という。）で定めるものをいうとされている（第43条第2項）。

また，省令においては，当該施設が専ら農作物の栽培の用に供されるものであること，周辺の農地の営農条件に著しい支障を生じないよう当該施設に必要な措置等が講じられていること等がその要件とされている（第88条の3）。

おって，当該施設を設置する場合には，農業委員会に届け出るものとされている（改正農地法第43条第1項）。

2 農作物栽培高度化施設の用に供される農地について

改正農地法第43条第1項の規定による農地については，当該農地に設置された農作物栽培高度化施設内において行われる農作物の栽培を耕作に該当するものと

みなして，同法の規定が適用されるため第4条又は第5条の規定による農地の転用に該当しないものとされた。

したがって，当該農地は，引き続き，農地法上の農地として取り扱われることとなる。

第2　改正法の施行に伴う不動産登記事務の取扱いについて

1　農作物栽培高度化施設に係る建物の種類の認定について

通達においては，改正農地法の施行後において，農作物栽培高度化施設に係る不登法第47条第1項の規定による建物の表題登記の申請がされた場合には，不登法第44条第1項第3号に規定する建物の種類を農作物栽培高度化施設とするものとされた。

これは，改正農地法第43条第1項に規定する農地に設置された建物の種類を農作物栽培高度化施設とすることで，当該土地が同項の規定が適用される農地であることを明らかにする趣旨であるところ，当該施設に係る建物の表題登記の申請に係る処理は，次の手続に従って行うものとする。

(1)　登記官は，当該登記の申請に係る添付情報として，農業委員会が発行する改正農地法第43条第1項に規定する届出に係る受理通知書が提供されている場合を除き，当該農業委員会に対し，当該登記の申請に係る建物について，別紙様式又はこれに準ずる様式によって当該届出の有無を確認するものとする。

(2)　登記官は，上記(1)の照会をしたときは，当該農業委員会の回答を受けるまでの間，当該登記の申請の処理を留保

するものとする。ただし，上記(1)の照会から2週間を経過した場合には，この限りでない。

(3)　当該農業委員会から，当該届出がない旨の回答があった場合又は上記(2)の期間を経過してもなお当該農業委員会の回答がない場合には，当該建物に係る建物の種類については，農作物栽培高度化施設としないものとする。この場合における当該建物の種類については，不登法第29条の規定による実地調査並びに不登規則第113条及び準則第80条の各規定に基づき，適切に定めるものとする。

なお，この場合において，当該建物の敷地及びその維持又は効用を果たす土地の地目が田又は畑であるときは，準則第63条の規定に基づき，登記官は，宅地への地目の変更の登記の申請をするよう，当該敷地の表題部所有者又は所有権の登記名義人に対し，催告するものとする。

2　農作物栽培高度化施設に係る敷地等の地目の認定について

登記記録上の地目が田又は畑(以下「農地」という。)である土地について，当該土地の地目が農地以外の地目に変更されたときは，不登法第37条第1項の規定により，当該土地の表題部所有者又は所有権の登記名義人は，当該土地の地目の変更の登記を申請しなければならないこととされている。

他方，通達において，改正農地法第43条第1項の規定による農地については，上記第1の2のとおり，引き続き，農地法上の農地として取り扱われることとなるため，農作物栽培高度化施設の底面とするため当該農地の全面をコンクリート

その他これに類するもので覆い，当該農作物栽培高度化施設の敷地及びその維持又は効用を果たす土地になった場合であっても，当該土地の地目については，何らの変更も要しないこととし，当該土地について不登法第37条の規定を適用しないこととされた。

なお，改正農地法第43条第1項の規定による農地は，改正法の施行前から農地法上の農地であったものに限られることから，改正法の施行前から農地法上の農地でなかった土地については，同項の規定は適用されない。

3　本事務の取扱い開始日

上記1及び2に関する事務の取扱いについては，改正法の施行日である本日からとする。

（編注：別紙様式は省略しました。）

参　照

「登記研究」854号

メ　モ

＊　前掲24の通達参照

所有権に関する登記

表題部所有者の氏名のみがある土地の保存登記

「所有権の登記がない土地の登記記録の表題部の所有者欄に氏名のみが記録されている場合の所有権の保存の登記の可否について」

（平成30年7月24日民二第279号第二課長通知）

───通　知───────────

標記について，別紙甲号のとおり新潟地方法務局長から当職宛てに照会があり，別紙乙号のとおり回答しましたので，この旨貴管下登記官に周知方お取り計らい願います。

───照　会───────────

（別紙甲号）

　所有権の登記がない土地の登記記録の表題部には，所有者の氏名又は名称及び住所等が記録され（不動産登記法（平成16年法律第123号）第27条第3号），その表題部所有者は，自己名義の所有権の保存の登記を申請することができるところ（同法第74条第1項第1号），当該登記を申請する場合には，登記名義人となる者の住所を証する市町村長，登記官その他の公務員が職務上作成した情報（以下「住所を証する情報」という。）を提供すべきものとされています（不動産登記令（平成16年政令第379号）第7条第1項第6号，別表28の項添付情報欄ニ）。

　登記簿と土地台帳・家屋台帳の一元化作業により旧土地台帳から移記され，その登記記録の表題部の所有者欄に氏名のみが記録されている土地（地目：原野。以下「本件土地」という。）について，表題部所有者に不在者財産管理人が選任され，当該不在者財産管理人と河川工事の起業者（国）との間で売買契約が成立した場合において，当該起業者から当該表題部所有者を登記名義人とする所有権の保存の登記の嘱託情報（所有権の登記名義人となる者の住所の記載はない。）と所有権の移転の登記の嘱託情報とを，その登記の前後を明らかにして同時に提供するとともに，その代位原因を証する情報（同令第7条第1項第3号）の一部として，不在者財産管理人の選任の審判書（本件土地の表題部所有者の氏名と不在者の氏名とが同一であるものに限る。）及び当該不在者財産管理人の権限外行為許可の審判書（物件目録に本件土地が記載されているものに限る。）が提供されたときは，所有権の保存の登記の嘱託情報に所有権の登記名義人の住所を証する情報の提供がなくとも，便宜，当該嘱託に基づく登記をすることができると考えますが，いささか疑義がありますので照会します。

　また，本嘱託に基づく所有権の保存の登記について，提供された審判書における不在者の最後の住所が明確になっていないと

きは，不動産登記法第59条第４号の規定に
かかわらず，所有権の登記名義人の住所を
登記することを要しないものと考えますが，
併せて照会します。

―回　答――――――

（別紙乙号）

　本月３日付け新潟法不第120号をもって
照会のありました標記の件については，い
ずれも貴見のとおり取り扱われて差し支え
ありません。

参　照

「登記研究」850号

メ　モ

　本件は，①代位による所有権の保存登記
（代位者　○○省，代位原因　年月日売買
の所有権移転登記請求権），②所有権の移
転登記が連件によって嘱託（または申請）
された場合の便宜的な取扱いと考えられて
います。

　連件によらない嘱託（または申請）の場
合は，または後件の所有権の移転登記の嘱
託（または申請）に却下事由があって補正
ができない場合には，住所を証する情報の
提供がないものとして，所有権の保存登記
をすることはできないものと考えられてい
ます（「登記研究」850号解説112頁以下参照）。

Ⅳ　所有権に関する登記

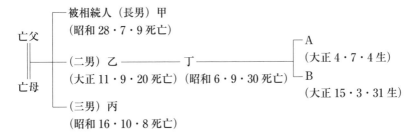

27 先例

被代襲者が死亡した当時に生まれていなかった者は代襲相続できるか

「再代襲相続について」

（昭和58年12月23日民三第7132号第三課長回答）

── 照　会 ─────────────

　左記事案の相続について，BもAと共に甲の代襲（だいしゅう）相続人とする登記申請は，受理すべきものと考えますが，いささか疑義がありますので何分の御指示をお願いいたします。

記

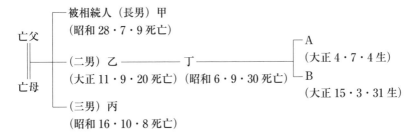

```
          ┌─ 被相続人（長男）甲
          │   （昭和 28・7・9 死亡）
  亡父 ─┤                                              ┌─ A
          │   （二男）乙 ──────── 丁                │   （大正 4・7・4 生）
  亡母 ─┤   （大正 11・9・20 死亡）（昭和 6・9・30 死亡）└─ B
          │                                              （大正 15・3・31 生）
          └─ （三男）丙
              （昭和 16・10・8 死亡）
```

── 回　答 ─────────────

　本年10月14付け登第960号をもって照会のあった標記の件は，貴見のとおりと考えます。

参　照

「登記研究」434号

メ　モ

　昭和55年の民法の一部改正により，昭和56年1月1日以降の相続にあっては，兄弟姉妹の代襲相続は，その子に限られ再代襲は認められていません（民法889条2項）。したがって本回答は，直系卑属が再代襲する場合に適用があるものと考えます。

28 先例 相続分譲渡による相続登記

「弁護士法第23条ノ2に基づく照会について（相続分譲渡による相続登記の可否）」

（昭和59年10月15日民三第5195号第三課長回答）

—— 照　会 ——

1　X（被相続人）が死亡し，その相続人がABCDの4名であるところ，ABCの3名がその相続分を各々Dに譲渡した場合，DはABC3名の印鑑証明書付相続分譲渡証書を登記申請書に添付してX名義の不動産についてD一人を権利者とする相続登記を申請すると受理され，相続を登記原因とし相続人をDのみとする登記ができるか。

2　X（被相続人）が死亡しその相続人がABCDの4名であるところ，ABの2名がその相続分をDに譲渡し，その後D・C間の話し合いがつき，DがAB2名の印鑑証明書付相続分譲渡証書とD・C間の印鑑証明書付遺産分割協議書（その内容はXの名義の不動産はDが取得するというものである）を添付してX名義の不動産についてD一人を相続人とする相続登記を申請すると受理され，相続を登記原因とし相続人をDのみとする登記ができるか。

3　前第1項又は前第2項各記載のいずれかの登記申請が受理されるのであれば，相続分譲渡証書にDの印鑑証明書を添付する必要があるか。

—— 回　答 ——

昭和57年8月27日付け第211号をもって照会のあった標記の件については，下記のとおり回答します。

記

1　照会事項1及び2について

　　所問の登記は，できるものと考えます。

2　照会事項3について

　　相続分譲渡証書には，Dの印鑑証明書の添付を要しないものと考えます。

参　照

「登記研究」444号

参考先例

昭和59年10月15日民三第5196号第三課長回答（「登記研究」444号）

1　事案の概要

①　被相続人Aの相続人は上図のとおり、
　B〜Fの5名であり、各相続人の相続
　分はいずれも5分の1である。
②　相続人C・D・Eの3名は、それぞれ、
　その相続分をBに譲渡した（民法905
　条の解釈により、相続分譲渡は可能と
　考えます）。

2　照会事項

　右事案において、A所有名義の不動産
につき、Bは、A名義から直ちに、Bの
持分を5分の4、Fの持分を5分の1と
する相続による所有権移転登記ができる
と考えますが、貴庁のご見解をご指示さ
れたくお願いします。
（編注：照会者の付記については省略しま
した。）

────回　答────────────────

　昭和55年12月26日付け第2898号をもって
照会のあった標記の件については、貴見の
とおりと考えます。

除籍簿が滅失している場合の相続登記について

「除籍等が滅失等している場合の相続登記について」

(平成28年3月11日民二第219号民事局長通達)

　相続による所有権の移転の登記(以下「相続登記」という。)の申請において，相続を証する市町村長が職務上作成した情報(不動産登記令(平成16年政令第379号)別表の22の項添付情報欄)である除籍又は改製原戸籍(以下「除籍等」という。)の一部が滅失等していることにより，その謄本を提供することができないときは，戸籍及び残存する除籍等の謄本のほか，滅失等により「除籍等の謄本を交付することができない」旨の市町村長の証明書及び「他に相続人はない」旨の相続人全員による証明書(印鑑証明書添付)の提供を要する取扱いとされています(昭和44年3月3日付け民事甲第373号当職回答参照*)。

　しかしながら，上記回答が発出されてから50年近くが経過し，「他に相続人はない」旨の相続人全員による証明書を提供するこ

とが困難な事案が増加していることなどに鑑み，本日以降は，戸籍及び残存する除籍等の謄本に加え，除籍等(明治5年式戸籍(壬申戸籍)を除く。)の滅失等により，「除籍等の謄本を交付することができない」旨の市町村長の証明書が提供されていれば，相続登記をして差し支えないものとしますので，この旨貴管下登記官に周知方お取り計らい願います。

　なお，この通達に抵触する従前の取扱いは，この通達により変更したものと了知願います。

参　照

「民事月報」平成28年4月号
「登記研究」819号
　＊　「登記研究」257号

共有者の一人が相続人なくして死亡した場合

「相続財産処分の審判に基づく登記事務の取扱いについて」
(平成元年11月30日民三第4913号民事局長通達)

　共有者の一人が相続人なくして死亡した場合において，民法第958条の3の規定による相続財産処分の審判に基づき当該共有持分の移転の登記の申請がされたときは，最高裁判所昭和63年（行ツ）第40号事件本月24日第2小法廷判決の趣旨に従い，これを受理すべきものと考えるので，この旨貴管下登記官に周知方取り計らわれたい。

　おって，昭和37年8月22日付け民事甲第2359号本職通達は，変更されたものと了知されたい。

参　照

「民事月報」平成2年1月号
「登記研究」507号
「平成9年先例集」36頁

○最高裁平成元年11月24日判決（最高裁判所昭和63年（行ツ）第40号事件平成元年11月24日第2小法廷判決）
要旨：共有者の一人が相続人なくして死亡した場合，相続人の不存在が確定して，相続債権者や受遺者に対する清算手続が終了したときは，その持分は，民法

958条の3に基づく特別縁故者に対する財産分与の対象となる。そして，上記財産分与がされない場合にはじめて，同法255条により他の共有者に帰属する。
（判決の全文は，裁判所のホームページ（裁判例情報）から取得できます。）

法　令

○民法255条（持分の放棄及び共有者の死亡）
　共有者の一人が，その持分を放棄したとき，又は死亡して相続人がないときは，その持分は，他の共有者に帰属する。
○民法958条の3 *1 （特別縁故者に対する相続財産の分与）
① 　前条の場合において，相当と認めるときは，家庭裁判所は，被相続人と生計を同じくしていた者，被相続人の療養看護に努めた者その他被相続人と特別の縁故があった者の請求によって，これらの者に，清算後残存すべき相続財産の全部又は一部を与えることができる。
② 　前項の請求は，第958条 *2 の期間の満了後3箇月以内にしなければならない。

特別縁故者に帰属した場合の登記原因は，「年月日民法第958条の3の審判」とします。

記録例：民法958条の3の規定による審判による移転

権　利　部　（甲区）　（所有権に関する事項）			
順位番号	登記の目的	受付年月日・受付番号	権利者その他の事項
何	亡甲某相続財産持分全部移転	平成○年○月○日第○号	原因　平成○年○月○日民法第958条の3の審判 所有者　○市○町○番○号 　　持分○分の○ 　　乙　某

＊　前提として，相続人不存在を原因とする登記名義人の氏名等の変更の登記を要します。

＊1　民法958条の2に改正。ただし，施行日は未定。
＊2　第952条第2項に改正。ただし，施行日は未定。

31 通達 特別縁故者不存在確定の場合

「共有者の一人が相続人なくして死亡した場合の登記事務の取扱いについて」

（平成3年4月12日民三第2398号民事局長通達）

　標記について，別紙甲号のとおり東京法務局長から照会があり，別紙乙号のとおり回答したので，この旨貴管下登記官に周知方しかるべく取り計らわれたい。

（別紙甲号）

　標記については，平成元年11月30日付け民三第4913号貴職通達により，民法第958条の3の規定が優先して適用される旨が明らかにされていますが，特別縁故者に分与されなかった財産を他の共有者に対して持分移転する登記の取扱いは，下記によることとして差し支えないか，お伺いします。

記

1　民法第958条の3 *1第2項の期間内に特別縁故者からの財産分与の申立てがなかったとき又はその申立てを却下する旨の審判が確定したときの他の共有者への権利の帰属時期は，申立ての期間満了日又は申立てを却下する旨の審判が確定した日の翌日と解して差し支えないか。

2　登記原因は，「特別縁故者不存在確定」として差し支えないか。

3　登記原因の日付は，被相続人の死亡の日から13月の期間の経過後の日であることを要するものと解して差し支えないか（これに違背する申請は，不動産登記法第49条第4号 *2の規定により却下する。）

（別紙乙号）

　本年2月28日付け2不登1第222号をもって照会のあった標記の件については，いずれも貴見による取扱いで差し支えない。

参　照

「民事月報」平成3年6月号
「登記研究」523号
「平成9年先例集」39頁

メ　モ

＊1　第958条の2に改正。ただし，施行日は未定。
＊2　現行は法25条5号です。

記録例：共有者の一人が死亡した場合の特別縁故者不存在による移転

権　利　部　（甲区）（所有権に関する事項）			
順位番号	登記の目的	受付年月日・受付番号	権利者その他の事項
1	所有権保存	平成○年○月○日 第○号	共有者 　　○市○町○番○号 　　持分2分の1 　　甲　某 　　○市○町○番○号 　　2分1 　　乙　某
付記1号	1番登記名義人氏名変更	平成○年○月○日 第○号	原因　平成○年○月○日相続人不存在 共有者乙某の登記名義人　亡乙某相続財産
2	亡乙某相続財産持分全部移転	平成○年○月○日 第○号	原因　平成○年○月○日特別縁故者不存在確定 所有者　○市○町○番○号 　　持分2分の1 　　甲　某

*　前提として乙某持分については，相続人不存在を原因とする登記名義人の氏名等の変更の登記を要します。

*　原因日付は，民法958条の3第2項の期間満了の日または相続財産分与の申立てを却下する旨の審判が確定した日の翌日とし，被相続人の死亡の日から13か月の期間の経過後の日であることを要します。

メ　モ

　通達3の13か月の根拠は次のとおり，他の共有者に権利が帰属するためには，①から③の手続を要し，その期間が最低13か月要するため，原因日付が被相続人の死亡の日から13か月以内の日となることはあり得ないからとされています（「登記研究」523号129頁参照）。

　①　管理人の選任及び催告の公告（2か月＋2か月・民法957条）
　②　相続人捜索の公告（6か月・同958条）
　③　特別縁故者分与申立期間（3か月・同958条の3第2項）

──照　会──

　当職が遺言執行者に指定された公正証書遺言に，「左記の不動産を，長男A，長女B，五女Eの３名に均等に相続させる」との一項がある。(法定相続人は７名)

　その後Aが先に死亡し，ついで遺言者が死亡した。Aの相続人は，妻及び一子Áである。

　この遺言を執行する場合，Aの相続すべきものとされていた不動産の持分は，次のいずれによるか，登記実務上の扱いを，ご教示願いたい。

①　上記条項を相続分の指定とみて，Aの代わりに代襲相続人Áが取得するので，遺言書を相続を証する書面の一部として相続による所有権移転申請ができるか。

②　それとも，Aを民法994条１項の受遺者と同視し，この部分については，遺言が効力を失い，法定相続に従って相続による所有権移転の申請をするのか（分割協議が調わなければ７名の共有）。

──回　答──

　昭和59年５月25日付け書面をもって照会のあった標記の件については，遺言書中に，Aが先に死亡した場合はAに代わってÁに相続させる旨の文言がない限り，貴見②の取扱いによるのが相当であると考える。

参　照

「登記研究」475号

法　令

○民法994条１項　遺贈は，遺言者の死亡以前に受遺者が死亡したときは，その効力を生じない。

判　例

　最高裁平成23年２月22日判決（最高裁判所平成21（受）1260土地建物共有持分確認請求事件）も同様の趣旨です。

　判決の全文は，裁判所のホームページ（裁判例情報）から取得できます。

33 先例 検認を経ていない自筆証書遺言が提供された場合

「相続を証する書面として検認を経ていない自筆証書遺言が申請書に添付された所有権移転の登記の申請の受否について」

(平成7年12月4日民三第4344号第三課長通知)

── 通　知 ──

　標記について，別紙甲号のとおり山形地方法務局長から照会があり，別紙乙号のとおり回答したので，この旨貴管下登記官に周知取り計らい願います。

── 照　会 ──

（別紙甲号）

　相続を原因とする所有権移転登記の申請について，検認を経ていない自筆証書である遺言書を，相続を証する書面として申請書に添付してされる場合には，不動産登記法第49条8号*の規定により却下する取り扱いをすべきものと考えますが，そのように取り扱って差し支えないかお伺いします。

── 回　答 ──

（別紙乙号）

　本年10月18日付け登第536号をもって照会のあった標記の件については，貴見のとおりと考えます。

参　照

「民事月報」平成8年5月号
「登記研究」585号

法　令

○民法1004条（遺言書の検認）
① 遺言書の保管者は，相続の開始を知った後，遅滞なく，これを家庭裁判所に提出して，その検認を請求しなければならない。遺言書の保管者がない場合において，相続人が遺言書を発見した後も，同様とする。
② 前項の規定は，公正証書による遺言については，適用しない。
③ 封印のある遺言書は，家庭裁判所において相続人又はその代理人の立会いがなければ，開封することができない。

メ　モ

　＊　現行は法25条9号です。
・遺言書保管所に保管されている遺言書については，家庭裁判所の検認手続は不要です（後掲49参照）。

遺言執行者がする所有権移転登記の取扱い

「遺言による所有権移転登記について」

（昭和45年10月5日民事甲第4160号民事局長回答）

―― 照　会 ――

標記の件について当局管内唐津支局長から別紙(1)のとおり問合わせがあり，別紙(2)のとおり回答したいと思いますが，いささか疑義もありますので，至急何分のご垂示をお願いいたします。

（別紙(1)）

遺言による所有権移転登記について（照会）

別紙遺言書（写）に基づき，遺言執行者が遺言者名義の不動産を売却して買主のために所有権移転登記を申請するには，その前提として相続による所有権移転登記をなすべきものと考えますが，いかがでしょうか。

また，別紙遺言書では遺言執行者の表示が単に氏名のみを記載され特定されたものと解することはできないので，あらためて遺言執行者の選任を要するものと解されますが，いかがでしょうか。

おって，右はさしかかった事案につき，至急ご回報方お願いいたします。

遺　言

1. 私死亡後は妻○○はなるべく早く家屋敷の処分をしてAさんとB子に面倒をみて貰うべく上京すること，

私の相続人は，妻○○，B子，C夫の3人である。

2. 私の資産は居住の家屋敷と○○銀行に僅少の預金があるのみである。負債は○○信用金庫の金150万円丈である。これはAさんの宅地購入費の一部として送金した。同金庫の金20万円は支払済で抵当権の抹消登記が未済となっている。司法書士の手落と思う。

3. 家屋敷の価格は大約1500万円と見ている。甲君が詳しいから乙さん，丙君と三者協議の上成るべく有利に売れるよう尽力して下さい。

4. 遺産中から○○信用金庫の金150万円を支払い残額を左記の通り遺贈する。遺産が増減した場合は妻○○，Aさん，B子3人の遺贈額を按分で増減する。

　1　金200万円　妻○○

　2　金400万円　Aさん

　3　金400万円　B子

　4　金150万円　C君（学費）（○○県○○郡○○○町○○○○○621－55○○○○方居住，未成年者。親権者母○○○○氏，右同所62号住）

　5　金200万円　甲君　退職金

　6　金20万円　丁君　博士論文印刷費中（○○県○○○市○○町○○団地居住）

5. 省略
6. 省略
7. 省略
8. 御迷惑ながら遺言執行者に乙氏をお願いします。
9. 省略
   昭和45年3月16日
   ○○○○ ㊞

右遺言書は、検認を了したことを証明する。
   昭和45年5月13日
   ○○家庭裁判所○○支部
   裁判所書記官　○○○○ ㊞

(別紙(2))
　8月18日付日記第931号で問合せのあった標記の件については、前段後段いずれも貴見のとおりと考える。

──回　答────────

　8月20日付登第349号をもって照会の

あった標記の件については、次のとおりと考える。
　　　　　　　　　記
前段　貴見のとおり
後段　あらためて遺言執行者の選任をする必要はない。

参　照

「民事月報」昭和46年1月号
「登記研究」276号
「平成9年先例集」52頁

メ　モ

　清算型遺言の場合遺言執行者が選任されている場合、遺言執行者は当該相続による所有権の移転の登記の申請をすることができるとされています(「登記研究」822号質疑応答)。

遺産分割協議書等への印鑑証明書の添付の要否

「登記事務取扱いについて」

（昭和30年4月23日民事甲第742号民事局長通達）

通達

標記の件に関し，別紙甲号のとおり高知地方法務局長から照会があったので，別紙乙号のとおり回答したから，この旨貴管下登記官吏に周知方しかるべく取り計らわれたい。

── 照　会 ──────────

（別紙甲号）

左記事項について取扱上疑義がありますので何分の御垂示をお願いします。
記
1　印鑑証明書の要否について。
　イ　遺産分割協議書を添付して，相続による所有権移転登記の申請があった場合に，その遺産分割協議者の印鑑証明書の提出を要しますか。
　ロ　共同相続人甲，乙のところ，乙が民法第903条第2項により相続分がない旨の証明書を添付して，甲より相続による所有権移転登記の申請があった場合に，乙の印鑑証明書の提出を要しますか。
　ハ　右イロとも，その印鑑証明書の提出を要すとせば，これを提出しないときは，不動産登記法第49条第8号*により却下の原因となりますか。

（参照）
　不動産登記法施行細則第42条
　昭和28年8月10日民甲第1392号民事局長回答
　登記研究67号40頁1303。
　同72号39頁1362。
　同77号31頁決議問題（桝田出）同33頁決議問題（小松支）。
　同79号43頁1492。

── 回　答 ──────────

（別紙乙号）

昭和29年10月1日付日記登第289号で照会のあった標記の件については，いずれも積極に解すべきものと考える。

参　照

「民事月報」昭和30年5月号
「登記研究」92号
「平成9年先例集」23頁

メ　モ

　*　現行は法25条9号に該当すると思われます。

142

・遺産分割協議書は相続人全員の印鑑証明書の添付を要するものと考えますが，申請人となる者の印鑑証明書は省略できるとする考えもあります（「登記研究」429号・553号質疑応答）。しかし，その考えには賛成はできません。

　なお，添付する印鑑証明書は作成後3か月以内のものでなくてもかまいません。

遺産分割調停に基づく相続登記における戸籍謄抄本の添付の要否

「遺産分割調停に基づく相続登記申請について」

（昭和37年5月31日民事甲第1489号民事局長電報回答）

───照　会───────────

相続登記未済の不動産につき遺産分割調停が成立し，その登記を申請する場合，戸籍書類の添付は必要がないでしょうかお伺いします。

なお，差しかかった事案につき電信をもって御回答お願いします。

───回　答───────────

4月19日付電報番号第402号で電照の件は，戸籍謄抄本等の添付を要しない。

参　照

「民事月報」昭和37年7月号
「登記研究」177号

「平成15年先例集」45頁

メ　モ

相続登記がされていない不動産について，遺産分割がなされ，それに基づいて所有権移転登記をする場合の登記原因は「相続」であり，その場合には，申請書に相続を証する情報を提供することになります（令別表の22の項添付情報欄）。

相続を証する情報とは，通常は戸籍謄抄本ですが，遺産分割調停の場合には調停調書によって相続関係が明らかになるので，遺産分割調停調書が令別表の22の項添付情報欄の相続を証する情報となります。ただし，相続した人の住所証明情報の提供は省略できないと考えます。

37 先例

遺産分割協議書に押印を拒否している者がいる場合

「弁護士法第23条の2に基づく照会（遺産分割による相続の登記における相続を証する書面）について」

（平成4年11月4日民三第6284号第三課長回答）

――照　会――

　当会所属○○○○弁護士からの，弁護士法第23条の2に基づく照会請求に関しての申出を，本会は適当と認め，貴所にご照会申し上げます。

　ご繁用のところ，恐縮ですが，別紙照会事項について，なるべく速やかにご報告下さるようお願い申し上げます。

（別紙）

照会事項1

　遺産分割協議書に基づく登記による所有権移転登記の申請において，相続人が甲，乙及び丙の三名であるところ，当初，相続にかかる不動産を甲が取得するものとして，相続人全員が合意して遺産分割協議書を作成署名したのですが，このうち乙が翻意して遺産分割協議書にすべき印鑑の押捺を拒否しました。

　そこで，甲が原告となり乙を被告として，遺産分割協議書の真否確認及び当該不動産の所有権確認の訴えを提起しましたが，前者については，確認の利益がないということで取下げをしました。

　この場合において，所有権確認訴訟が勝訴し，かつその判決理由中に遺産分割協議が成立して原告が当該不動産を相続したことの記載があったときには，この判決及び遺産分割協議書を添付して相続による所有権移転の登記の申請をすることができるでしょうか。

　なお，相続人全員の印鑑証明書の交付は受けています。

照会事項2

　上記の方法による登記手続ができないとすれば，甲が所有権移転登記手続を了するためには，どのような方法によるべきでしょうか。

――回　答――

　本年7月29日付け東照第1826号をもって，照会のあった標記の件について，下記のとおり回答します。

記

1　照会事項1について

　所問の登記の申請は，受理されるものと考えます。

2　照会事項2について

　1により了知願います。

参　照

「登記研究」544号
「平成 9 年先例集」41頁

参考先例

　後掲40の昭和55年11月20日民三第6726号
第三課長回答を参照してください。

38 先例

相続人の一人からの遺産分割協議証明書

「遺産分割の協議後に他の相続人が死亡して当該協議の証明者が一人となった場合の相続による所有権の移転の登記の可否について」

（平成28年3月2日民二第154号第二課長通知）

── 通 知 ──

標記について，別紙甲号のとおり大阪法務局民事行政部長から当職宛てに照会があり，別紙乙号のとおり回答しましたので，この旨貴管下登記官に周知方お取り計らい願います。

── 照 会 ──

（別紙甲号）

所有権の登記名義人Aが死亡し，Aの法定相続人がB及びCのみである場合において，Aの遺産の分割の協議がされないままBが死亡し，Bの法定相続人がCのみであるときは，CはAの遺産の分割（民法（明治29年法律第89号）第907条第1項）をする余地はないことから，CがA及びBの死後にAの遺産である不動産の共有持分を直接全て相続し，取得したことを内容とするCが作成した書面は，登記原因証明情報としての適格性を欠くものとされています（東京高等裁判所平成26年9月30日判決（平成26年（行コ）第116号処分取消等請求控訴事件）及び東京地方裁判所平成26年3月13日判決（平成25年（行ウ）第372号処分取消等請求事件）参照）。

これに対して，上記の場合において，BとCの間でCが単独でAの遺産を取得する旨のAの遺産の分割の協議が行われた後にBが死亡したときは，遺産の分割の協議は要式行為ではないことから，Bの生前にBとCの間で遺産分割協議書が作成されていなくとも当該協議は有効であり，また，Cは当該協議の内容を証明することができる唯一の相続人であるから，当該協議の内容を明記してCがBの死後に作成した遺産分割協議証明書（別紙）は，登記原因証明情報としての適格性を有し，これがCの印鑑証明書とともに提供されたときは，相続による所有権の移転の登記の申請に係る登記をすることができると考えますが，当該遺産分割協議証明書については，登記権利者であるC一人による証明であるから，相続を証する情報（不動産登記令（平成16年政令第379号）別表の22の項添付情報欄）としての適格性を欠いているとの意見もあり，当該申請に係る登記の可否について，いささか疑義がありますので照会します。

（別紙）

遺産分割協議証明書

　平成20年11月12日○○県○○市○○区○○町○丁目○番○号Aの死亡によって開始した相続における共同相続人B及びCが平成23年５月10日に行った遺産分割協議の結果，○○県○○市○○区○○町○丁目○番○号Cが被相続人の遺産に属する後記物件を単独取得したことを証明する。

　平成27年１月１日

　　　　　　　　　　　　　　　　○○県○○市○○区○○町○丁目○番○号
　　　　　　　　　　　　　　　　（Aの相続人兼Aの相続人Bの相続人）
　　　　　　　　　　　　　　　　　　　　C　　㊞

　不動産の表示
　　（略）

──回　答────────────

（別紙乙号）
　本年２月８日付け不登第21号をもって照会のありました標記の件については，貴見のとおり取り扱われて差し支えありません。

参　照

「民事月報」平成28年４月号
「登記研究」820号

39 先例

数次相続における遺産分割協議書

「数次相続が生じている場合において最終的な遺産分割協議の結果のみが記載された遺産分割協議書を添付してされた相続による所有権の移転の登記の可否について」

(平成29年3月30日民二第237号第二課長通知)

── 通 知 ──

標記について，別紙甲号のとおり福岡法務局民事行政部長から当職宛てに照会があり，別紙乙号のとおり回答しましたので，この旨貴管下登記官に周知方お取り計らい願います。

── 照 会 ──

（別紙甲号）

　Aを所有権の登記名義人とする甲不動産について，別添の相続関係説明図記載のとおり遺産分割が未了のまま数次相続が発生したことを前提に，今般，Eの相続人の一人であるGから，Gが甲不動産を相続したことを内容とする遺産分割協議書を登記原因証明情報の一つとして添付した上で，「年月日B相続，年月日E相続，年月日相続」を登記原因とするGへの所有権の移転の登記の申請（以下「本件登記申請」という。）が１件の申請でされました。

　単独相続が中間において数次行われた場合には，相続を原因とする所有権の移転登記を１件の申請で行うことができ，この単独相続には遺産分割により単独相続になった場合も含まれることについては先例（昭和30年12月16日付け民事甲第2670号民事局長通達。以下「昭和30年通達」という。）において示されているところですが，本件においては，第一次相続の相続人による遺産分割が未了のまま第二次相続及び第三次相続が発生し，その後の遺産分割協議が第一次相続及び第二次相続の各相続人の地位を承継した者並びに第三次相続の相続人によって行われたものであり，本遺産分割協議書には，A名義の不動産をGが単独で相続した旨の記載があるのみであることから，昭和30年通達の取扱いの対象となるかどうかが明らかではありません。

　本遺産分割協議書の当該記載の趣旨は，第一次相続から第三次相続までの相続関係から合理的に推認すれば，まず，①第一次相続の相続人の地位を承継した者（FからSまで）により亡Bに甲不動産を承継させる合意，次に，②亡Bを被相続人とする第二次相続の相続人（J，K及びL）及び相続人の地位を承継した者（F，G，H及びI）により亡Eに甲不動産を承継させる合意，そして，③亡Eを被相続人とする第三次相続の相続人（（F，G，H及びI）によりGに甲不動産を承継させる合意の各合意をいずれも包含するものと解されますので，登記原因欄の上記記載は相当であると考えられ

149

ます。また，上記各相続における相続人又
は相続人の地位を承継した者であるFから
Sまでの全員の署名押印があり，第一次相
続から第三次相続までの遺産分割協議をす
るためにそれぞれ必要な者によって遺産分

割が行われたと考えられます。そうすると，
昭和30年通達に従って，本件登記申請に係
る登記をすることができると考えますが，
いささか疑義がありますので照会します。

別添

被相続人A　相続関係説明図

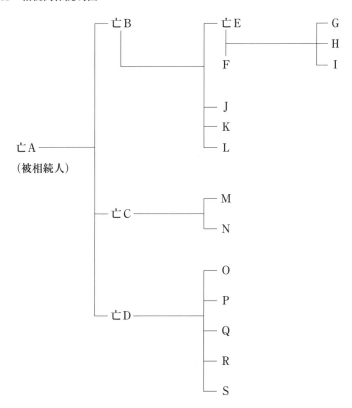

── 回　答 ────────────

　本月28日付け不登第64号をもって照会の
ありました標記の件については，貴見のと
おり取り扱って差し支えありません。

参　照

「民事月報」平成29年10月号
「登記研究」839号

40 遺産分割協議書に一部の者が印鑑証明書を添付しない場合

「弁護士法第23条の2に基づく報告依頼について」

（昭和55年11月20日民三第6726号第三課長回答）

───照　会────────────

　遺産分割協議書に基づく農地の相続による所有権移転登記申請につき，相続人6名のうち1名の印鑑証明書が揃わない場合，その者を被告とする遺産分割協議書真否確認の訴を提起しその勝訴（原告）の確定判決を得てその確定判決及び他の5名の印鑑証明書その他の必要書類を添えて所轄法務局に提出した場合右申請は受理されますか。

───回　答────────────

　本年6月16日付け文書をもって照会のあった標記の件については，受理されるものと考えます。

参　照

「登記研究」401号
「平成9年先例集」42頁

41 先例

相続人の一人が相続開始後に破産手続開始決定を受けた場合の手続

「相続人の中に破産者がいる場合の相続の登記の申請における相続を証する情報の取扱いについて」

（平成22年8月24日民二第2078号第二課長通知）

───通　知───────────

　標記について，別紙甲号のとおり福岡法務局民事行政部長から当職あて照会があり，別紙乙号のとおり回答しましたので，この旨貴管下登記官に周知方取り計らい願います。

───照　会───────────

（別紙甲号）

　相続人の一人が相続開始後に破産手続開始決定を受けた場合の相続の登記の申請における相続を証する情報（不動産登記令（平成16年政令第379号）第7条第1項第5号イ）の取扱いについて，下記のとおり照会します。

記

1　相続人の一人が相続開始後に破産手続開始決定を受けた後，相続財産について他の相続人から遺産の分割に関する処分の調停又は審判が申し立てられ，破産者である相続人は当事者とならず，その破産管財人が当事者となって調停が成立し，又は審判がされた事案について，その相続を原因とする所有権の移転の登記の申請には，相続を証する情報として，戸籍謄本等の一般的な相続を証する情報のほか，当該調停又は審判に係る調停調書又は審判書の正本の提供があれば足りるものと考えますが，破産管財人は遺産の分割に関する処分の調停又は審判において当事者適格を有していないとする意見もあることから，その取扱いの可否について照会します。

2　相続人の一人が相続開始後に破産手続開始決定を受けた後，破産者である相続人は当事者として参加せず，その破産管財人が破産法（平成16年法律第750号）第78条第2項の規定に基づく裁判所の許可を得て，遺産の分割の協議に当事者として参加していた事案について，その遺産の分割の協議の結果に基づく相続を原因とする所有権の移転の登記の申請には，相続を証する情報として，戸籍謄本，遺産分割協議書（共同相続人（破産者である相続人を除く。）のほか，破産管財人の署名押印がされているもの）等の一般的な相続を証する情報のほか，当該裁判所の許可があったことを証する書面の提供があれば足りるものと考えますが，破産管財人は遺産の分割の協議の当事者となることはできないとする意見もあることから，その取扱いの可否について照会

します。

---回　答---

（別紙乙号）

　本年8月6日付け不登第438号をもって照会のありました標記の件については，1及び2ともに，貴見のとおりと考えます。

参　照

「登記研究」755号

メ　モ

　相続人が破産手続開始決定を受けた場合には，その共有持分権は，破産財団を構成することとなるものと解され，遺産分割協議は破産管財人が参加することになる，と解されています（以上「登記研究755号138頁以下の解説を参照。）。

相続人の資格を併有する者が相続の放棄をした場合の取扱い

「相続人の資格を併有する者が相続の放棄をした場合の相続による所有権の移転の登記について」

（平成27年9月2日民二第363号第二課長通知）

── 通　知 ──

標記について，別紙甲号のとおり京都地方法務局長から当職宛てに照会があり，別紙乙号のとおり回答しましたので，貴管下登記官に周知方お取り計らい願います。

── 照　会 ──

（別紙甲号）

今般，配偶者及び妹としての相続人の資格を併有する者から相続による所有権の移転の登記が申請され，相続を証する情報として，戸（除）籍の謄本及び相続放棄申述受理証明書のほか，配偶者として相続の放棄をしたことを確認することができる相続放棄申述書の謄本及び妹としては相続の放棄をしていない旨記載された印鑑証明書付きの上申書が提供されました。

相続人の資格を併有する者の相続の放棄は，いずれの相続人の資格にも及ぶものとして取り扱うものとされている（昭和32年1月10日民事甲第61号民事局長回答）ところではありますが，昭和37年7月1日から施行された家事審判規則の一部を改正する規則（昭和37年最高裁判所規則第4号）による改正前の家事審判規則（昭和22年最高裁判所規則第15号）は，相続の放棄の申述書の記載事項として，「被相続人との続柄」

を要求していなかったことを踏まえると，上記民事局長回答は，いずれの相続人の資格をもって相続の放棄をしたものかが明らかではない場合における登記の取扱いを示したものであり，特定の相続人の資格をもって相続放棄をしたことが添付情報上明らかである場合とは事案を異にするものと考えられます。

したがって，当局としては，本件の申請については，配偶者としての相続の放棄の効果は，妹としての相続人の資格には及ばないものとして取り扱い，本件の申請を受理して差し支えないと考えていますが，本件のような事案の取扱いについて示されたものはなく，いささか疑義があることから，本件の申請を受理して差し支えないか照会します。

── 回　答 ──

（別紙乙号）

本件7月30日付け不第184号をもって照会のありました標記の件については，貴見のとおり取り扱って差し支えありません。

参　照

「民事月報」平成28年3月号
「登記研究」820号

43 先例

被相続人の同一性を証する書面について

「被相続人の同一性を証する情報として住民票の写し等が提供された場合における相続による所有権の移転の登記の可否について」

（平成29年3月23日民二第175号第二課長通知）

── 通 知 ──

標記について，別紙甲号のとおり福岡法務局民事行政部長から当職宛てに照会があり，別紙乙号のとおり回答しましたので，この旨貴管下登記官に周知方お取り計らい願います。

── 照 会 ──

（別紙甲号）

相続による所有権の移転の登記の（以下「相続登記」という。）の申請において，所有権の登記名義人である被相続人の登記記録上の住所が戸籍の謄本に記載された本籍と異なる場合には，相続を証する市区町村長が職務上作成した情報（不動産登記令（平成16年政令第379号）別表の22の項添付情報欄）の一部として，被相続人の同一性を証する情報の提出が必要であるところ，当該情報として，住民票の写し（住民基本台帳法（昭和42年法律第81号）第7条第5号，第12条。ただし，本籍及び登記記録上の住所が記載されているものに限る。），戸籍の附票の写し（同法第17条，第20条。ただし，登記記録上の住所が記載されているものに限る。）又は所有権に関する被相続人名義の登記済証（改正前の不動産登記法（明治32年法律第24号）第60条第1項）の提供があれば，不在籍証明書及び不在住証明書など他の添付情報の提供を求めることなく被相続人の同一性を確認することができ，当該申請に係る登記をすることができると考えますが，いささか疑義がありますので照会します。

── 回 答 ──

（別紙乙号）

本月7日付け不登第51号をもって照会のありました標記の件については，貴見のとおり取り扱われて差し支えありません。

参 照

「民事月報」平成29年4月号
「登記研究」831号

155

44 法定相続情報証明制度について

「不動産登記規則の一部を改正する省令の施行に伴う不動産登記事務等の取扱いについて」

（平成29年4月17日民二第292号民事局長通達）

> 編注：平成30年3月29日民二第166号民事局長通達，令和2年10月22日民二第783号民事局長通達及び令和3年3月29日民二第655号民事局長通達により一部改正。本通達は，改正後の通達です。

不動産登記規則の一部を改正する省令（平成29年法務省令第20号。以下「改正省令」という。）が，本年5月29日から施行されることとなりましたが，その事務の取扱いについては，下記の点に留意し，事務処理に遺憾(いかん)のないよう，貴管下登記官に周知方お取り計らい願います。

なお，本通達中，「法」とあるのは不動産登記法（平成16年法律第123号）を，「令」とあるのは不動産登記令（平成16年政令第379号）を，「規則」とあるのは改正省令による改正後の不動産登記規則（平成17年法務省令第18号）を，「準則」とあるのは不動産登記事務取扱手続準則（平成17年2月25日付け法務省民二第456号当職通達）をいいます。

記

第1 改正の趣旨

相続登記が未了のまま放置されることは，いわゆる所有者不明土地問題や空き家問題を生じさせる大きな要因の一つであるとされ，平成28年6月に閣議決定された「経済財政運営と改革の基本方針2016」において相続登記の促進に取り組むとともに，同年6月に閣議決定された「日本再興戦略2016」及び「ニッポン一億総活躍プラン」において相続登記の促進のための制度を検討することとされた。これを受け，相続人の相続手続における手続的な負担軽減と新たな制度を利用する相続人に相続登記の直接的な促しの契機を創出することにより，今後生じる相続に係る相続登記について，これが未了のまま放置されることを抑止(よくし)し，相続登記を促進するため，不動産登記規則を改正し，法定相続情報証明制度を創設したものである。

第2 改正省令の施行に伴う事務の取扱い

1 法定相続情報一覧図つづり込み帳及びその保存期間

(1) 登記所には，法定相続情報一覧図つづり込み帳を備えることとされた（規則第18条第35号）。また，法定相続情報一覧図つづり込み帳には，法定相続情報一覧図及びその保管の申出に関する書類をつづり込むこととされた（規則第27条の6）。

法定相続情報一覧図を適正に保管するためには，法定相続情報一覧図つづ

り込み帳を備える必要がある。この法定相続情報一覧図つづり込み帳につづり込む書類としては，法定相続情報一覧図のほか，申出書，申出書に記載されている申出人の氏名及び住所と同一の氏名及び住所が記載されている市町村長その他公務員が職務上作成した証明書（当該申出人が原本と相違ない旨を記載した謄本を含む。）及び代理人の権限を証する書面が該当する。

(2) 法定相続情報一覧図つづり込み帳の保存期間は，作成の年の翌年から５年間とされた（規則第28条の２第６号）。

そのため，保存期間を経過した場合には，他の帳簿と同様に廃棄をすることとなる。

2 不動産登記の申請等における添付情報の取扱い

登記名義人等の相続人が登記の申請をする場合において，法定相続情報一覧図の写し（以下「一覧図の写し」という。）を提供したときは，その一覧図の写しの提供をもって，相続があったことを証する市町村長その他の公務員が職務上作成した情報の提供に代えることができるとされた（規則第37条の３）。

この取扱いにより，登記の申請やその他の不動産登記法令上の手続において，一覧図の写しの提供を相続があったことを証する市町村長その他の公務員が職務上作成した情報の提供に代えることができることとなるところ，具体的な申請・手続は主に次のものが該当する。

(1) 一般承継人による表示に関する登記の申請（法第30条）

(2) 区分建物の表題登記の申請（法第47条第２項）

(3) 一般承継人による権利に関する登記

の申請（法第62条）

(4) 相続による権利の移転の登記（法第63条第２項）

(5) 権利の変更等の登記（債務者の相続）（法第66条）

(6) 所有権の保存の登記（法第74条第１項第１号）

(7) 筆界特定の申請（法第131条第１項）

(8) 地図等の訂正（規則第16条第１項）

(9) 登記識別情報の失効の申出（規則第65条第１項）

(10) 登記識別情報に関する証明（規則第68条第１項）

(11) 土地所在図の訂正等（規則第88条第１項）

(12) 不正登記防止申出（準則第35条）

(13) 事前通知に係る相続人からの申出（準則第46条）

また，規則第37条の３の規定により，相続があったことを証する市町村長その他の公務員が職務上作成した情報の提供に代えて一覧図の写しが提供された場合であって，規則第247条第４項の規定により当該写しに相続人の住所が記載されているときは，登記官は，当該写しをもって，当該相続人の住所を証する市町村長，登記官その他の公務員が職務上作成した情報としても取り扱って差し支えない。

なお，申請人から添付した一覧図の写しの原本還付の請求があった場合は，規則第55条の規定により原本を還付することができる。この場合に，いわゆる相続関係説明図が提出されたときは，当該相続関係説明図を一覧図の写しの謄本として取り扱い，一覧図の写しについては還付することとして差し支えない。

おって，一覧図の写しは飽くまで相続があったことを証する市町村長その他の公務員が職務上作成した情報を代替する

ものであり，遺産分割協議書や相続放棄
申述受理証明書等までをも代替するもの
ではない。

3　法定相続情報一覧図

(1)　登記名義人等について相続が開始し
た場合において，その相続に起因する
登記その他の手続のために必要がある
ときは，その相続人（規則第247条第
3項第2号に掲げる書面の記載により
確認することができる者に限る。以下
本通達において同じ。）又は当該相続
人の地位を相続により承継した者は，
法定相続情報一覧図の保管及び一覧図
の写しの交付を申し出ることができる
とされた（規則第247条第1項）。

その他の手続とは，その手続の過程
において相続人を確認するために規則
第247条第3項第2号及び同項第4号
に掲げる書面（以下「戸除籍謄抄本」
という。）の提出が求められるものを
いい，例えば筆界特定の申請や地図等
の訂正の申出のみならず，金融機関に
おける預貯金の払戻し手続等も想定し
ている。

また，当該相続人の地位を相続によ
り承継した者とは，いわゆる数次相続
が生じている場合の相続人が該当する。

(2)　法定相続情報一覧図の保管及び一覧
図の写しの交付の申出は，被相続人の
本籍地若しくは最後の住所地，申出人
の住所地又は被相続人を表題部所有者
若しくは所有権の登記名義人とする不
動産の所在地を管轄する登記所の登記
官に対してすることができるとされた
（規則第247条第1項）。

これらの登記所は，申出人の利便性
も考慮して申出先登記所の選択肢を示
したものである。

登記官は，専ら申出書に記載された
情報や添付書面に基づき，これらの登
記所のいずれかに該当することを確認
することで足りる。

なお，法定相続情報一覧図の保管及
び一覧図の写しの交付の申出は，これ
らの登記所に出頭してするほか，送付
の方法によってすることもできる。

(3)　法定相続情報一覧図には，被相続人
に関しては，その氏名，生年月日，最
後の住所及び死亡の年月日を，相続人
に関しては，相続開始の時における同
順位の相続人の氏名，生年月日及び被
相続人との続柄を記載することとされ
た（規則第247条第1項第1号及び第
2号）。

また，法定相続情報一覧図には，作
成の年月日を記載し，申出人が記名す
るとともに，法定相続情報一覧図を作
成した申出人又はその代理人が記名す
ることとされた（規則第247条第3項
第1号）。

法定相続情報一覧図の作成にあって
は，次の事項を踏まえる必要がある。

ア　被相続人と相続人とを線で結ぶな
どし，被相続人を起点として相続人
との関係性が一見して明瞭な図によ
る記載とする。ただし，被相続人及
び相続人を単に列挙する記載として
も差し支えない。

イ　被相続人の氏名には「被相続人」
と併記する。

ウ　被相続人との続柄の表記について
は，戸籍に記載される続柄を記載す
ることとする。

したがって，被相続人の配偶者で
あれば「夫」や「妻」，子であれば「長
男」，「長女」，「養子」などとする。
ただし，続柄の記載は，飽くまで被

相続人との続柄である必要があることから，戸籍に記載される続柄では表記することができない場合，例えば被相続人の兄弟姉妹が相続人である場合は「姉」や「弟」とし，代襲相続がある場合であって被相続人の孫が代襲相続人となる場合は「孫」とする。

なお，申出人の任意により，被相続人の配偶者が相続人である場合にその続柄を「配偶者」としたり，同じく子である場合に「子」とすることでも差し支えない。

エ　申出人が相続人として記載される場合，法定相続情報一覧図への申出人の記名は，当該相続人の氏名に「申出人」と併記することに代えて差し支えない。

オ　法定相続情報一覧図の作成をした申出人又は代理人の記名には，住所を併記する。なお，作成者が戸籍法（昭和22年法律第224号）第10条の2第3項に掲げる者である場合は，住所については事務所所在地とし，併せてその資格の名称をも記載する。

カ　相続人の住所を記載する場合は，当該相続人の氏名に当該住所を併記する。

キ　推定相続人の廃除がある場合，その廃除された推定相続人の氏名，生年月日及び被相続人との続柄の記載は要しない。

ク　代襲相続がある場合，代襲した相続人の氏名に「代襲者」と併記する。この場合，被相続人と代襲者の間に被代襲者がいることを表すこととなるが，その表記は例えば「被代襲者（何年何月何日死亡）」とすることで足りる。

ケ　法定相続情報一覧図は，日本工業規格＊A列4番の丈夫な用紙をもって作成し，記載に関しては明瞭に判読することができるものとする。

コ　相続手続での利便性を高める観点から，被相続人の最後の住所に並べて，最後の本籍も記載することを推奨する。

なお，後記5(2)のとおり，被相続人の最後の住所を証する書面の添付を要しない場合には，被相続人の最後の住所の記載に代えて被相続人の最後の本籍を記載する必要があることに留意する。

(4)　なお，法定相続情報一覧図には，相続開始の時における同順位の相続人の氏名等が記載される。したがって，数次相続が生じている場合は，被相続人一人につき一つの申出書及び法定相続情報一覧図が提供及び添付されることとなる。

4　法定相続情報一覧図の保管及び一覧図の写しの交付の申出

(1)　法定相続情報一覧図の保管及び一覧図の写しの交付の申出は，規則第247条第2項各号に掲げる事項を記載した申出書を提供してしなければならないとされた（規則第247条第2項）。

この申出書は，別記第1号様式又はこれに準ずる様式によるものとする。

(2)　申出書には，申出人の氏名，住所，連絡先及び被相続人との続柄を記載することとされた（規則第247条第2項第1号）。

(3)　法定相続情報一覧図の保管及び一覧図の写しの交付の申出を代理人によってする場合は当該代理人の氏名又は名称，住所及び連絡先並びに代理人が法

159

人であるときはその代表者の氏名を記載することとされた。また，申出人の法定代理人又はその委任による代理人にあってはその親族若しくは戸籍法第10条の２第３項に掲げる者に限るとされた（規則第247条第２項第２号）。

戸籍法第10条の２第３項に掲げる者とは，具体的には，弁護士，司法書士，土地家屋調査士，税理士，社会保険労務士，弁理士，海事代理士及び行政書士である（各士業法の規定を根拠に設立される法人を含む。）。

(4) 申出書には，利用目的及び交付を求める通数を記載することとされた（規則第247条第２項第３号，第４号）。

登記官は，申出書に記載された利用目的が相続手続に係るものであり，その提出先が推認できることを確認するものとする。また，その利用目的に鑑_{かんが}みて交付を求める通数が合理的な範囲内であることも確認するものとする。

(5) 申出書には，被相続人を表題部所有者又は所有権の登記名義人とする不動産があるときは，不動産所在事項又は不動産番号を記載することとされた（規則第247条第２項第５号）。

被相続人を表題部所有者又は所有権の登記名義人とする不動産が複数ある場合には，そのうちの任意の一つを記載することで足りるが，被相続人を表題部所有者又は所有権の登記名義人とする不動産の所在地を管轄する登記所に申出をする場合には，当該登記所の管轄区域内の不動産所在事項又は不動産番号を記載する必要がある。

(6) 申出書には，申出の年月日を記載することとされた（規則第247条第２項第６号）。

(7) 申出書には，送付の方法により一覧図の写しの交付及び規則第247条第６項の規定による書面の返却を求めるときは，その旨を記載することとされた（規則第247条第２項第７号）。

5 添付書面について

申出書には，申出人又はその代理人が記名するとともに，前記３に示す法定相続情報一覧図をはじめ，規則第247条第３項各号に掲げる書面を添付しなければならないとされた。

(1) 申出書には，被相続人（代襲相続がある場合には，被代襲者を含む。）の出生時から死亡時までの戸籍及び除かれた戸籍の謄本又は全部事項証明書を添付することとされた。また，規則第247条第１項第２号の相続人の戸籍の謄本，抄本又は記載事項証明書を添付することとされた（規則第247条第３項第２号，第４号）。

除籍又は改製原戸籍の一部が滅失等していることにより，その謄本が添付されない場合は，当該謄本に代えて，「除籍等の謄本を交付することができない」旨の市町村長の証明書を添付することで差し支えない。

これに対し，例えば被相続人が日本国籍を有しないなど戸除籍謄抄本の全部又は一部を添付することができない場合は，登記官は，法定相続情報一覧図の保管及び一覧図の写しの交付をすることができない。

(2) 申出書には，被相続人の最後の住所を証する書面を添付することとされた（規則第247条第３項第３号）。

被相続人の最後の住所を証する書面とは，被相続人に係る住民票の除票や戸籍の附票が当たる。

これらの書面が市町村において廃棄

されているため発行されないときは，申出書への添付を要しない。この場合は，申出書及び法定相続情報一覧図には，被相続人の最後の住所の記載に代えて被相続人の最後の本籍を記載するものとする。

(3) 申出人が相続人の地位を相続により承継した者であるときは，これを証する書面を添付することとされた（規則第247条第3項第5号）。

この書面には，当該申出人の戸籍の謄抄本又は記載事項証明書が該当するが，規則第247条第3項第2号及び第4号の書面により申出人が相続人の地位を相続により承継したことを確認することができるときは，添付を要しない。

(4) 申出書には，申出書に記載されている申出人の氏名及び住所と同一の氏名及び住所が記載されている市町村長その他の公務員が職務上作成した証明書（当該申出人が原本と相違がない旨を記載した謄本を含む。）を添付することとされた（規則第247条第3項第6号）。

当該証明書には，例えば住民票記載事項証明書や運転免許証の写し（申出人が原本と相違がない旨を記載したもの。なお，この場合には，申出人の記名を要する。）が該当するところ，登記官はこれらの書面によって申出人の本人確認を行うものとする。

(5) 代理人によって申出をするときは，代理人の権限を証する書面を添付することとされた（規則第247条第3項第7号）。

ア 法定代理人の場合，代理人の権限を証する書面は，法定代理人それぞれの類型に応じ，次に掲げるものが該当する。

(ア) 親権者又は未成年後見人
申出人たる未成年者に係る戸籍の謄抄本又は記載事項証明書

(イ) 成年後見人又は代理権付与の審判のある保佐人・補助人
申出人たる成年被後見人又は被保佐人・被補助人に係る後見登記等ファイルの登記事項証明書（被保佐人・被補助人については，代理権目録付きのもの）

(ウ) 不在者財産管理人・相続財産管理人
申出人たる各管理人の選任に係る審判書

イ 委任による代理人の場合，代理人の権限を証する書面は，委任状に加え，委任による代理人それぞれの類型に応じ，次に掲げるものが該当する。

(ア) 親族
申出人との親族関係が分かる戸籍の謄抄本又は記載事項証明書

(イ) 戸籍法第10条の2第3項に掲げられる者
資格者代理人団体所定の身分証明書の写し等
なお，代理人が各士業法の規定を根拠に設立される法人の場合は，当該法人の登記事項証明書

ウ 代理人の権限を証する書面について，原本の添付に加えて，代理人が原本と相違がない旨を記載し，記名をした謄本が添付された場合は，登記官は，それらの内容が同一であることを確認した上，原本を返却するものとする。

161

6 法定相続情報一覧図への相続人の住所の記載について

法定相続情報一覧図に相続人の住所を記載したときは，申出書にその住所を証する書面を添付しなければならないとされた（規則第247条第4項）。

相続人の住所は，法定相続情報一覧図の任意的記載事項である。したがって，相続人の住所の記載がない場合は，相続人の住所を証する書面の添付は要しない。

7 一覧図の写しの交付等

登記官は，申出人から提供された申出書の添付書面によって法定相続情報の内容を確認し，その内容と法定相続情報一覧図に記載された法定相続情報の内容とが合致していることを確認したときは，一覧図の写しを交付することとされた（規則第247条第5項前段）。

また，一覧図の写しには，申出に係る登記所に保管された一覧図の写しである旨の認証文を付した上で，作成の年月日及び職氏名を記載し，職印を押印することとされた（規則第247条第5項後段）。

(1) 法定相続情報の内容の確認について
登記官は，法定相続情報一覧図の保管及び一覧図の写しの交付の申出があったときは，速やかに，法定相続情報一覧図の内容を確認するものとする。

(2) 申出の内容に不備がある場合の取扱い
ア 添付された法定相続情報一覧図の記載に，その他の添付書面から確認した法定相続情報の内容と合致していないなどの誤りや遺漏（いろう）がある場合，登記官は，申出人又は代理人にその内容を伝え，速やかに当該法定相続情報一覧図の誤り等を訂正させ，清

書された正しい法定相続情報一覧図の添付を求めるものとする。提供された申出書に誤りがある場合についても，同様とする。

イ 添付書面が不足している場合，登記官は，申出人又は代理人に不足している添付書面を伝え，一定の補完期間を設けてその添付を求めるものとする。

ウ 上記ア又はイに係る不備の補完がされない場合は，次のとおり取り扱うものとする。
(ア) 申出人又は代理人に対し，申出書及び添付書面を返戻（へんれい）する旨を通知するとともに，窓口において返戻を受ける場合はそのための出頭又は送付によって返戻を受ける場合は必要な費用の納付を求める。
(イ) 上記(ア)の求めに応じない場合は，申出があった日から起算して3か月を経過したのち，当該申出書及び添付書面を廃棄して差し支えない。

(3) 法定相続情報一覧図の保存について
登記官は，申出人から提供された申出書の添付書面によって確認した法定相続情報の内容と，法定相続情報一覧図に記載された法定相続情報の内容とが合致していることを確認したときは，一覧図の写しの作成のため，次の方法により法定相続情報一覧図を保存するものとする。

ア 法定相続情報番号の採番
登記官は，登記所ごとの法定相続情報番号を採番し，申出書の所定の欄に記入するものとする。

イ 法定相続情報一覧図の保存
(ア) 登記官は，添付された法定相続情報一覧図をスキャナを用いて読

み取ることにより電磁的記録に記録して保存するものとする。

(イ) 上記アで採番した法定相続情報番号，申出年月日，被相続人の氏名，生年月日，最後の住所（最後の住所を証する書面を添付することができない場合は,最後の本籍）及び死亡の年月日を電磁的記録に記録するものとする。

(ウ) 上記(イ)に際し，被相続人の氏名に誤字俗字が用いられている場合は，これを正字等（原則として通用字体）に引き直して電磁的記録に記録する。

(4) 一覧図の写しの作成

ア　用紙

一覧図の写しは，偽造防止措置が施された専用紙を用いて作成する。

イ　認証文及びその他の付記事項

(ア) 一覧図の写しに付記する認証文は，次のとおりとする。

「これは，平成〇年〇月〇日に申出のあった当局保管に係る法定相続情報一覧図の写しである。」

なお，上記(2)アにより正しい法定相続情報一覧図を補完させた場合は，その補完がされた日を申出があった日とみなすものとする。同様に，上記(2)イにより不足している添付書面を補完させた場合は,当該添付書面の発行がいつであるかにかかわらず，不足している添付書面が保管された日を申出があった日とみなすものとする。

(イ) 一覧図の写しに登記官が記載する職氏名は，次のとおりとする。

「何法務局（何地方法務局）何支局（何出張所）登記官　何某」

(ウ) 一覧図の写しには，次の注意事項を付記するものとする。

「本書面は，提出された戸除籍謄本等の記載に基づくものである。相続放棄に関しては，本書面に記載されない。また，被相続人の死亡に起因する相続手続及び年金等手続以外に利用することはできない。」

(5) 一覧図の写しの交付及び添付書面の返却

登記官は，一覧図の写しを交付するときは，規則第247第3項第2号から第5号まで及び同条第4項に規定する添付書面を返却することとされた（規則第247条第6項）。この一覧図の写しの交付及び添付書面の返却は，次により取り扱うものとする。

ア　登記所窓口における交付等の取扱い

窓口において一覧図の写しの交付及び添付書面の返却をするときは，その交付及び返却を受ける者から，運転免許証その他申出書に記載されている申出人又は代理人の氏名及び住所と同一の氏名及び住所が記載されている市町村長その他の公務員が職務上作成した証明書の提示を受けることで，一覧図の写しの交付及び添付書面の返却をすることができる者であることを確認し，その上で申出書の「受取」欄へ一覧図の写し等を受領した旨を記載させることとする。

なお，代理人が戸籍法第10条の2第3項に掲げられる者である場合は，提示を受ける書面は資格者代理人団体所定の身分証明書等で代替して差し支えない。

ただし，上記にかかわらず，その

他の措置を講じさせることにより一覧図の写しの交付及び添付書面の返却をすることができる者であることを確認することができる場合は，その措置によることができる。

イ　送付による交付等の取扱い

一覧図の写しの交付及び添付書面の返却は，送付の方法によりすることができるとされた（規則第248条）。この方法によるときは，申出書に記載された当該申出人又は代理人の住所に宛てて送付するものとする。この場合には，申出書の所定の欄に一覧図の写し及び添付書面を送付した旨を記載するものとする。

ウ　一覧図の写し又は添付書面を申出人又は代理人が受け取らない場合は，申出があった日から起算して3か月を経過したのち，廃棄して差し支えない。

8　一覧図の写しの再交付

規則第247条各項の規定（同条第3項第1号から第5号まで及び第4項を除く）は，法定相続情報一覧図の保管及び一覧図の写しの交付の申出をした者がその申出に係る登記所の登記官に対し一覧図の写しの再交付の申出をする場合について準用することとされた（規則第247条第7項）。

(1)　再交付申出書

再交付申出書は，別記第2号様式又はこれに準ずる様式による申出書（以下「再交付申出書」という。）によってするものとする。

(2)　再交付申出書の添付書面

再交付申出書には，次に掲げる書面の添付を要する（規則第247条第7項において準用する同条第3項第6号及び第7号）。

ア　再交付申出書に記載されている申出人の氏名及び住所と同一の氏名及び住所が記載されている市町村長その他の公務員が職務上作成した証明書（当該申出人が原本と相違がない旨を記載し，記名をした謄本を含む。）

なお，当初の申出において提供された申出書に記載されている申出人の氏名又は住所と再交付申出書に記載された再交付申出人の氏名又は住所とが異なる場合は，その変更経緯が明らかとなる書面の添付を要する。

イ　代理人によって申出をするときは，第2の5(5)に示す代理人の権限を証する書面

(3)　再交付の申出をすることができる者の確認

登記官は，一覧図の写しの再交付の申出があったときは，上記(2)の書面と当初の申出において提供された申出書に記載された申出人の表示とを確認し，その者が一覧図の写しの再交付の申出をすることができる者であることを確認するものとする。

9　法定相続情報に変更が生じたとして再度の申出があった場合

法定相続情報一覧図つづり込み帳の保存期間中に戸籍の記載に変更があり，当初の申出において確認した法定相続情報に変更が生じたため，その申出人が規則第247条各項の規定により再度法定相続情報一覧図の保管及び一覧図の写しの交付の申出をしたときは，登記官はこれに応じて差し支えない。この場合に，登記官は，それ以降当初の申出に係る一覧図の写しを交付してはならない。

なお，この場合の変更とは，例えば，

別記第1号様式

法定相続情報一覧図の保管及び交付の申出書

（補完年月日　令和　　年　　月　　日）

申出年月日	令和　年　月　日	法定相続情報番号	－ －
被相続人の表示	氏　　　名 最後の住所 生年月日　　　　　年　　月　　日 死亡年月日　　　　　年　　月　　日		
申出人の表示	住所 氏名 連絡先　　－　　　　－ 被相続人との続柄（　　　　　　　　　）		
代理人の表示	住所（事務所） 氏名 連絡先　　－　　　　－ 申出人との関係　　□法定代理人　　□委任による代理人		
利用目的	□不動産登記　　　□預貯金の払戻し　　　□相続税の申告 □年金等手続 □その他　（　　　　　　　　　　　　　　　　　　　　　）		
必要な写しの通数・交付方法	通　（□窓口で受取　　□郵送　） ※郵送の場合，送付先は申出人（又は代理人）の表示欄にある住所（事務所）となる。		
被相続人名義の不動産の有無	□有 □無	（有の場合，不動産所在事項又は不動産番号を以下に記載する。）	
申出先登記所の種別	□被相続人の本籍地　　　　□被相続人の最後の住所地 □申出人の住所地　　　　　□被相続人名義の不動産の所在地		

　上記被相続人の法定相続情報一覧図を別添のとおり提出し，上記通数の一覧図の写しの交付を申出します。交付を受けた一覧図の写しについては，被相続人の死亡に起因する相続手続及び年金等手続においてのみ使用し，その他の用途には使用しません。
　申出の日から3か月以内に一覧図の写し及び返却書類を受け取らない場合は，廃棄して差し支えありません。

　　　　　　　　（地方）法務局　　　　　　支局・出張所　　　　　　宛

※受領確認書類（不動産登記規則第247条第6項の規定により返却する書類に限る。）
戸籍（個人）全部事項証明書（　　通），除籍事項証明書（　　通）戸籍謄本（　通）
除籍謄本（　通），改製原戸籍謄本（　　通）戸籍の附票の写し（　通）
戸籍の附票の除票の写し（　通）住民票の写し（　通），住民票の除票の写し（　通）

受領	確認1	確認2	スキャナ・入力	交付		受取

法定相続情報一覧図の再交付の申出書

再交付申出年月日	令和　年　月　日	法定相続情報番号	－ －
被相続人の表示	氏　　名 最後の住所 生年月日　　　　　年　　　月　　　日 死亡年月日　　　　　年　　　月　　　日		
申出人の表示	住所 氏名 連絡先　　　　－　　　　－ 被相続人との続柄（　　　　　　　　　）		
代理人の表示	住所（事務所） 氏名 連絡先　　　　－　　　　－ 申出人との関係　　□法定代理人　　□委任による代理人		
利用目的	□不動産登記　　　□預貯金の払戻し　　　□相続税の申告 □年金等手続 □その他　（　　　　　　　　　　　　　　　　　　　　）		
必要な写しの通数・交付方法	通　（□窓口で受取　　□郵送　） ※郵送の場合，送付先は申出人（又は代理人）の表示欄にある住所（事務所）となる。		

　上記通数の法定相続情報一覧図の写しの再交付を申出します。交付を受けた一覧図の写しについては，被相続人の死亡に起因する相続手続及び年金等手続においてのみ使用し，その他の用途には使用しません。3か月以内に一覧図の写しを受け取らない場合は，廃棄して差し支えありません。

　　　　　　　（地方）法務局　　　　　　　支局・出張所　　　　　　宛

受領	確認	交付

受取

被相続人の死亡後に子の認知があった場合，被相続人の死亡時に胎児であった者が生まれた場合，法定相続情報一覧図の保管及び一覧図の写しの交付の申出後に廃除があった場合などが該当する。

参　照

「民事月報」平成29年5月号
「登記研究」831号

参考先例

1 平成30年3月29日民二第166号民事局
長通達：「登記研究」845号

要旨：①一覧図の写しに住所が記載され
ている場合には，当該写しをもって相
続人の住所証明情報として取り扱える
こととした。②相続人の続柄の記載は
原則として戸籍の記載のとおりにする
ようにした。③被相続人の最後の本籍
を記載することを推奨することとし
た。④別記第1号様式及び別記第2号
様式を改正した。

2 令和2年10月22日民二第783号民事局
長通達：「登記研究」877号

要旨：平成29年4月17日民二第292号通
達中（第2・7(4)(ウ)），一覧図の写し
に記載する注意事項として，「本書面は，
提出された戸除籍謄本等の記載に基づ
くものである。相続放棄に関しては，
本書面に記載されない，また，被相続
人の死亡に起因する相続手続及び年金
等手続以外に利用することはできな
い。」と改正した。また別記第1号様
式及び別記第2号様式一覧図にも同様
な改正がされた。

3 令和3年3月29日民二第655号民事局
長通達：「登記研究」882号

要旨：原則として，書面・押印・対面を
不要とし，デジタルで完結できるよう
に見直すこととされた。それに伴い，
署名又は押印を要するとしていたもの
を，記名のみで差し支えないこととし
た。

なお，施行日（令和3年4月1日）
後において押印が不要とされた書面に
ついては押印がされて提供された場合
であっても，適正な申出として取り
扱って差し支えないとされた。

メ モ

＊ 現行は日本産業規格です。

異順位の共同相続人間の相続分の譲渡と遺産分割

「異順位の共同相続人の間で相続分の譲渡がされた後に遺産分割協議が行われた場合における所有権の移転の登記の可否について」

（平成30年3月16日民二第137号第二課長通知）

——通　知——

標記について，別紙甲号のとおり名古屋法務局民事行政部長から当職宛てに照会があり，別紙乙号のとおり回答しましたので，この旨貴管下登記官に周知方お取り計らい願います。

——照　会——

（別紙甲号）

甲不動産の所有権の登記名義人Ａが死亡し，その相続人Ｂ，Ｃ及びＤによる遺産分割協議が未了のまま，更にＤが死亡し，その相続人がＥ及びＦであった場合において，Ｂ及びＣがＥ及びＦに対してそれぞれの相続分を譲渡した上で，ＥＦ間において遺産分割協議をし，Ｅが単独で甲不動産を取得することとしたとして，Ｅから，登記原因を証する情報（不動産登記令（平成16年政令第379号）第7条第1項第5号ロただし書，別表22の項添付情報欄）として，当該相続分の譲渡に係る相続分譲渡証明書及び当該遺産分割協議に係る遺産分割協議書を提供して，「平成何年何月何日（Ａの死亡の日）Ｄ相続，平成何年何月何日（Ｄの死亡の日）相続」を登記原因として，甲不動産について

ＡからＥへの所有権の移転の登記の申請があったときは，遺産の分割は相続開始の時にさかのぼってその効力を生じ（民法（明治29年法律第89号）第909条），中間における相続が単独相続であったことになることから，他に却下事由が存在しない限り，当該申請に基づく登記をすることができると考えますが，いささか疑義がありますので照会します。

——回　答——

（別紙乙号）

本月9日付け不登第52号をもって照会のありました標記の件については，貴見のとおり取り扱われて差し支えありません。

参　照

「民事月報」平成30年8月号
「登記研究」848号

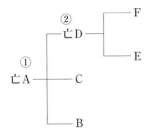

（「民事月報」平成30年8月号124頁図参照）

> **メ　モ**
>
> 　数次相続の場合，中間の相続が単独相続の場合には，登記原因として，「年月日D相続，年月日相続」のように中間の相続が単独相続であることを明記することにより1個の申請ですることができます。

相続人が死亡後に相続人名義の登記をする場合の免税措置

「租税特別措置法第84条の2の3第1項の規定の施行等に伴う不動産登記事務の取扱いについて」

（平成30年3月31日民二第168号第二課長通知）

——通　知——————————

所得税法等の一部を改正する法律（平成30年法律第7号。以下「改正法」という。）が本年4月1日から施行され，改正法により新設される租税特別措置法（昭和32年法律第26号。以下「法」という。）第84条の2の3第1項の規定も同日から施行されますが，これに伴う不動産登記事務の取扱いについては，下記の事項に留意するよう，貴管下登記官に周知方取り計らい願います。

記

第1　背景

相続登記が未了のまま放置されることは，いわゆる所有者不明土地問題を生じさせる大きな要因の一つであるとされ，法務省では，相続登記を促す広報用リーフレットの作成や法定相続情報証明制度の創設など，相続登記の促進のための各種の施策を進めているところである。

一方で，相続登記が未了のまま放置されることの理由の一つとしては，手続きにかかる費用の負担が挙げられており，例えば登録免許税の減免措置といった費用負担の軽減を図るべきとの指摘もある。

法務省では，これらの状況に鑑（かんが）み，平成30年度税制改正要望として，相続登記を促進するために，相続登記に係る登録免許税について特例措置を設けることを要望してきたところである。

この要望については，平成29年12月22日に閣議決定された平成30年度税制改正の大綱に「土地の相続登記に対する登録免許税の免税措置の創設」として盛り込まれ，今般の免税措置の創設に至ったものである。

第2　相続に係る所有権の移転登記の免税措置（法第84条の2の3第1項関係）

個人が相続（相続人に対する遺贈を含む。以下同じ。）により土地の所有権を取得した場合において，当該個人が当該相続による当該土地の所有権の移転の登記を受ける前に死亡したときは，平成30年4月1日から平成33年3月31日＊までの間に当該個人を当該土地の所有権の登記名義人とするために受ける登記については，登録免許税を課さないこととされた（法第84条の2の3第1項）。

170

1　個人が相続により土地の所有権を取得した場合において，当該個人が当該相続による当該土地の所有権の移転の登記を受ける前に死亡したときについて

　今回の措置は，いわゆる数次相続が生じていることを主に想定したものであるが，ここでいう「個人が相続により土地の所有権を取得した場合において，当該個人が当該相続による当該土地の所有権の移転の登記を受ける前に死亡したとき」とは，登記名義人である被相続人Aから相続人Bが相続により土地の所有権を取得した場合において，相続人Bが被相続人Aからの相続による土地の所有権の移転の登記を受ける前に死亡したときをいう。

　したがって，当該土地の所有権が相続人Bの死亡による相続を原因としてBの相続人（例えばBの子など）に更に移転していることまでを要件とするものではない。すなわち，例えば，当該土地について相続人Bが生存している間に相続人Bから第三者に売買等がされていたとしても，それをもって法84条の2の3第1項の規定外となるものではない。

2　当該個人を当該土地の所有権の登記名義人とするために受ける登記について

　「当該個人を当該土地の所有権の登記名義人とするために受ける登記」とは，死亡した相続人Bを当該土地の所有権の登記名義人とするために受ける，被相続人Aからの相続による土地の所有権の移転の登記をいう。

　また，例えば，相続人Bに，存命す

る同順位の相続人が存在し，当該土地が当該同順位の相続人と相続人Bとの共有により相続されている場合には，「当該個人を当該土地の所有権の登記名義人とするために受ける登記」として法第84条の2の3第1項の適用により免税措置を受ける範囲は，相続人Bが所有権の移転を受ける持分に相当する部分となる。

3　登記の申請情報の記載について

　法第84条の2の3第1項の適用を受けようとするときの申請情報の記載は，例えば，登録免許税の欄に「租税特別措置法（又は昭和32年法律第26号）第84条の2の3第1項により非課税（あるいは，一部非課税）などとする。

4　免税措置の適用を受ける際の証明書類について

　上記3に従って法第84条の2の3第1項の適用を受けようとする土地の相続による所有権の移転の登記の申請があった場合には，同項の適用の有無は，原則として，当該申請において提供される，相続を証する市町村長その他の公務員が職務上作成した情報（不動産登記令（平成16年政令第379号）別表22の項添付情報欄）から明らかとなるため，法第84条の2の3第1項の適用を受けるための特段の証明書類は要しない。

第3　その他（法第84条の2の3第2項関係）

　個人が，所有者不明土地の利用の円滑化等に関する特別措置法の施行の日から平成33年3月31日＊までの間に，土地に

ついて相続による所有権の移転の登記を受ける場合において，当該土地が相続による土地の所有権の移転の登記の促進を特に図る必要があるものとして政令で定めるものであり，かつ，当該土地の当該登記に係る登録免許税法（昭和42年法律第35号）第10条第1項の課税標準たる不動産の価額が10万円以下であるときは，当該土地の相続による所有権の移転の登記については，登録免許税を課さないこととされた（法第84条の2の3第2項）。

また，この政令で定めるものとは，都市計画法（昭和43年法律第100号）第7条第1項に規定する市街化区域内に所在する土地以外の土地のうち所有者不明土地の利用の円滑化等に関する特別措置法第3条第1項に規定する基本方針に定める同条第2項第4号に掲げる事項に基づいて市町村の行政目的のため相続による土地の所有権の移転の登記の促進を特に図る必要があるものとして法務大臣が指定するものとされるとともに，この指定をしたときは，告示をすることとされた（租税特別措置法施行令（昭和32年政令第43号）第44条の2）。

法第84条の2の3第2項の規定の施行の日は，所有者不明土地の利用の円滑化等に関する特別措置法の施行の日とされ

ている（改正法附則第1条第20号）ところ，同法案は，国会で審議中であるため，法第84条の2の3第2項に関する不動産登記事務の取扱いについては，同法案の成立後に別途通知する。

参　照

「登記研究」845号

メ　モ

＊　現在では令和4年（2022年）3月31日まで延長されています。また，今後も期間は延長される可能性があります。

・被相続人AからBが土地を相続したがその旨の登記をする前に死亡し，かつBの相続人が不存在である場合において，亡B相続財産とする前提としてするAからBへの相続を原因とする所有権の移転の登記についても租税特別措置法第84条の2の3第1項が適用されます（「登記研究」845号質疑応答）。

・登記原因が「遺産分割」を原因とする場合にも租税特別措置法第84条の2の3の適用があるとされています（「登記研究」859号質疑応答）。

| 47 | 価額が10万円以下の土地の相続による所有権移転登記 |

「租税特別措置法第84条の2の3第2項の規定の施行に伴う不動産登記事務の取扱いについて」

（平成30年11月15日民二第611号第二課長通知）

先例

──通　知──

　所得税法等の一部を改正する法律（平成30年法律第7号。以下「改正法」という。）により新設された租税特別措置法（昭和32年法律第26号。以下「法」という。）第84条の2の3第2項の規定が所有者不明土地の利用の円滑化等に関する特別措置法（平成30年法律第49号。以下「特措法」という。）の施行日である本月15日から施行されますが，これに伴う不動産登記事務の取扱いについては，下記の事項に留意するよう，貴管下登記官に周知方取り計らい願います。

記

1　相続に係る所有権の移転登記の免税措置（法第84条の2の3第2項関係）の概要

　個人が特措法の施行の日から平成33年3月31日＊までの間に，土地について相続による所有権の移転の登記を受ける場合において，当該土地が相続による土地の所有権の移転の登記の促進を特に図る必要があるものとして政令で定めるものであり，かつ，当該土地の当該登記に係る登録免許税法（昭和42年法律第35号）第10条第1項の課税標準たる不動産の価額が10万円以下であるときは，当該土地の相続による所有権の移転の登記については，登録免許税を課さないこととされた（法第84条の2の3第2項）。

2　相続による土地の所有権の移転の登記の促進を特に図る必要があるものとして政令で定めるものについて

　「相続による土地の所有権の移転の登記の促進を特に図る必要があるものとして政令で定めるもの」とは，都市計画法（昭和43年法律第100号）第7条第1項に規定する市街化区域内に所在する土地以外の土地のうち特措法第3条第1項に規定する基本方針（以下「基本方針」という。）に定める同条第2項第4号に掲げる事項に基づいて市町村の行政目的のため相続による土地の所有権の移転の登記の促進を特に図る必要があるものとして法務大臣が指定するものとされるとともに，この指定をしたときは，告示することとされた（租税特別措置法施行令（昭和32年政令43号）第44条の2）。

　相続登記が未了のまま放置されれば，所有者不明土地となってしまい，公共事業の円滑な実施や農地の集約化のみならず，空き地対策，空き家対策，地域活性

173

化など，市町村の様々な行政目的の円滑な実施に悪影響を与えることから，幅広い土地を対象に相続登記の促進を図るため，登録免許税の免税措置に係る法務大臣の指定は，市町村からの申出を最大限に尊重して行うものとされた（「所有者不明土地の利用の円滑化及び土地の所有者の効果的な探索に関する基本的な方針」（平成30年法務省，国土交通省告示第2号）第4の2）。

これを受け，法務大臣は，本日，相続による土地の所有権の移転の登記を特に図る必要がある土地を指定した（平成30年法務省告示第370号）。

3 登記の申請情報の記載について

法第84条の2の3第2項の適用を受けようとするときの申請情報の記載は，例えば，登録免許税の欄に「租税特別措置法（又は昭和32年法律第26号）第84条の2の3第2項により非課税（あるいは，一部非課税）」などとする。

4 免税措置の適用を受ける際の証明書類について

上記3に従って法第84条の2の3第2項の適用を受けようとする土地の相続による所有権の移転の登記の申請があった場合には，同項の適用の有無は，法務大臣が指定した土地かどうかを登記官が確認することで足りることから，同項の適用を受けるための特段の証明書類は要しない。

参照

「登記研究」852号

メモ

* 租税特別措置法の一部が令和3年3月26日改正され，同月31日に公布されました。改正点は次のとおりです。
① 租税特別措置法84条の2の3第1項及び第2項の適用期限については，令和4年（2022年）3月31日まで延長されました。期限については，今後も延長される可能性があります。
② 租税特別措置法84条の2の3第2項の適用の対象となる登記として「所有権の保存の登記（法2条10号に規定する表題部所有者の相続人が受けるものに限る）が追加されました。

・共有持分による相続の登記の場合には，不動産価額に取得する持分の割合を掛けて計算した額が10万円以下であれば租税特別措置法第84条の2の3第2項の適用があるとされています（「登記研究」854号質疑応答）。

・登記原因が「相続」，相続人に対する「遺贈」の他に「遺産分割」を原因とする場合にも本条（1項および2項）の適用があるとされています（「登記研究」859号質疑応答）。

・法務大臣が指定する土地は各法務局・地方法務局のホームページで確認することができます。

48 通達

遺産分割・遺言制度の見直し

「民法及び家事事件手続法の一部を改正する法律の施行に伴う不動産登記事務の取扱いについて」

（令和元年6月27日民二第68号民事局長通達）

───通　達───

民法及び家事事件手続法の一部を改正する法律（平成30年法律第72号。以下「改正法」という。）の施行に伴う不動産登記事務の取扱いについては，下記の点に留意するよう，貴管下登記官に周知方お取り計らい願います。

なお，改正法の施行期日は，自筆証書遺言の方式を緩和する方策について平成31年1月13日，配偶者居住権及び配偶者短期居住権の新設等について令和2年4月1日，そのほかについて令和元年7月1日とされているところ，配偶者居住権及び配偶者短期居住権の新設等に係る不動産登記事務の取扱いについては，追って通達します。

おって，本通達中，「法」とあるのは改正法による改正後の民法（明治29年法律第89号）を，「旧法」とあるのは改正法による改正前の民法をいいます。

記

1 本通達の趣旨

本通達は，遺産分割に関する見直し，遺言制度に関する見直し，遺留分制度に関する見直し，相続の効力等に関する見直し，相続人以外の者の貢献を考慮するための方策等を内容とする改正法の施行に伴い，不動産登記事務の取扱いにおいて留意すべき事項を明らかにしたものである。

2 民法改正関係

(1) 遺産分割に関する見直し

ア 遺産の分割前に遺産に属する財産が処分された場合の遺産の範囲

遺産の分割前に遺産に属する財産が処分された場合であっても，共同相続人は，その全員の同意により，当該処分された財産が遺産の分割時に遺産として存在するものとみなすことができることが明確化された（法第906条の2第1項）。

また，法第906条の2第1項の規定にかかわらず，共同相続人の一人又は数人により同項の財産が処分されたときは，当該共同相続人については，同項の同意を得ることを要しないとされた（同条第2項）。

この改正後の規定は，改正法の施行の日（令和元年7月1日）以後に開始した相続について適用され，同日前に開始した相続については，なお従前の例によるとされた（改正法

附則第2条)。

イ　遺産の分割の協議又は審判等

共同相続人は，法第908条の規定により被相続人が遺言で禁じた場合を除き，いつでも，その協議で，遺産の全部又は一部の分割をすることができるとされ(法第907条第1項)，遺産の全部のほか，一部の分割をすることができることが明確化された。

また，遺産の分割について，共同相続人間に協議が調わないとき，又は協議をすることができないときは，各共同相続人は，その全部又は一部の分割を家庭裁判所に請求することができるとされた(同条第2項本文)。

この改正後の規定は，改正法の施行の日（令和元年7月1日）以後に開始した相続について適用され，同日前に開始した相続については，なお従前の例によるとされた（改正法附則第2条)。

(2)　遺言制度に関する見直し

ア　自筆証書遺言

自筆証書にこれと一体のものとして相続財産（法第997条第1項に規定する場合における同項に規定する権利を含む。）の全部又は一部の目録を添付する場合には，その目録については，自書することを要しないとされ，この場合において，遺言者は，その目録の毎葉（自署によらない記載がその両面にある場合にあっては，その両面）に署名し，印を押さなければならないとされた（法第968条第2項)。

これにより，遺言書の末尾に添付されることが多い，いわゆる遺産目録については，各ページに署名し，印を押したものであれば（用紙の片面に目録の記載があるときは，署名及び押印は裏面でもよい。），パソコン等により作成したもの，遺言者以外の者が代筆したもの，登記事項証明書等を添付してこれを目録とするもの等であっても認められることとなる。

また，自筆証書（法第968条第2項の目録を含む。）中の加除その他の変更は，遺言者が，その場所を指示し，これを変更した旨を付記して特にこれに署名し，かつ，その変更の場所に印を押さなければ，その効力を生じないとされているところ（同条第3項)，この目録中の加除その他の変更については，同目録以外の部分と同様の方式によってすることを要するとされた。

この改正後の規定は，改正法の施行の日（平成31年1月13日）以後にされた自筆証書遺言について適用され，同日前にされた自筆証書遺言については，なお従前の例によるとされた（改正法附則第6条)。

イ　遺言執行者の任務の開始及び権利義務

遺言執行者は，その任務を開始したときは，遅滞なく，遺言の内容を相続人に通知しなければならないとされた（法第1007条第2項)。

遺言執行者は，遺言の内容を実現するため，相続財産の管理その他遺言の執行に必要な一切の行為をする権利義務を有するとされ（法第1012条第1項)，遺言執行者の職務は遺言の内容を実現することにあり，必ずしも相続人の利益のために職務を行うものではないことが明確化された。

また，遺言執行者がある場合には，遺贈の履行は，遺言執行者のみが行うことができるとされ（同条第2項），遺言執行者の権利義務が明確化された。

この改正後の規定は，改正法の施行の日（令和元年7月1日）前に開始した相続に関し，同日以後に遺言執行者となる者にも適用するとされた（改正法附則第8条第1項）。

ウ　遺言の執行の妨害行為の禁止

遺言執行者がある場合には，相続人は，相続財産の処分その他遺言の執行を妨げるべき行為をすることができないとされているところ（法第1013条第1項），法第1013条第1項の規定に違反してした行為は，無効となることを明確にしつつ，ただし，これをもって善意の第三者に対抗することができないとして（同条第2項），善意者保護規定を設けている。

また，これらの規定は，相続人の債権者（相続債権者を含む。）が相続財産についてその権利を行使することを妨げないとされ（同条第3項），相続債権者を含む相続人の債権者については，その適用がないことが明確化された。この相続債権者等による相続財産についての権利行使としては，相続債権者等による差押え等の強制執行等が該当する。

この改正後の規定は，改正法の施行の日（令和元年7月1日）以後に開始した相続について適用され，同日前に開始した相続については，なお従前の例によるとされた（改正法附則第2条）。

エ　特定財産に関する遺言の執行

遺産の分割の方法の指定として遺産に属する特定の財産を共同相続人の一人又は数人に承継させる旨の遺言（以下「特定財産承継遺言」という。）があったときは，遺言執行者は，当該共同相続人が法第899条の2第1項に規定する対抗要件を備えるために必要な行為をすることができるとされた（法第1014条第2項）。

また，法第1014条第2項の規定にかかわらず，被相続人が遺言で別段の意思を表示したときは，その意思に従うとされた（同条第4項）。

なお，遺言執行者は，一般に，法定代理人であると解されており，これは，改正前後で異なることはない。

これにより，不動産を目的とする特定財産承継遺言がされた場合に，遺言執行者は，被相続人が遺言で別段の意思を表示したときを除き，単独で，法定代理人として，相続による権利の移転の登記を申請することができることとなる。

おって，相続人が対抗要件を備えることは，遺言の執行の妨害行為（法第1013条第1項）に該当しないため，当該相続人が単独で，相続による権利の移転の登記を申請することができることは，従前のとおりである。

この改正後の規定は，改正法の施行の日（令和元年7月1日）前にされた特定の財産に関する遺言に係る遺言執行者によるその執行については適用しないとされた（改正法附則第8条第2項）。

オ　遺言執行者の行為の効果

遺言執行者がその権限内において遺言執行者であることを示してした行為は，相続人に対して直接にその効力を生ずるとされ（法第1015条），

遺言執行者が行為をする場合には，自らの資格を示してすることを要し，また，その遺言執行者の行為の効力が直接に相続人に対して生ずることが明確化された。

この改正後の規定は，改正法の施行の日（令和元年7月1日）以後に開始した相続について適用され，同日前に開始した相続については，なお従前の例によるとされた（改正法附則第2条）。

カ　遺言執行者の復任権

遺言執行者は，自己の責任で第三者にその任務を行わせることができるとされ（ただし，遺言者がその遺言に別段の意思を表示したときは，その意思に従う。）（法第1016条第1項），遺言執行者についても，他の法定代理人と同様の要件で，復任権が認められた。

この改正後の規定は，改正法の施行の日（令和元年7月1日）以後にされた遺言に係る遺言執行者について適用され，同日前にされた遺言に係る遺言執行者の復任権については，なお従前の例によるとされた（改正法附則第8条第3項）。

キ　撤回された遺言の効力

法第1022条から第1024条までの規定により撤回された遺言は，その撤回の行為が，撤回され，取り消され，又は効力を生じなくなるに至ったときであっても，その効力を回復しないとされているところ（法第1025条本文），その行為が錯誤，詐欺又は強迫による場合は，この限りでないとされた（同条ただし書）。

これは，民法の一部を改正する法律（平成29年法律第44号。以下「改

正債権法」という。）により，錯誤に基づく意思表示が詐欺，強迫とともに取消しの対象とされたことから（同法による改正後の民法第95条第1項），撤回行為が錯誤に基づく場合を含め，その遺言の効力が否定されないことが明記されたものである。

この改正後の規定は，改正債権法の施行の日（令和2年4月1日）から施行するとされ（改正法附則第1条第3号），同日前に撤回された遺言の効力については，なお従前の例によるとされた（同附則第9条）。

(3)　遺留分制度に関する見直し（遺留分侵害額の請求）

遺留分権利者及びその承継人は，受遺者（特定財産承継遺言により財産を承継し又は相続分の指定を受けた相続人を含む。）又は受贈者に対し，遺留分侵害額に相当する金銭の支払を請求することができるとされ（法第1046条第1項），これまで遺留分に関する権利を行使することによって当然に物権的効果が生じ，遺留分を侵害する遺贈又は贈与の全部又は一部が無効となるものとされていたものが，この規律を見直し，遺留分侵害額に相当する金銭債権が発生することとされた。

また，遺言による相続分の指定（旧法第902条），包括遺贈及び特定遺贈（旧法第964条）について，遺留分に関する規定に違反することができないとする規定が削除され，遺留分に関する規定の用語についても「減殺請求権」を「遺留分侵害額請求権」に改めるといった改正がされるとともに（法第1048条等），遺留分の計算方法が明確化された（法第1042条）。

上記改正により，従前の遺留分減殺

を登記原因とする所有権の移転の登記の申請は，受理することができないこととなる。

この改正後の規定は，改正法の施行の日（令和元年7月1日）以後に開始した相続について適用され，同日前に開始した相続については，なお従前の例によるとされた（改正法附則第2条）。

(4) 相続の効力等に関する見直し（共同相続における権利の承継の対抗要件）

相続による権利の承継は，遺産の分割によるものかどうかにかかわらず，法第900条及び第901条の規定により算定した相続分を超える部分については，登記，登録その他の対抗要件を備えなければ，第三者に対抗することができないとされた（法第899条の2第1項）。

したがって，相続を原因とする権利の承継であっても，その取得した権利の全体について登記等の対抗要件を備えなければ，法定相続分を超える部分について，第三者に対抗することができないこととなる。

この改正後の規定は，改正法の施行の日（令和元年7月1日）以後に開始した相続について適用され，同日前に開始した相続については，なお従前の例によるとされた（改正法附則第2条）。

(5) 相続人以外の者の貢献を考慮するための方策（特別の寄与）

被相続人に対して無償で療養看護その他の労務の提供をしたことにより被相続人の財産の維持又は増加について特別の寄与をした被相続人の親族（相続人，相続の放棄をした者及び法第891条の規定に該当し又は廃除によってその相続権を失った者を除く。以下「特別寄与者」という。）は，相続の開始後，相続人に対し，特別寄与者の寄与に応じた額の金銭（以下「特別寄与料」という。）の支払いを請求することができるとされた（法第1050条第1項）。

また，法第1050条第1項の規定による特別寄与料の支払いについて，当事者間に協議が調わないとき，又は協議をすることができないときは，特別寄与者は，家庭裁判所に対して協議に代わる処分を請求することができるとされ（同条第2項本文），ただし，特別寄与者が相続の開始及び相続人を知った時から6か月を経過したとき，又は相続開始の時から1年を経過したときは，この限りでないとされた（同項ただし書）。

この改正後の規定は，改正法の施行の日（令和元年7月1日）以後に開始した相続について適用され，同日前に開始した相続については，なお従前の例によるとされた（改正法附則第2条）。

3 家事事件手続法改正関係（特別の寄与に関する審判事件を本案とする保全処分）

家庭裁判所（家事事件手続法（平成23年法律第52号）第105条第2項の場合にあっては，高等裁判所）は，特別の寄与に関する処分についての審判又は調停の申立てがあった場合（法第1050条第2項本文）において，強制執行を保全するため必要があるときは，当該申立てをした者の申立てにより，特別の寄与に関する処分の審判を本案とする仮差押え等の保全処分を命ずることができるとされた（改正法による改正後の家事事件手続法第216条の5）。具体的には，特別寄与料の支払を命ずる審判の強制執行を保全するための仮差押え等が該当する。

「登記研究」859号

令和元年7月1日以後に開始した相続に

ついては，従前認められていた「遺留分減殺」を原因とする所有権移転が認められなくなりました。

49 先例

法務局で保管した遺言書の取扱い

「法務局における遺言書の保管等に関する法律の施行に伴う不動産登記事務の取扱いについて」

（令和2年6月24日民二第436号第二課長通知）

─通　知─

　法務局における遺言書の保管等に関する法律（平成30年法律第73号。以下「法」という。）が本年7月10日に施行されるところ，これに伴う不動産登記事務の取扱いについては，下記の点に留意するよう，貴管下登記官に周知方お取り計らい願います。

　　　　　　　記

　法の施行により，自筆証書によってした遺言に係る遺言書（以下，単に「遺言書」という。）について，法に基づき保管の申請がされた場合には，遺言者の相続人等は，遺言書保管官に対し，当該遺言書について，遺言書保管ファイルに記録されている事項（法第7条第2項各号）を証明した書面である「遺言書情報証明書」の交付を請求することができることとされた（なお，遺言書保管所に保管されている遺言書については，家庭裁判所の検認手続は不要である（法第11条）。）。

　遺言書保管所に保管されている遺言書に基づいて不動産登記の申請がされる場合には，添付情報として遺言書情報証明書が提供されることになるが，遺言書情報証明書には，遺言書の画像情報のほか，遺言書に係る情報の管理に必要な事項が記載されて

いるところ，不動産登記申請の審査に当たっては，遺言書そのものの内容である遺言書情報証明書に表示された遺言書の画像情報によって行うこととなり，それ以外の記載事項によることはできないので，留意されたい。

　また，不動産登記の申請において，遺言書情報証明書を遺言者の死亡を証する情報として取り扱うことはできない。

参　照

「民事月報」令和2年8月号
「登記研究」873号

メ　モ

・遺言書保管所に保管されている遺言書については，民法1004条1項の家庭裁判所の検認は不要です。

・関係相続人等が遺言書情報証明書の交付の請求をすることができるのは，遺言書保管所に保管されている遺言書であって，その遺言者が死亡している場合に限られていますが（法務局における遺言書の保管等に関する法律。以下「法」という。9条1項柱書），遺言書情報証明書は遺

言者の死亡を証する情報とすることはできません。

遺言書情報証明書には次の事項が記載されます。

①遺言書の画像情報, ②遺言書に記載されている作成の年月日, ③遺言者の氏名, 出生の年月日, 住所および本籍（外国人の場合は国籍）, ④遺言書に記載された法9条1項2号および3号に掲げる者の氏名または名称および住所, ⑤遺言書の保管を開始した年月日, 遺言書が保管されている遺言書保管所の名称および保管番号が記載され, 認証文が付されます。

50 先例

換価分割の前提として行う代位による相続登記

「換価分割の前提として行う代位による法定相続分での相続登記の申請の可否について」

(令和2年6月29日民二第445号第二課長通知)

通 知

標記について，別紙甲号のとおり東京法務局民事行政部長から当職宛てに照会があり，別紙乙号のとおり回答しましたので，この旨貴管下登記官に周知方お取り計らい願います。

照 会

(別紙甲号)

いわゆる換価分割（家事事件手続法（平成23年法律第52号）第194条第1項）として，被相続人が所有していた不動産を競売して換価した上で，売却代金を相続人間で分配することを命ずる遺産分割審判がされた場合に，当該分配を受けるべき相続人のうち一部の者が，当該不動産について，民法（明治29年法律第89号）第900条（法定相続分）及び第901条（代襲相続人の相続分）の規定により算定した相続分に応じてする相続による所有権の移転の登記の申請をした場合には，当該申請をした相続人が当該移転の登記の登記権利者又は一般承継人でなくても，当該換価分割を実現する前提として，当該審判書を代位原因を証する情報として提供したときは，他の相続人を代位して当

該移転の登記の申請をすることができるものとして，これを受理して差し支えないものと考えますが，いささか疑義がありますので照会します。

なお，差し支えないとした場合，その代位原因の表示は，「○○年○月○日遺産分割審判による競売」の振り合いによるのが相当であると考えますが，いかがでしょうか。

回 答

(別紙乙号)

本月19日付け2不登1第17号をもって照会のありました標記の件については，いずれも貴見のとおり取り扱われて差し支えありません。

参 照

「民事月報」令和2年8月号
「登記研究」873号

メ　モ

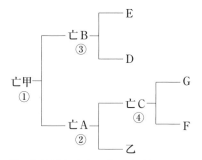

（「民事月報」令和2年8月号231頁の図
を参照）
①甲からA・Bへ相続，②Aから乙・Cへ

相続，③BからD・Eへ相続，④CからF・
Gへ相続

　この場合，乙は①の相続と②の相続登記
は単独で申請することができますが，③お
よび④の相続については，乙はこれらの相
続人でないため相続登記を申請することは
できません。そこで，D・E・F・Gが登
記申請の意思を有しない場合，乙が遺産分
割の審判書を代位原因証明情報として提供
した上で，他の相続人を代位して③および
④の相続登記の申請をすることができるか
が，本照会の趣旨です（同「民事月報」解
説231頁以下参照）。

51

先例

遺言書保管官に提出する書類の作成と司法書士法

「法務局における遺言書の保管等に関する法律に規定する書類の作成と司法書士法第3条第1項第2号の解釈について」

(令和2年8月5日民二第664号第二課長，商事課長通知)

─ 通 知 ─

標記の件について，別紙1のとおり東京法務局長から照会があり，別紙2のとおり回答されましたので，この旨貴管下職員に周知方取り計らい願います。

─ 照 会 ─

(別紙1)

法務局における遺言書の保管等に関する法律（平成30年法律第73号。以下「法」という。）に規定する遺言書の保管の申請書（法第4条第4項），遺言書情報証明書の交付の請求書（法第9条第4項），遺言書保管事実証明書の交付の請求書（法第10条第2項において準用する第9条第4項）その他の法又は法務局における遺言書の保管等に関する政令（令和元年政令第178号）に基づき法第3条に規定する遺言書保管官に提出する書類の作成は，司法書士法（昭和25年法律第197号）第3条第1項第2号に規定する法務局又は地方法務局に提出する書類の作成に該当するものと考えますが，いささか疑義があるため照会します。

─ 回 答 ─

(別紙2)

令和2年8月3日付け2総司1第143号をもって照会のありました標記の件については，貴見のとおりと考えます。

なお，これにより，これらの書類の作成は司法書士の専属業務に該当しますが，遺言書情報証明書の交付の請求書（法第9条第4項）又は遺言書保管事実証明書の交付の請求書（法第10条第2項において準用する第9条第4項）の作成に関しては，司法書士以外の士業者が法令に規定する当該士業者の業務の遂行に当たってこれらの証明書を第三者に提出する必要が現に存在する場合には，正当の業務に付随して行う業務として司法書士法第73条第1項の規定に抵触しないこととなり得るものと解されますので，申し添えます。

参 照

「登記研究」873号

52

通達

地縁団体による登記申請手続

「地方自治法第260条の2第1項の認可を受けた地縁による団体に係る登記の申請手続について」

（平成3年4月2日民三第2246号民事局長通達）

標記の件について，別紙甲号のとおり自治省行政局長から照会があり，別紙乙号のとおり回答したので，この旨貴管下登記官に周知方しかるべく取り計らわれたい。

─── 照　会 ───

（別紙甲号）

標記につき，地方自治法第260条の2第1項の認可を受けた地縁による団体を所有者又は登記権利者とする登記申請書に添付することが必要とされる同団体の住所証明書及び代表者の資格証明書を別紙様式による証明書とすること，並びに登記名義人である認可を受ける前の地縁による団体の代表者から認可を受けた地縁による団体への所有権移転登記の原因を「委任の終了」，その日付を同項の市町村長の認可の日とす

ることについて，登記手続上差し支えないか意見の回示を願いたく照会します。

─── 回　答 ───

（別紙乙号）

客月29日付け自治行第35号をもって照会のあった標記の件については，貴見のとおり取り扱われて差し支えないものと考えます。

おって，この旨各法務局長及び地方法務局長に通達したので，申し添えます。

（編注：別紙様式は省略しました。）

参　照

「登記研究」521号

53

通達

認可地縁団体名義への所有権移転登記手続の改善

「地方自治法の一部を改正する法律の施行に伴う不動産登記事務の取扱いについて」

（平成27年2月26日民二第124号民事局長通達）

地方自治法の一部を改正する法律（平成26年法律第42号。以下「改正法」という。）及び地方自治法施行規則等の一部を改正する省令（平成27年総務省令第3号）。以下「改正省令」という。）のうち，認可地縁団体が所有する不動産に係る登記の特例に関する規定が，本年4月1日から施行されることとなりましたが，これに伴う不動産登記事務の取扱いについては，下記の点に留意し，事務処理に遺憾のないよう，貴管下登記官に周知お取り計らい願います。

なお，本通達中，「法」とあるのは改正法による改正後の地方自治法（昭和22年法律第67号）を，「規則」とあるのは改正省令による改正後の地方自治法施行規則（昭和22年内務省令第29号）をいいます。

記

第1 改正法の概要

認可地縁団体（法第260条の2）が所有する一定の要件を満たした不動産について，当該認可地縁団体が自己を登記名義人とする当該不動産の所有権の保存又は移転の登記をしようとするときは，当該認可地縁団体は，当該登記をすることについて異議のある当該不動産の表題部所有者若しくは所有権の登記名義人若しくはこれらの相続人又は当該不動産の所有権を有することを疎明する者（以下「登記関係者等」という。）は市町村長（当該認可地縁団体の区域を包括する市町村の長（規則第22条の2第1項）に対し異議を述べるべき旨の公告を求める旨を当該市町村長に申請することができるとされた（法第260条の38第1項）。

当該市町村長が当該公告を行い，登記関係者等が法第260条の38第2項の期間内に異議を述べなかった場合には，当該市町村長が当該公告をしたこと及び登記関係者等が同項の期間内に異議を述べなかったことを証する情報（以下「証する情報」という。）を当該認可地縁団体に提供することとされた（同条第4項）。

認可地縁団体は，証する情報を申請情報と併せて登記所に提供するときは，不動産登記法（平成16年法律第123号）第74条第1項の規定にかかわらず，証する情報に係る不動産の所有権の保存の登記を申請することができるとされる（法第260条の39第1項）とともに，不動産登記法第60条の規定にかかわらず，単独で証する情報に係る不動産の所有権の移転の登記を申請することができるとされた（法260条の39第2項）。

また，証する情報の様式は，別添のとお

りとされた（規則別記情報提供様式（第22条の4関係））。

第2 証する情報が提供された場合における所有権の保存又は移転の登記の申請があった場合の取扱い

1 所有権の保存の登記の申請における登記名義人となる者の住所の認定の方法

　証する情報が提供された場合における所有権の保存の登記の申請については，不動産登記令（平成16年政令第379号）別表28の項の適用はないため，同項添付情報欄ニの情報は提供されないが，同令第7条第1項第1号の当該法人の代表者の資格を証する情報として，法第260条の2第12項の証明書（規則別記台帳様式（第21条関係）。平成3年4月2日付け法務省民三第2246号当職通達別紙甲号の別紙。以下「台帳の写し」という。）が提供されるところ，当該証明書には，当該

申請における登記名義人となる認可地縁団体の主たる事務所の所在地が記載されているため，これをもって，その住所を認定する。

2 所有権の移転の登記の申請における登記原因（これを証する情報を含む。）及びその日付の認定

　証する情報が提供された場合における所有権の移転の登記の申請についても，前掲当職通達のとおり，原因を「委任の終了」とし，その日付を法第260条の2第1項の市町村長の認可の日とするほか，登記原因を証する情報は，台帳の写しとする。

（編注：別添の情報提供様式は省略しました。）

参 照

「登記研究」808号

54 認可地縁団体所有の不動産と登記の特例について

「認可地縁団体が所有する不動産に係る不動産登記法の特例の適用について」

(平成30年11月27日民二第649号第二課長依命通知)

先例

── 依命通知 ──────────

　標記について，本日付けで別添のとおり総務省自治行政局住民制度課長から各都道府県総務担当部局長宛てに通知が発出されたところ，当該通知において，「認可地縁団体が所有する不動産の登記名義人等に当該認可地縁団体が含まれている場合であっても，当該認可地縁団体以外の当該不動産の表題部所有者又は所有権の登記名義人の全てが当該認可地縁団体の構成員又はかつて当該認可地縁団体の構成員であった者であるときは，当該認可地縁団体が所有する当該不動産は「表題部所有者又は所有権の登記名義人の全てが当該認可地縁団体の構成員であった者であるもの」として，特例制度の対象となり得る」こととされました。

　つきましては，当該特例制度を適用した所有権の保存又は移転の登記の申請がされた場合には，この旨留意していただきますよう，貴管下登記官に周知方取り計らい願います。

189

総行住第198号
平成30年11月27日

各都道府県総務担当部局長　殿

総務省自治行政局住民制度課長
（公　　印　　省　　略）

認可地縁団体が所有する不動産に係る不動産登記法の特例の適用について（通知）

この度，地方自治法（昭和22年法律第67号）第260条の38及び第260条の39に規定する認可地縁団体が所有する不動産に係る登記の特例（以下「特例制度」という。）について，認可地縁団体が所有する不動産の表題部所有者（不動産登記法（平成16年法律第123号）第2条第10号に規定する表題部所有者をいう。）又は所有権の登記名義人（以下「登記名義人等」という。）当該認可地縁団体が含まれている場合についての当該特例制度の適用について照会がありました。

この点については，下記のとおり取り扱うことが適当であると考えられますので，貴職におかれましては，下記事項を御承知の上，貴都道府県内の市区町村に対してもこの旨周知くださるようお願いします。

なお，本通知は，地方自治法第245条の4第1項に基づく技術的助言であることを申し添えます。

記

認可地縁団体が所有する不動産の登記名義人等に当該認可地縁団体が含まれている場合であっても，当該認可地縁団体以外の当該不動産の表題部所有者又は所有権の登記名義人の全てが当該認可地縁団体の構成員又はかつて当該認可地縁団体の構成員であった者であるときは，当該認可地縁団体が所有する当該不動産は「表題部所有者又は所有権の登記名義人の全てが当該認可地縁団体の構成員であった者であるもの」として，特例制度の対象となり得ること。

参　照

「登記研究」858号

55 先例

遺産分割による代償譲渡を登記原因とすることの可否

「「遺産分割による代償譲渡」を登記原因とする所有権の移転の登記の可否について」

(平成21年3月13日民二第646号第二課長通知)

—— 通 知 ——

標記について，別紙甲号のとおり東京法務局民事行政部長から当職あて照会があり，別紙乙号のとおり回答したので，この旨管下登記官に周知方取り計らい願います。

—— 照 会 ——

(別紙甲号)

登記原因を「平成年月日遺産分割による代償譲渡」とした所有権の移転の登記の申請は受理されないものと考えますが，近時，最高裁判所第一小法廷において，遺産分割調停調書に，相続人が遺産取得の代償としてその所有する建物を他の相続人に譲渡する旨の条項がある場合において，上記調書を添付してされた上記建物の所有権の移転の登記申請につき，登記原因証明情報の提供を欠くことを理由に却下した処分を違法とした判断が示されていることから，いささか疑義がありますので照会します。

参考：最高裁判所平成20年12月11日第一小法廷判決

主 文

1 原判決を破棄し，第1審判決を取り消

す。

2 高知地方法務局登記官が平成18年10月5日付けでした上告人の同法務局同年9月11日受付第19865号所有権移転登記申請を却下する旨の決定を取り消す。

3 訴訟の総費用は被上告人の負担とする。

理 由

上告代理人南正の上告受理申立て理由について

1 本件は，登記義務者である上告人が，登記権利者と共同して，上告人名義の建物について所有権移転登記を申請したところ，高知地方法務局登記官から不動産登記法（以下「法」という。）61条所定の登記原因を証する情報（以下「登記原因証明情報」という。）の提供がないことを理由に申請を却下する旨の決定（以下「本件処分」という。）を受けたため，その取消しを求める事案である。

2 原審の適法に確定した事実関係の概要は，次のとおりである。

(1) 上告人ほか4名の相続人の間で，平成18年6月15日，高知家庭裁判所において遺産分割調停が成立し，第1審判決別紙のとおりの調停調書（以下「本件調書」という。）が作成された。

本件調書には，上告人が，被相続人

の遺産である土地を取得した代償とし
て、他の相続人2名（以下「本件譲受
相続人」という。）に対し、同年8月
末日限り、上告人所有の建物（以下「本
件建物」という。）を持分2分の1ず
つの割合で譲渡する旨の条項（以下「本
件条項」という。）がある。なお、本
件調書において、本件建物の譲渡は、
上告人の本件譲受相続人に対する代償
金支払義務があることを前提としてそ
の支払いに代えて行われるものとはさ
れておらず、また、その譲渡に関し、
本件譲受相続人から上告人に対して反
対給付が行われるものとはされていな
い。

(2)　上告人は、本件譲受相続人と共同し
て、平成18年9月11日、本件建物につ
き、登記原因及びその日付の記載を「平
成18年6月15日遺産分割による代償譲
渡」とし、登記原因証明情報として本
件調書を添付した所有権移転登記の申
請（以下「本件申請」という。）をした。

(3)　高知地方法務局登記官は、平成18年
10月5日、本件申請につき、添付され
た本件調書には登記の原因となる事実
又は法律行為（法5条2項）の記載が
なく、登記原因証明情報の提供がない
ことを理由として、法25条9号の規定
によりこれを却下する旨の本件処分を
した。

3　原審は、上記事実関係の下において、
本件処分は適法であると判断した。その
理由の要旨は、次のとおりである。

本件申請において登記原因証明情報と
して添付された本件調書中の本件条項に
は、上告人が遺産取得の代償として本件
建物を譲渡する旨が記載されているもの
の、それがいかなる法律行為によるもの
であるかが特定明示されていない。本件

条項をみても、本件建物の譲渡が有償で
あるか無償であるか、有償であるとして、
だれとの間でどのような対価関係に立つ
ものであるか等が必ずしも明らかではな
く、物権変動の原因となる法律行為の特
定がされているとは認められない。

したがって、本件調書には、登記の原
因となる法律行為を特定する記載がなく、
本件調書は登記原因証明情報とはなり得
ないので、本件申請は登記原因証明情報
の提供を欠くというべきである。

4　しかしながら、原審の上記判断は是認
することができない。その理由は、次の
とおりである。

前記事実関係によれば、本件条項によ
る合意は、上告人が遺産分割によって被
相続人の遺産である土地を取得する代償
として本件建物を本件譲受相続人に譲渡
することを内容とするものであり、その
譲渡は、代償金支払義務があることを前
提としてその支払に代えて行われるもの
とはされておらず、また、本件建物の譲
渡自体について本件譲受相続人から上告
人に対して反対給付が行われるものとは
されていないというのであるから、上記
の合意は、上告人が本件譲受相続人に対
し、遺産取得の代償として本件建物を無
償で譲渡することを内容とするものであ
るということができる。

そうすると、本件調書中の本件条項の
記載は、登記の原因となる法律行為の特
定に欠けるところがなく、当該法律行為
を証する情報ということができるから、
登記原因証明情報の提供を欠くことを理
由に本件申請を却下した本件処分は違法
というべきである。

5　以上と異なる原審の判断には、判決に
影響を及ぼすことが明らかな法令の違反
がある。論旨はこの趣旨をいうものとし

て理由があり，原判決は破棄を免れない。

そして，以上説示したところによれば，本件処分の取消しを求める上告人の請求は理由があるから，これを棄却した第一審判決を取り消し，上告人の請求を認容すべきである。

よって，裁判官全員一致の意見で，主文のとおり判決する。

（裁判長裁判官　泉　德治　裁判官　甲斐中辰夫　裁判官　涌井紀夫　裁判官　宮川光治）

――回　答――

（別紙乙号）

本月4日付け2不登1第40号をもって照会のあった標記の件については，貴見のとおりと考えます。

参　照

「民事月報」平成21年5月号
「登記研究」740号

メ　モ

最高裁判決は，添付された調停調書は登記原因証明情報として適法であり，登記原因証明情報の提供を欠くことを理由として本件申請を却下した処分は違法であると判断しているのみであり，「遺産分割による代償譲渡」という文言が登記原因として適法か否かについては判断しておりません。

登記実務では「遺産分割による贈与」（昭和40年12月17日民事甲第3433号），「遺産分割による売買」は認められていますので，本件も登記原因を「遺産分割による贈与」として申請すれば受理されるものと考えられます（参照：「登記研究」740号147頁）。

Ⅳ　所有権に関する登記

第三者のためにする契約

「第三者のためにする売買契約の売主から当該第三者への直接の所有権の移転の登記の申請又は買主の地位を譲渡した場合における売主から買主の地位の譲受人への直接の所有権の移転の登記の申請の可否について」

（平成19年1月12日民二第52号第二課長通知）

―― 通　知 ――――――――――

　標記について，別紙甲号のとおり規制改革・民間開放推進会議住宅・土地ワーキンググループ主査から当職あて照会があり，別紙乙号のとおり回答がされましたので，この旨貴管下登記官に周知方取り計らい願います。

―― 照　会 ――――――――――

（別紙甲号）

　甲を登記義務者，丙を登記権利者とし，別紙１又は別紙２の登記原因証明情報を提供して行われた甲から丙への所有権の移転の登記の申請は，他に却下事由が存在しない限り，いずれも受理されるものと考えて差し支えないか，照会します。

登記原因証明情報

1　登記の目的　　所有権移転
2　登記の原因　　平成18年11月1日売買
3　当　事　者　　権　　利　　者　　　　A市B町1丁目2番3号
　　　　　　　　　　　　　　　　　　　　（丙）　丙　野　太　郎
　　　　　　　　　義　　務　　者　　　　C市D町2丁目3番4号
　　　　　　　　　　　　　　　　　　　　（甲）　甲　山　一　郎
　　　　　　　　　5⑴の売買契約の買主　　E市F町3丁目4番5号
　　　　　　　　　　　　　　　　　　　　（乙）　乙　川　花　子
4　不動産の表示　　所　　在　　X市Y町Z丁目
　　　　　　　　　　地　　番　　7番9
　　　　　　　　　　地　　目　　宅地
　　　　　　　　　　地　　積　　123.45平方メートル
5　登記の原因となる事実又は法律行為
　⑴　甲は，乙との間で，平成18年10月1日，その所有する上記不動産（以下「本件不動産」という。）を売り渡す旨の契約を締結した。
　⑵　⑴の売買契約には，「乙は，売買代金全額の支払いまでに本件不動産の所有権の移転先となる者を指名するものとし，甲は，本件不動産の所有権を乙の指定する者に対し乙の指定及び売買代金全額の支払いを条件として直接移転することとする。」旨の所有権の移転先及び移転時期に関する特約が付されている。
　⑶　所有権の移転先の指定
　　　平成18年11月1日，乙は，本件不動産の所有権の移転先として丙を指定した。
　⑷　受益の意思表示
　　　平成18年11月1日，丙は甲に対し，本件不動産の所有権の移転を受ける旨の意思表示をした。
　⑸　平成18年11月1日，乙は，甲に対し，⑴の売買代金全額を支払い，甲はこれを受領した。
　⑹　よって，本件不動産の所有権は，平成18年11月1日，甲から丙に移転した。

平成18年11月5日　　○○法務局●●出張所　　御中
上記登記原因のとおり相違ありません。
　　　　　　　　　権　利　者　　　　　A市B町1丁目2番3号
　　　　　　　　　　　　　　　　　　　（丙）　丙　野　太　郎　　　印
　　　　　　　　　義　務　者　　　　　C市D町2丁目3番4号
　　　　　　　　　　　　　　　　　　　（甲）　甲　山　一　郎　　　印
　　　　　　　　　5⑴の売買契約の買主　E市F町3丁目4番5号
　　　　　　　　　　　　　　　　　　　（乙）　乙　川　花　子　　　印

登記原因証明情報

1　登記の目的　所有権移転
2　登記の原因　平成18年11月1日売買
3　当　事　者　権　利　者　A市B町1丁目2番3号
　　　　　　　　　　　　　（丙）　丙　野　太　郎
　　　　　　　義　務　者　C市D町2丁目3番4号
　　　　　　　　　　　　　（甲）　甲　山　一　郎
　　　　　　　買主の地位の譲渡人
　　　　　　　　　　　　　E市F町3丁目4番5号
　　　　　　　　　　　　　（乙）　乙　川　花　子
4　不動産の表示　所　在　X市Y町Z丁目
　　　　　　　　　地　番　7番9
　　　　　　　　　地　目　宅地
　　　　　　　　　地　積　123.45平方メートル
5　登記の原因となる事実又は法律行為
　(1)　甲は，乙に対し，平成18年10月1日，その所有する上記不動産（以下「本
　　件不動産」という。）を売り渡す旨の契約を締結した。
　(2)　(1)の売買契約には，「乙から甲への売買代金の支払いが完了した時に本件不動
　　産の所有権が乙に移転する。」旨の所有権の移転時期に関する特約が付されている。
　(3)　地位の譲渡契約
　　　乙は，丙との間で，平成18年10月11日，(1)の売買契約における買主とし
　　ての地位を丙に売買により譲渡する旨を約し，甲は，これを承諾した。
　(4)　代金の支払い
　　　平成18年11月1日，丙は，甲に対し，(1)の売買代金全額を支払い，甲はこ
　　れを受領した。
　(5)　よって，本件不動産の所有権は，平成18年11月1日，甲から丙に移転した。

平成18年11月5日　　○○法務局●●出張所　御中

上記登記原因のとおり相違ありません。
　　　　権　利　者　　　　　　A市B町1丁目2番3号
　　　　　　　　　　　　　　　（丙）　丙　野　太　郎　　印
　　　　義　務　者　　　　　　C市D町2丁目3番4号
　　　　　　　　　　　　　　　（甲）　甲　山　一　郎　　印
　　　　買主の地位の譲渡人　　E市F町3丁目4番5号
　　　　　　　　　　　　　　　（乙）　乙　川　花　子　　印

——回　答——

（別紙乙号）

　本月21日付け照会のあった標記の件については，いずれも貴見のとおりと考えます。

参　照

「民事月報」平成19年2月号
「登記研究」708号
「平成20年先例集」172頁

メ　モ

1　甲から乙，乙から丙へと所有権が移転しているにもかかわらず，甲から丙へ直接所有権移転登記をする中間省略登記は，法令の規定により認められている場合または確定判決による登記の申請の場合を除いて，従前から認められていないところです。

2　乙は甲所有の不動産を買う契約をしたが，特約で乙の指定する者（第三者）へ直接所有権を移転する旨の契約をすることもできます。これを「第三者のためにする契約」といいます（民法537条）。この場合，第三者の権利は，その第三者が売主である甲に対して契約の利益を享受する意思を表示した時に発生します。

3　買主の地位の譲渡とは，売買契約の当事者たる地位を譲渡することをいいます。たとえば，甲と乙で売買契約をしたが，売買代金の支払時に所有権が移転する旨の特約がされ，その代金の支払いをする前に，甲の承諾を得て，乙から丙へ買主の地位が譲渡された場合には，乙から丙へ買主の地位の譲渡は有効に成立します。その後，丙が甲に売買代金を支払

えば，不動産の所有権は甲から丙へ直接移転したことになります。

　従前は契約の当事者の地位の譲渡については明確な規定がありませんでしたが，一般的には認められていました。そして，今回，民法の一部改正により539条の2が追加され明確化されました。

4　第三者のための契約及び地位の譲渡は，従前から認められているものであり，これらは，実体上，所有権が直接，甲から丙へ移転するものであり，中間省略登記ではないので当然に認められるものであり，本通達は，そのことを確認したにすぎず中間省略登記を認めたものではありません。

法　令

○民法

第537条

①　契約により当事者の一方が第三者に対してある給付をすることを約したときは，その第三者は，債務者に対して直接にその給付を請求する権利を有する。

②　前項の契約は，その成立の時に第三者が現に存しない場合又は第三者が特定していない場合であっても，そのためにその効力を妨げられない。

③　第1項の場合において，第三者の権利は，その第三者が債務者に対して同項の契約の利益を享受する意思を表示した時に発生する。

第539条の2

　契約の当事者の一方が第三者との間で契約上の地位を譲渡する旨の合意をした場合において，その契約の相手方がその譲渡を承諾したときは，契約上の地位は，その第三者に移転する。

農地と「真正な登記名義の回復」

「「真正な登記名義の回復」を原因とする所有権移転登記の
申請と農地法第3条の規定による許可について」

（昭和40年12月9日民事甲第3435号民事局長通達）

標記の件について，別紙甲号のとおり，
和歌山地方法務局長から問合せがあり，別
紙乙号のとおり回答したから，この旨貴管
下登記官に周知方しかるべく取り計らわれ
たい。

──照　会──────────

（別紙甲号）

甲から乙に所有権移転登記のなされてい
る農地について，「真正な登記名義の回復」
を原因にし，登記上の従前の所有権登記名
義人でない者（丙）を登記権利者とする所
有権移転登記の申請をする場合には，従前
の所有権登記名義人の一人（甲）から登記
権利者（丙）に対する所有権の移転につい
ての農地法第3条の規定による許可があっ
たことを証する書面を提出すべきものと考
えますが，いささか疑義がありますので，
何分のご指示をお願いいたします。

──回　答──────────

（別紙乙号）

昭和40年11月19日付日記登第151号を
もって照会のあった標記の件については，
貴見のとおりと考える。

参　照

「登記研究」220号

メ　モ

相続による所有権移転登記がされている
場合には，登記原因証明情報の内容によっ
ては農地法の許可書の添付は要しません
（後掲58の平成24年7月25日民二第1906号
第二課長通知）。

58 先例

相続登記がされている農地についての真正な登記名義の回復を原因とする場合の手続

「相続による所有権の移転の登記がされている農地について真正な登記名義の回復を登記原因として他の相続人に所有権を移転する登記の申請に関する農地法所定の許可書の提供の要否等について」

（平成24年7月25日民二第1906号第二課長通知）

─通　知─

標記について，別紙甲号のとおり仙台法務局民事行政部長から当職宛てに照会があり，別紙乙号のとおり回答しましたので，この旨貴管下登記官に周知方お取り計らい願います。

なお，昭和40年9月24日付け民事甲第2824号民事局長回答及び同年12月9日付け民事甲第3435号民事局長通達*のうち，別紙乙号の回答と抵触する部分は，変更されたものとして了知願います。

─照　会─

（別紙甲号）

相続による所有権の移転の登記がされている農地について，真正な登記名義の回復を登記原因として，他の相続人に所有権の移転の登記を申請する場合の農地法（昭和27年法律第229号）所定の許可書の提供の要否については，不動産登記法（平成16年法律第123号）においては，登記原因証明情報の内容として事実関係（相続登記が誤っていること，申請人が相続により取得した真実の所有者であること等）又は法律行為（遺産分割等）が記録されていれば，

当該許可書を提供することを要しないものと考えますが，いささか疑義がありますので，照会します。

あわせて，この場合における昭和52年8月22日付け第4239号民事局第三課長依命通知「時効取得を原因とする農地の所有権移転登記等の申請があった場合の取扱いについて」による農業委員会宛ての通報については，これを要しないものと考えますが，その要否につきましても，照会します。

─回　答─

（別紙乙号）

本月9日付け総第112号をもって照会のありました標記の件については，前段及び後段共に貴見のとおりと考えます。

参照

「民事月報」平成24年11月号
「登記研究」784号

メモ

* 前掲57に掲載しています。

判決による農地（現況宅地）の所有権移転の登記申請と農地法の許可書の添付の要否

「弁護士法第23条の2に基づく照会（判決による農地の所有権移転の登記申請における農地法の許可書の添付の要否）について」

（平成6年1月17日民三第373号第三課長回答）

――照　会――

不動産登記簿上の地目は畑で，現況宅地である土地についての所有権移転登記手続に関する次の事項につき，ご回答いただきたい。

1　事例

売買契約当時には不動産登記簿上の地目が畑であった土地を宅地とする目的で買い受け，これが現況宅地となっている場合について，所有権移転登記を命ずる給付判決に基づいて所有権移転登記をする手続に関し，次の事項につきご回答いただきたい。なお，この土地には，買主を権利者として，「農地法第5条の許可」を条件とする条件付所有権移転仮登記がされています。

2　照会内容

(1)　現在の登記実務においては，不動産登記簿の記載上農地である土地を対象とするものであっても，農地法の許可等の条件を付さずに売買を原因とする所有権移転登記手続をすることを命ずる給付判決に基づいて，その移転登記を申請する場合には，農地法所定の許可書を申請書に添付する必要はないとされているようですが，このように考えて差し支えありませんか。

(2)　前記事例の場合において，農地法の許可等を条件とせずに所有権移転登記手続をすることを命ずる給付判決が前記の仮登記に基づく本登記手続をすることを命ずるものではないときは，この判決に基づく農地法所定の許可書を申請書に添付することなく，所有権移転登記の申請は認められると考えますが，このように考えて差し支えありませんか。

(3)　また，前記事例の場合において，前記の仮登記に基づく所有権移転の本登記手続をすることを命ずる給付判決を得て，この判決に基づいて，農地法第5条の許可書を申請書に添付することなく，前記の仮登記に基づく本登記の申請をした場合にも，この申請は認められると考えますが，いかがでしょうか。この場合に，判決の理由中の判断では，目的の土地は，非農地であるとの認定がされることになり，不動産登記簿に記載されている，「農地法第5条の許可」という条件の記載は法律上意味のない文言と考えられ，前記のよ

うに，農地法第5条の許可書を添付することなく，この給付判決に基づく申請は認められると考えますが，いかがでしょうか。

——回　答————————

照会事項(1)，(2)及び(3)について

昭和22年10月13日民事甲第840号民事局長回答によれば，所有権移転登記手続を命ずる判決の理由中に農地法所定の許可がされている旨又は当該土地が農地又は採草放牧地以外の土地であって，農地法第3条又は第5条の規定による権利移動の制限の対象ではない旨の認定がされている場合であれば，登記申請書には，農地法所定の許可を証する書面を添付することを要しないも

のであり，このことは，当該土地につき，農地法所定の許可を条件とする条件付所有権移転仮登記がされているかどうかを問わず，また，そのような仮登記に基づき本登記手続を命ずる判決により登記を申請する場合も，同様です。

なお，判決理由中に当該土地が農地又は採草放牧地以外の土地である旨の認定がされている場合には，所有権移転登記の申請に先立って地目変更の登記をすることを要するものと考えます。

参　照

「民事月報」平成6年9月号
「登記研究」563号
「平成9年先例集」58頁

Ⅳ　所有権に関する登記

60 通達

相続人に対する農地の特定遺贈の場合の取扱い

「農地法施行規則の一部を改正する省令の施行に伴う不動産登記事務の取扱いについて」

（平成24年12月14日民二第3486号民事局長通達）

　農地法施行規則の一部を改正する省令（平成24年農林水産省令第60号。以下「改正省令」という。）が本日公布され，施行されましたが，これに伴う不動産登記事務の取扱いについては，下記の点に留意するよう，貴管下登記官に周知方取り計らい願います。

　なお，昭和43年３月２日付け民事（三）第170号法務省民事局第三課長回答及び昭和52年12月27日付け民三第6278号法務省民事局第三課長回答は，本通達により変更されたものとして，了知願います。

記

　改正省令により，農地法施行規則（昭和27年農林省令第79号）第15条第５号の規定が改正され，農地法（昭和27年法律第229号）第３条第１項本文の規定による農地又は採草放牧地の権利移動の制限の対象の例外を定める同項ただし書，第16号に規定する農林水産省令で定める場合として，「相続人に対する特定遺贈」が加えられた。

　したがって，相続人を受遺者とする農地又は採草放牧地の特定遺贈による所有権の移転の登記については，添付情報として，農業委員会の許可を受けたことを証する情報の提供をすることを要せず，登記原因の日付は，民法（明治29年法律第89号）第985条の規定により当該特定遺贈の効力が生じた日となる。

参照

「民事月報」平成25年２月号
「登記研究」782号

メモ

　従前から相続及び包括遺贈による農地の権利移動の場合には農地法３条１項の許可を要しないとされていましたが，農地法施行規則15条５号の規定の改正により，相続人対する特定遺贈の場合は，実質的に相続と同じであるから，農地法３条１項の許可を要しないとされました。

61

所有権移転の更正登記の登記義務者

「所有権登記名義人の更正登記について」

(昭和36年10月14日民事甲第2604号民事局長回答)

先例

─── 照　会 ───────────

　前所有権登記名義人甲及び現所有権登記名義人乙，丙から，乙，丙共有名義になされた所有権移転登記につき，登記権利者を乙，登記義務者を甲，丙とし，かつ，錯誤を登記原因として乙の単独所有名義とする更正登記申請があった場合，受理してさしつかえないと考えますが，いささか疑義がありますので，何分の御垂示賜りたくお伺いいたします。

　なお，単独所有名義でなされた所有権の登記を共有名義とする更正登記も，右と同様に解してさしつかえないかどうか，併せて御教示賜りたく，お願いいたします。

─── 回　答 ───────────

　昭和36年９月21日付登第220号で問合せ

のあった標記の件については，前段，後段いずれも貴見のとおりと考える。

メ　モ

（前段について）

　甲から乙・丙の共有名義とされた登記を乙の単独名義とする場合の更正登記は受理できますが，その場合の登記義務者は前所有者である甲と現所有権の登記名義人である丙となります。

（後段について）

　単独所有名義でなされた登記を共有名義に更正することも可能ですが，その場合にも前所有権の登記名義人である甲は登記義務者となります。

Ⅳ　所有権に関する登記

203

62

先例

売買による所有権移転登記の更正登記の義務者

「更正登記の登記義務者について」

（昭和40年8月26日民事甲第2429号民事局長回答）

――照　会――

　甲から乙への売買による所有権移転登記を，錯誤を原因として乙，丙の持分，各2分の1あての共有の登記に更正登記を申請する場合の登記義務者は，甲及び乙と解して取り扱っていますが，乙のみを登記義務者とする申請も受理してさしつかえないと考えますが疑義がありますので何分のご垂示を仰ぎたくお伺いいたします。

――回　答――

　昭和40年6月25日付登第305号をもって

問合せのあった標記の件については，貴見による取扱いはできないものと考える。

参　照

「登記研究」215号

メ　モ

　本回答は，前掲61の昭和36年10月14日民事甲第2604号民事局長回答の取扱いを再確認したものと思います。

63 先例

持分の更正登記と利害関係人

「登記事務の取扱いについて」

(昭和47年5月1日民事甲第1765号民事局長回答)

── 照　会 ──

　甲の持分3分の1，乙の持分3分の2とする所有権移転の登記後，甲・乙共有の所有権を目的とする丙の抵当権設定の登記がなされている土地で，甲の持分を3分の2，乙の持分を3分の1とする所有権の更正の登記については，前記丙は登記上の利害関係人に該当しないと考えますが，疑義がありますので，至急何分のご指示をたまわりたくお伺いします。

── 回　答 ──

　昭和46年11月5日付総第5966号をもって照会のあった標記の件については，貴見のとおりと考える。

参　照

「登記研究」347号

メ　モ

　本件のように甲・乙共有の持分全体（または甲の持分（3分の1）のみ）に抵当権が設定されている場合に，甲持分3分の2，乙持分3分の1とする所有権の更正の登記をしても抵当権の及ぶ範囲は変動がありませんので抵当権者は利害関係人にはなりません。しかし，乙の持分（3分の2）のみに抵当権が設定されている場合に乙の持分を3分の1と更正する登記をすることは抵当権の及ぶ範囲が縮減するため抵当権者は利害関係人となります。

　持分の更正登記は，持分が増える人を登記権利者，持分が減る人を登記義務者として更正の登記を申請します。前の所有者は申請人にはなりません。

　なお，持分の更正登記をしても申請人は新たに登記名義人となるわけではないので，登記識別情報は通知されません。

用益権に関する登記

64 先例

共有持分に対する賃借権設定の仮登記は受理できない

「共有持分に対する賃借権設定の仮登記申請の受否について」

（昭和48年10月13日民三第7694号民事局長回答）

───伺 い───────────

標記について，別紙のとおり東京司法書士会長から照会があり，当職は当該登記申請は受理すべきでないと考えますが，いささか疑義がありますので，何分のご指示を願います。

（別紙）

東京発第70号

　　　昭和47年12月12日

　　　　　東京司法書士会々長　高　瀬　武　市

東京法務局

　　局　長　　池　川　良　正　殿

　　　　　共有持分に対する賃借権の仮登記申請の取扱いについて

　首題の件につき，賃借権の債権性に関連して若干の疑義を残しても，従来は貴局各出張所において仮登記申請を受理されて参りましたところ，最近に至り右申請を受理しない貴局出張所の一部がある旨会員より報告を受けました。

　共有持分の賃借権は，その性格上用益権と認められますが，嘱託人においては，その利用度も相当に高く評価され，嘱託事件も多いため，会員もこの取扱方に困惑し，弊会も会員の業務指導上混乱を来しております。

　よって，本件については貴局において従来のようなお取扱いを致されますように，何分のご指示を賜りたく，尚，あるいは，法解釈上疑義がありますれば，その旨管下各支局出張所に事務取扱統一方宜しくお取計らいいただきたく，併せてお願い申し上げます。

──回　答─────────────

　本年 2 月 8 日付登第94号で照会のあった標記の件については，貴見のとおりと考える。

参　照

　「民事月報」昭和48年12月号
　「登記研究」313号

メ　モ

　本件は，賃借権設定の仮登記について回答されていますが，仮登記に限らず共有持分に対しては賃借権の設定登記は受理されないということです。それは，賃借権は物を使用・収益することですから持分を使用・収益することは不可能であるためです。

数筆を合わせて借賃を定めた賃借権設定の場合

「数筆を合わせて借賃を定めた賃借権設定登記の受否について」

(昭和54年4月3日第三課長電信回答)

――照　会――

　借賃を「何番の土地，何番の土地，合計金何円」と記載した賃借権設定の登記の申請は不登法第49条第2号により却下すべきであると考えますが，いささか疑義がありますので折り返し電信をもって御指示願います。

――回　答――

　本年3月6日電信をもって照会のあった標記の件については，不動産登記法第49条第4号*により却下するのを相当と考える。

参　照

「登記研究」377号

メ　モ

　＊　現行は法25条5号です。

66 ゴルフ場所有を目的とする地上権設定登記の申請は受理できる

「ゴルフ場所有を目的とする地上権設定登記の可否について」

先例

(昭和47年9月19日民三第447号第三課長回答)

── 照　会 ──

鹿島建設株式会社札幌支店長より別紙のとおり照会があり，小職としては，地上権の目的となしうる，工作物・竹木等の諸施設によって構成されるゴルフ場は，これを一個の工作物と考え，ゴルフ場所有を目的とする地上権設定登記を受理してさしつかえないと考えるが，些か疑義があり決しかねますので，これが可否につき何分のご指示賜りたく，お伺いします。

(別紙)

御高承のとおり地上権は工作物または竹木所有を目的とする土地使用収益権でありますが，他人の土地に芝付，植林，切土，盛土等の人口的工作を加え，砂地・池・溝渠・給水管を付着せしめ，かつ休憩，給食建屋を設置して，特定または不特定多数の者に対して球戯の用に供する総体的遊戯施設としてのいわゆるゴルフ場は，民法第265条の工作物として観念し，地上権設定の利用目的たり得るか貴局の見解をお伺いいたします。

── 回　答 ──

5月1日付札総第158号をもって照会のあった標記の件については，貴見のとおり取り扱ってさしつかえないものと考える。

参照

「登記研究」299号

スキー場所有を目的とする地上権設定登記の申請は受理できる

「スキー場所有を目的とする地上権設定登記の可否について」

（昭和58年8月17日民三第4814号第三課長依命回答）

──── 照　会 ────

松下興産株式会社社長より別紙のとおり照会があり，小職としては，ゴルフ場所有を目的とする地上権設定登記申請と同様，受理してさしつかえないものと考えますが，些か疑義があり決しかねますので，これが可否につき何分のご指示を賜りたく，お伺いします。

（別紙）

昭和58年4月15日

　　　　　　　松下興産株式会社

　　　　　　　　代表取締役　関根　恒雄

大阪法務局

　局長　柏原　允　殿

　スキー場所有を目的とする地上権設定登記の可否について

（お伺い）

御高承のとおり地上権は，工作物または竹木所有を目的とする土地使用収益権であ

りますが，他人の土地に切土，盛土等の整地，芝付の工作を加え，溝渠，リフト施設等を付着せしめ，かつ休憩，給食建屋を設置して，特定または不特定多数の者に対して滑走の用に供する総体的遊戯施設としてのいわゆるスキー場，民法第265条の工作物として観念し，地上権設定の利用目的たり得るか貴局の見解をお伺いいたします。

──── 依命回答 ────

本年4月25日付け不登第206号をもって民事局あて照会のあった標記の件については，貴見のとおり取り扱って差し支えないものと考えます。

参　照

「登記研究」436号
「平成9年先例集」70頁

68 先例 通行地役権設定の目的

「弁護士法第23条ノ2に基づく照会について（地役権設定の目的の記載について）」

(昭和59年10月15日民三第5157号第三課長回答)

──照 会──────

第1，別添登記目録記載の如く（目録省略），通行地役権設定登記に際して，承役地の通行方法を「徒歩及び軽自動車による通行」と限定して登記することが，現行不動産登記手続上可能か否か。

第2，かりに第1記載の登記が可能だとした場合，「徒歩及び軽自動車（長さ382センチメートル以下，幅153センチメートル以下，高さ137センチメートル以下の小型自家用乗用車1台）による通行」という形で，軽自動車の大きさ（長さ，幅，高さ）及び台数を限定した形の登記が現行不動産登記手続上可能か否か。

第3，別添登記目録記載のとおり（目録省略），地役権設定登記の「目的」欄に「水道管の埋設」という目的を掲げることは，現行不動産登記手続上可能か否か。

──回 答──────

客年9月7日付け発第83の559号をもって照会のあった件については，下記のとおり回答します。

記

第1 登記できる。

第2 登記できない。

第3 登記できる。

参 照

「登記研究」445号

V 用益権に関する登記

213

通　知

標記について，別紙甲号のとおり東京法務局民事行政部長から当職宛てに照会があり，別紙乙号のとおり回答しましたので，貴管下登記官に周知方お取り計らい願います。

照　会

（別紙甲号）

登記記録上存続期間が満了している地上権又は賃借権（以下「地上権等」という。）の移転の登記については，受理することができず，実体上，存続期間が延長されている場合には，まず存続期間の変更の登記をした上で，地上権等の移転の登記を申請すべきであるとされています（昭和35年5月18日付け民事甲第1132号民事局長通達）。そして，地上権等の存続期間の変更が，借地借家法（平成3年法律第90号）第5条第2項又は同法附則第6条の規定によりなお従前の例によるとされる場合の借地法（大正10年法律第49号）第6条第1項若しくは第7条の規定に基づく法定更新によるときは，更新後の契約の条件は，存続期間を除き，従前と同一であるとみなされることか

ら，この場合の地上権等の変更の登記は，存続期間について変更をすることとなります。

これは，地上権等が区分建物の敷地利用権である場合にも同様であると解されますが，この場合には，地上権等が準共有となり，地上権等の存続期間の変更の登記の申請に係る登記権利者が多数となることから，全ての登記権利者を申請人として登記の申請をすることが事実上困難となるときもあるため，一部の準共有者が登記権利者として申請することができるかどうかが問題となります。

この点，当該存続期間の変更が，法定更新によるときは，その変更の内容は法定されており，一部の準共有者に保存行為（民法（明治29年法律第89号）第252条ただし書）としての登記の申請を認めても，他の準共有者に不利益を及ぼすことはありません。また，存続期間の変更は，一部の準共有者の持分についてだけ登記の申請をすることはできないとされています。

以上のことから，その登記申請は，民法第252条ただし書の保存行為に該当すると考えられ，地上権設定者全員とともに，地上権等の準共有者の一部の者から，当該申請をすることができると考えますが，いさ

さか疑義がありますので，照会します。

<hr>—回　答————————————

（別紙乙号）

本月5日付け2不登1第1号をもって照

会のありました標記の件については，貴見
のとおり取り扱って差し支えありません。

参　照

登記研究850号

登記記録上存続期間が満了している地上権を敷地権とする区分建物の所有権移転登記の受否について

「登記記録上存続期間が満了している地上権を敷地権とする区分建物の所有権の移転の登記の受否について」

（平成30年10月16日民二第490号第二課長通知）

── 通　知 ──

標記について，別紙甲号のとおり神戸地方法務局長から当職宛てに照会があり，別紙乙号のとおり回答しましたので，この旨貴管下登記官に周知方お取り計らい願います。

── 照　会 ──

（別紙甲号）

登記記録上存続期間が満了している地上権の移転の登記については，受理することができず，実体上，当該地上権の存続期間が延長されている場合には，まず存続期間の変更の登記をした上で，当該地上権の移転の登記を申請すべきであるとされています（昭和35年5月18日付け民事甲第1132号民事局長通達。以下「昭和35年通達」という。）。

昭和35年通達では，建物の所有を目的とする地上権について，登記記録上の存続期間経過後，登記原因日付を期間経過後の日付として地上権の移転の登記の申請があった場合は，借地法（大正10年法律第49号）第17条第1項ただし書の規定により，登記官は当該地上権が消滅していることを形式

上判断することができるので，平成16年法律第123号による改正前の不動産登記法（明治32年法律第24号）第49条第2号の規定（現在の不動産登記令（平成16年政令第379号）第20条第8号の規定）により却下すべきものとされています。

このことから，登記記録上存続期間が満了している地上権を敷地権とする区分建物については，一般に敷地利用権と区分建物とを分離して処分することができないため（不動産登記法（平成16年法律第123号）第44条第1項第9号，建物の区分所有等に関する法律（昭和37年法律第69号）第22条第1項本文），当該区分建物の所有権の移転の登記をすることができないとも考えられるところです。

しかしながら，借地借家法（平成3年法律第90号）第5条第2項において，借地権の存続期間が満了した後，借地権者が土地の使用を継続するときは，建物がある場合に限り，原則として，従前の契約を更新したものとみなされていることからすれば，区分建物については，当該区分建物の登記記録等が現に効力を有するものとして存在する以上，当該区分建物が現に存在することを前提にすべきであり，かつ，当該地上権について同項に定める更新がされていな

いと取り扱うことは相当ではなく，登記官は敷地権である地上権が消滅したと形式的に判断することはできないと考えられます。

昭和58年度法務局・地方法務局首席登記官会同における建物の区分所有に関する法律及び不動産登記法上の一部を改正する法律（昭和58年法律第51号）に係る登記事務の取扱いに関する質疑応答において，「存続期間が満了した地上権（賃借権）を敷地権として取り扱ってよいか。」との質疑に対して「差し支えない。ただし，変更登記を促すのが相当である。」との回答がされている趣旨も上記と同旨であると考えられます。

以上のことから，登記記録上存続期間が満了している地上権を敷地権とする区分建物の所有権の移転の登記が申請されたときは，当該登記の申請情報及び添付情報から当該区分建物の敷地権が消滅していることが明らかな場合を除き，当該登記をするこ

とができるものと考えますが，いささか疑義がありますので，照会します。

また，敷地権が賃借権であった場合も同様と考えられますので，併せて照会します。

―― 回 答 ――

（別紙乙号）

本年9月6日付け不発第198号をもって照会のありました標記の件については，いずれも貴見のとおり取り扱われて差し支えありません。

なお，登記記録上存続期間が満了している地上権については，併せて存続期間の変更の登記を促すことが望ましいものと考えます。

参 照

「登記研究」852号

―― 依命通知 ――

標記について，別紙甲号のとおり農林水産省農村振興局長から民事局長宛て照会があり，別紙乙号のとおり回答がされましたので，この旨貴管下登記官に周知方お取り計らい願います。

―― 照　会 ――

（別紙甲号）

今般，都市農地の貸借の円滑化に関する法律（平成30年法律第68号）が本年9月1日から施行されることに伴い，同法第4条第1項の認定を受けた事業計画に従って賃借権又は使用貸借による権利（以下「賃借権等」という。）が設定される場合並びに同法第11条において準用する特定農地貸付けに関する農地法等の特例に関する法律（平成元年法律第58号）第3条第3項の承認を受けた者が，特定都市農地貸付けの用に供するため賃借権等の設定を受ける場合及び特定都市農地貸付けによって賃借権等を設定する場合には，それぞれ都市農地の貸借の円滑化に関する法律第8条第1項及び第12条第1項の規定により農地法（昭和27年法律第229号）第3条第1項本文の規定が適用されない特例措置が講じられることとなっているところです。

これに伴い，同認定及び同承認に係る賃借権の設定の登記の申請をするときは，別途通知において定める別紙様式1により市町村長が発行する認定書及び別紙様式2により農業委員会が発行する承認書を当該登記の申請情報と併せて提供することとすることについて，登記手続上差し支えないか照会します。

差し支えない場合は，貴管下法務局及び地方法務局に対し周知方依頼します。

別紙様式1

申請者
（主たる事務所）
（名称・代表者氏名）

　平成　　年　　月　　日付けをもって認定申請のあった別記土地に係る事業計画について，都市農地の貸借の円滑化に関する法律第4条第3項の規定により認定する。

平成　　年　　月　　日

市町村長名

（別記）

記

所　在	地　番	地　目		地　積 （㎡）	権利の種類	所有者	
		登記簿	現況			住所	氏名

別紙様式2

○○○指令第○○○号

　　　　　　　　　　　　　　　　　　申請者
　　　　　　　　　　　　　　　　　　　（主たる事務所）
　　　　　　　　　　　　　　　　　　　（名称・代表者氏名）

　　平成　　年　　月　　　日付けをもって都市農地の貸借の円滑化に関する法律第11条において準用する特定農地貸付けに関する農地法等の特例に関する法律第3条第1項の規定による承認申請のあった別記土地に係る特定都市農地貸付けについてこれを行うことを承認する。

　　平成　　年　　月　　　日

　　　　　　　　　　　　　　　　　　　　　　　　○○○農業委員会会長

（別記）

記

所　在	地　番	地　目		地　積（㎡）	権利の種類	所有者	
		登記簿	現況			住所	氏名

──回　答──

（別紙乙号）
　本年8月24日付け30農振第1626号をもって照会のありました標記の件については，貴見のとおり取り扱われて差し支えありません。

　なお，この旨法務局長及び地方法務局長に通知しましたので，申し添えます。

参　照

「登記研究」852号

220

担保権に関する登記

72

所有権または共有持分の一部について抵当権設定登記の申請は受理できない

通達

「共有持分の一部を目的とする抵当権設定登記について」

（昭和35年6月1日民事甲第1340号民事局長通達）

標記に関し，別紙甲号のとおり水戸地方法務局長から問合せがあり，別紙乙号のとおり回答したので，この旨貴管下登記官吏に周知方しかるべく取り計らわれたい。

──照　会──

（別紙甲号）

共有持分の一部を目的とする抵当権設定の登記申請は先例（大正8年6月11日民事甲第1907号）により受理さしつかえないものとされているが，その登記簿の記載について，例えば，共有者5名のうち甲の持分（5分の1）の一部（2分の1）に順位第1番の抵当権設定の登記がなされ，更に順位第2番で右1番以外の残持分（2分の1）を抵当権の目的とする場合の登記簿の記載については左記のとおりでさしつかえないか。

いささか取扱いに疑義もありますので何分の御教示を賜りたくお伺いいたします。

記

（順位第1番）

共有者甲の持分5分の1のうち2分の1を目的とする抵当権設定

　昭和　年　月　日受付第　　　号

　　以下抵当権設定登記事項省略

（順位第2番）

共有者甲の持分5分の1のうち順位第1番の目的である2分の1以外の持分2分の1を目的とする抵当権設定

　昭和　年　月　日受付第　　　号

　　以下抵当権設定登記事項省略

──回　答──

（別紙乙号）

昭和34年12月23日付日記不登第3294号で問合せのあった標記の件については，所有権（又は共有持分）の一部を目的とする抵当権は成立しないものと解されるので，その設定の登記は受理すべきでないと考える。

したがって，右に抵触する明治32年12月22日付民刑第2080号民刑局長回答及び所問で引用の大正8年6月11日付民事甲第1907号民事局長回答は，いずれも変更されたものと了知されたい。

参　照

「民事月報」昭和25年7月号

「登記研究」153号

「平成15年先例集」91頁

参考先例

後掲の 73 の昭和58年4月4日民三第2252号民事局長通達

同一名義人につき数個の持分取得の登記がある場合，その持分についての抵当権設定と持分の移転登記の方法

「同一名義人につき数個の持分取得の登記がある場合の登記事務の取扱いについて」

（昭和58年4月4日民三第2252号民事局長通達）

標記の件について，別紙甲号のとおり東京法務局長から照会があり，別紙乙号のとおり回答したから，この旨貴管下登記官に周知方取り計らわれたい。

──── 照　会 ────

（別紙甲号）

　別紙不動産につき，甲区5番で登記された持分を目的とする抵当権の設定及び当該持分の移転の登記については，左記のとおり取り扱って差し支えないものと考えますが，いささか疑義がありますので，何分のご指示を賜りたくお伺いします。

　　　　　　　　　　　　記

1　抵当権の設定登記について

　甲区5番で登記された持分全部を目的とするものに限り受理して差し支えない。右の登記については，その目的を「B持分一部（順位5番で登記した持分）の抵当権設定」の振合によることとし，当該申請書に添付すべきBの権利に関する登記済証は，目的たる持分の取得の際の登記済証で足りる。

2　持分の移転登記について

　甲区5番で登記された持分の移転登記の目的は，「B持分一部（順位5番で登記した持分）移転」の振合いによることとし，当該申請書に添付すべきBの権利に関する登記済証は，目的たる持分の取得の際の登記済証で足りる。

別紙
（甲区）

1	所有権保存	A
2	所有権一部移転 持分　1/10	B
	（3・4省略）	
5	A持分一部移転 持分　1/10	B
	（6・7省略）	
8	C持分全部移転 持分1/10	B
	（以下省略）	

（乙区省略）

──回　答────────────

（別紙乙号）

　昭和55年 7 月 4 日付け二不登 1 第633号
をもって照会のあった標記の件については，
貴見のとおり取り扱って差し支えないもの
と考える。

参　照

「民事月報」昭和58年 8 月号

「登記研究」428号
「平成 9 年先例集」74頁

参考先例

　前掲の72の昭和35年 6 月 1 日民事甲第
1340号民事局長通達

74
通達

設定者を異にする共同抵当権の変更登記の方法

「設定者を異にする共同抵当権の変更登記の申請の受否について」

（昭和41年4月21日民事甲第1119号民事局長通達）

標記の件について，別紙甲号のとおり東京法務局長から問合せがあり，別紙乙号のとおり回答したのでこの旨貴管下登記官に周知方しかるべく取り計らわれたい。

── 照　会 ──────────

（別紙甲号）

甲，乙各自所有の不動産を共同担保とした抵当権の変更（更正を含む。）登記を同一の申請書をもって申請した場合は，便宜，受理してさしつかえないものと考えますが，昭和35年12月9日付民事甲第3106号貴職回答の次第もあり決しかねますので，

何分のご指示を賜りたくお伺いします。

── 回　答 ──────────

（別紙乙号）

昭和41年2月25日付登第93号をもって問合せのあった標記の件については，貴見のとおり取り扱ってさしつかえないものと考える。

参　照

「登記研究」223号

VI　担保権に関する登記

225

混同による抵当権抹消登記

「混同を登記原因として抵当権の抹消登記を申請する場合における登記済証の添付の要否について」

（平成2年4月18日民三第1494号民事局長通達）

標記の件について，別紙甲号のとおり東京法務局長から照会があり，別紙乙号のとおり回答したので，この旨貴管下登記官に周知方取り計られたい。

─ 照 会 ─

（別紙甲号）

混同を登記原因とする抵当権抹消の登記申請書には，登記権利者（所有権の登記名義人）及び登記義務者（抵当権者）が同一人の場合であっても，登記義務者の権利に関する登記済証の添付を要するものと考えますが，昭和34年2月23日付け民事三発第152号徳島地方法務局管内登記官吏会同決議に対する民事局変更指示の次第もあり，決しかねますので，お伺いします。

─ 回 答 ─

（別紙乙号）

本月10日付け2不登1第440号をもって照会のあった標記の件については，貴見のとおりと考える。

おって，昭和34年2月23日付け民事三発第152号民事局変更指示は，この回答によって変更されたものと了知されたい。

参 照

「民事月報」平成2年5月号
「登記研究」510号
「平成9年先例集」84頁

メ モ

混同を登記原因として抵当権の抹消登記を申請する際には，登記義務者の登記済証または登記識別情報の提供が必要ですが，登記原因証明情報の提供については，混同であることは登記記録上明らかなため不要とされています（「登記研究」690号質疑応答）。

オンライン申請による債務者の氏名等の変更等の登記の特例

「不動産登記令附則第5条第1項の規定による（根）抵当権の債務者の氏名若しくは名称又は住所についての変更の登記又は更正の登記の申請における同条第4項の規定に基づく書面に記載された登記原因を証する情報を記録した電磁的記録の提供の要否について」

（平成20年3月19日民二第950号第二課長通知）

―通　知―

標記について，別紙甲号のとおり東京法務局民事行政部長から当職あて照会があり，別紙乙号のとおり回答したので，この旨管下登記官に周知方取り計らい願います。

―照　会―

（別紙甲号）

不動産登記令附則第5条第1項の規定による（根）抵当権の債務者の氏名若しくは名称又は住所についての変更の登記又は更正の登記の申請において，市町村長，登記官その他の公務員が職務上作成した情報を登記原因を証する情報とする場合には，同条第4項の規定に基づく書面に記載された登記原因を証する情報を記録した電磁的記録の提供がないときであっても，不動産登記規則附則第22条第2項に規定する不動産登記法第64条の登記に準じて受理して差し支えないと考えますが，いささか疑義がありますので照会します。

―回　答―

（別紙乙号）

本月17日付け日記第176号をもって照会のあった標記の件については，貴見のとおりと考えます。

参　照

「登記研究」725号

法　令

○法第64条（登記名義人の氏名等の変更の登記又は更正の登記等）

① 登記名義人の氏名若しくは名称又は住所についての変更の登記又は更正の登記は，登記名義人が単独で申請することができる。

② 抵当証券が発行されている場合における債務者の氏名若しくは名称又は住所についての変更の登記又は更正の登記は，債務者が単独で申請することができる。

○令附則第5条（添付情報の提供方法に関する特例）

① 電子情報処理組織を使用する方法により登記の申請をする場合において，添付情報（登記識別情報を除く。以下同じ。）が書面に記載されているときは，第10条

及び第12条第2項の規定にかかわらず，当分の間，当該書面を登記所に提出する方法により添付情報を提供することができる。

② 及び③　省略

④　第1項の規定により書面を提出する方法により当該登記原因を証する情報を提供するときは，法務省令で定めるところにより，申請情報と併せて当該書面に記載された情報を記録した電磁的記録を提供しなければならない。この場合においては，第12条第2項の規定は，適用しない。

○規則附則第22条

①　省略

②　令附則第5条第4項の電磁的記録の提供は，法第64条の登記以外の登記につき，同項の書面に記載された情報のうち登記原因の内容を明らかにする部分についてすれば足りる。

③　省略

メ　モ

　登記名義人の氏名若しくは名称または住所についての変更の登記または更正の登記については，登記原因を証する情報を記録した電磁的記録を申請情報と併せて送信することは要しない（規則附則22条2項）とされていますが，登記名義人ではない抵当権者の債務者の氏名若しくは名称または住所の変更の登記または更正の登記についても同様な取扱いでよいと回答されました。

77 先例

相続または会社合併後の原因に基づく抵当権の抹消

「抵当権登記の抹消について」

（昭和32年12月27日民事甲第2440号民事局長回答）

──照 会──

相続又は会社合併による抵当権移転の登記未了の場合，相続又は会社合併を証する書面を添付したときは，相続又は会社合併後弁済にかかるものでも，抵当権移転登記の申請をさせないで直ちに抵当権抹消の登記はできないでしょうか。

──回 答──

昭和32年10月29日付庶第3385号をもって問合せのあった標記の件については，相続又は会社合併による抵当権の承継の登記をした上で，抵当権抹消の登記を申請すべきものと考える。

参 照

「民事月報」昭和33年2月号
「登記研究」123号
「平成15年先例集」101頁

メ モ

本件は，相続または会社合併の後に抹消原因が生じた場合ですが，これとは逆に，抹消原因が生じた後に抵当権者について相続または会社合併が生じた場合には，相続または会社合併を証する情報を提供して，抵当権移転の登記をすることなく抹消登記を申請することになります。

VI 担保権に関する登記

担保権の登記がある土地または建物の合筆または合併後に提供する登記識別情報について

「担保権の登記がある土地又は建物について合筆の登記又は建物の合併の登記がされた後,当該担保権の登記名義人を登記義務者として登記の申請をする場合に提供すべき登記識別情報について」

(平成19年10月15日民二第2205号第二課長通知)

通　知

　標記について,別紙甲号のとおり名古屋法務局民事行政部長から当職あて照会があり,別紙乙号のとおり回答したので,この旨管下登記官に周知方取り計らい願います。

照　会

(別紙甲号)

　担保権の登記がある土地又は建物について合筆の登記又は建物の合併の登記がされた後,当該担保権の登記名義人を登記義務者として登記の申請をする場合に提供すべき登記識別情報は,合筆の登記又は建物の合併の登記後に存続する土地又は建物の登記記録に記録されている担保権の登記名義人についての登記識別情報で足りると考えますが,いささか疑義がありますので照会します。

回　答

　本月9日付け不登第521号をもって照会のあった標記の件については,貴見のとお

りと考えます。

参　照

「民事月報」平成19年11月号
「登記研究」720号
「平成20年先例集」162頁

メ　モ

　登記識別情報は登記名義人及び物件ごとに異なっています。したがって,合筆前には,合筆前の物件の数×登記名義人の数の登記識別情報があります。また,合筆がされたからといっても,担保権に関しては新たな登記識別情報が通知されるわけではありません。

　そこで,当該担保権の登記名義人を登記義務者として登記の申請をする場合(たとえば,抵当権の抹消登記等)には,どの登記識別情報を提供すればよいのかが疑問になったものと思われますが,合筆または合併の登記後に存続する土地または建物の登記記録に記録されている担保権の登記識別情報で足りるとされました。

79 休眠担保権の抹消について

「不動産登記法の一部改正に伴う登記事務の取扱いについて」

(昭和63年7月1日民三第3456号民事局長通達)

通達

　不動産登記法及び商業登記法の一部を改正する法律（昭和63年法律第81号）及び不動産登記法及び商業登記法の一部を改正する法律の施行に伴う関係政令の整備等に関する政令（昭和63年政令第224号）の一部並びに不動産登記法施行細則の一部を改正する省令（昭和63年法務省令第32号）が本年7月1日から施行されるので，これに伴う不動産登記事務の取扱いについては，下記の諸点に留意されたく，この旨貴管下登記官に周知させ，その事務の処理に遺憾のないよう取り計らわれたい。

　なお，本通達中，「法」とあるのは改正後の不動産登記法を，「旧法」とあるのは改正前の不動産登記法を，「令」とあるのは改正後の登記手数料令を，「細則」とあるのは改正後の不動産登記法施行細則を，「旧細則」とあるのは改正前の不動産登記法施行細則をいう。

第1及び第2　省略

第3　担保権に関する登記の抹消手続の特例

1　先取特権，質権又は抵当権に関する登記の抹消については，登記権利者が，登記義務者の行方の知れないことにより，

登記義務者とともにその登記の抹消を申請することができない場合において，債権の弁済期から20年を経過し，かつ，申請書にその期間の経過した後に債権，利息及び債務の不履行により生じた損害の全額に相当する金銭を供託したことを証する書面を添付したときは，登記権利者のみでその登記の抹消を申請することができることとされた（法第142条第3項後段 *1）。

2　1は，登記義務者が法人である場合についても適用がある。この場合において，法人の「行方不明」とは，当該法人について登記簿に記載がなく，かつ，閉鎖登記簿が廃棄済みであるため，その存在を確認することができない場合等をいう。

3　供託をしたことを証する書面は，供託書正本又は供託に関する事項を証明した書面（供託規則第40条）とする。この書面は，登記簿に記載されている債権，利息及び損害金の全額に相当する金銭の供託をしたことを証するものでなければならない。

4　1により登記の抹消を申請するには，登記義務者の行方の知れないことを証する書面を提出しなければならないこととされた（細則第45条前段 *2）。この書面は，

231

登記義務者が自然人であるときは，登記義務者が登記簿上の住所に居住していないことを市区町村長が証明した書面[*3]又は登記義務者の登記簿上の住所に宛てた被担保債権の受領催告書が不到達であったことを証する書面で差し支えない。また，登記義務者が法人であるときは，申請人が当該法人の所在地を管轄する登記所等において調査した結果を記載した書面（申請人の印鑑証明書を添付したもの）で差し支えない。

5　1により登記の抹消を申請するには，債権の弁済期を証する書面を提出しなければならないこととされた（細則第45条後段[*4]。この書面は，金銭消費貸借契約証書，弁済猶予証書等当事者間で作成したもののほか，これらの書面が当初から存在せず又はこれを提出することができないときは，弁済期についての債務者の申述書（債務者の印鑑証明書を添付したもの）でも差し支えない。

　　ただし，当該登記に債権の弁済期が記載されている場合（不動産登記法施行細則等の一部を改正する省令（昭和39年法務省令第48号）附則第5条の規定により朱抹されている場合を含む。）には，この書面を添付する必要がない。

6　1による抹消の登記原因は「弁済」，その日付は供託の効力が生じた日とする。

7　法第142条第3項前段[*5]の規定により登記の抹消を申請する場合においても，登記義務者の行方の知れないことを証する書面を提出しなければならないこととされた（細則第45条前段[*2]）。この書面についても，4と同様である。

第4及び第5　省略

参　照

「登記研究」487号

メ　モ

＊1　現行は法70条3項後段です。

＊2　現行は令別表の26の項添付情報欄ニ(3)です。

＊3　「不在住証明書」は，市区町村によっては発行してないところもありますので注意してください。

＊4　現行は令別表の26の項添付情報欄ニ(1)です。

＊5　現行は法70条3項前段です。

・現在では，休眠担保権の抹消については法70条3項によって規定されています。その場合の提供する添付情報については令別表の26の項添付情報欄ニに規定されています。

休眠担保権の抹消と所在を知れない場合の取扱い

「不動産登記法第142条第3項後段の規定による登記の申請の取扱いについて」

（昭和63年7月1日民三第3499号第三課長依命通知）

── 依命通知 ──

不動産登記法及び商業登記法の一部を改正する法律（昭和63年法律第81号）及び不動産登記法及び商業登記法の一部を改正する法律の施行に伴う関係政令の整備等に関する政令（昭和63年政令第224号）の一部並びに不動産登記法施行細則の一部を改正する省令（昭和63年法務省令第32号）の施行に伴う登記事務の取扱いについては，本日付け法務省民三第3456号民事局長通達（以下「通達」という。）に示されたところであるが，このうち標記の事項については，更に下記の点に留意するよう貴管下登記官に周知方しかるべく取り計らわれるよう通知します。

記

第1　登記義務者の行方不明を証する書面

1　登記義務者が自然人である場合

通達に示された被担保債権の受領催告書が不到達であったことを証する書面（通達第3の4）は，配達証明付郵便によることを要する。

なお，通達に示された書面のほか，警察官が登記義務者の所在を調査した結果を記載した書面又は民生委員が登記義務者がその登記簿上の住所に居住していないことを証明した書面で差し支えない*。

2　登記義務者が法人である場合

通達に示された申請人の調査書（通達第3の4）は，少なくとも，申請人又はその代理人が，当該法人の登記簿上の所在地を管轄する登記所において，当該法人の登記簿若しくは閉鎖登記簿の謄本若しくは抄本の交付又はこれらの登記簿の閲覧を申請したが，該当の登記簿又は閉鎖登記簿が存在しないため，その目的を達することができなかった旨を記載したものでなければならない。

第2　債権の弁済期を証する書面等

1　登記簿上割賦弁済の定めの記載がある担保権の登記の抹消申請の場合

最終の割賦金の支払時期を債権の弁済期とする。

2 不動産登記法の一部を改正する法律
（昭和39年法律第18号）による改正前の
不動産登記法の規定に基づいてされた担
保権の登記で，債権の弁済期の記載がな
いものの抹消申請の場合

上記の法改正後，登記の移記又は転写
がされているものであるときは，債権の
弁済期を証する書面として，当該不動産
の閉鎖登記簿の謄本を提出することを要
する。この場合において，当該登記が当
初から債権の弁済期の記載がないもので
あるときは，債権の成立の日（登記に債
権の成立の年月日の記載がない場合は，
その担保権の設定の日）を債権の弁済期
とする。

3 根抵当権又は根質権に関する登記の抹
消申請の場合

被担保債権の弁済期は，元本の確定の
日とみなすものとする。この場合，元本
の確定の日は，元本の確定の登記がある
とき又は登記簿上元本が確定したことが
明らかであるとき（民法第398条ノ6第
4項，第398条ノ20第1項第2号，第3号，
第5号参照）は，その記載により，それ
以外の場合には，当該担保権の設定の日
から3年を経過した日（民法第398条ノ
19参照）を元本の確定の日とみなすもの
とする。

第3 債権の弁済期から20年を経過した
後に債権，利息及び債務の不履行に
よって生じた損害の全額に相当する金
銭の供託をしたことを証する書面

1 利息又は損害金に関する定めの記載が
ない担保権（根抵当権及び根質権を除
く。）の登記の抹消申請の場合

(1) 当該登記に利息に関する定め，損害
金に関する定めのいずれの記載もない
ときは，年6分の割合による利息及び
損害金に相当する金銭をも供託したこ
とを証する書面でなければならない。

(2) 当該登記に損害金に関する定めの記
載はないが，利息に関する定めの記載
があるときは，その利率による利息及
び損害金に相当する金銭をも供託をし
たことを証する書面でなければならな
い。

(3) 当該登記に損害金に関する定めのみ
の記載があるときは，年6分の割合に
よる利息及び定められた利率による損
害金に相当する金銭をも供託をしたこ
とを証する書面でなければならない。

2 一個の債権の一部についての担保権の
登記の抹消申請の場合

当該債権の全額並びにこれに対する利
息及び損害金の全額に相当する金銭を供
託したことを証するものでなければなら
ない。

3 根抵当権又は根質権に関する登記の抹
消申請の場合

(1) 当該登記に利息及び損害金に関する
定めの記載があるときは，極度額並び
にこれに対する登記簿に記載された率
による当該担保権の設定の日から元本

の確定の日までの利息及びその翌日以
降の損害金の全額に相当する金銭を供
託したことを証する書面とするものと
する。
  (2)　当該登記に利息又は損害金に関する
定めの記載がないときは，極度額に相
当する金銭のほか，1に従い利息及び
損害金に相当する金銭をも供託したこ
とを証する書面でなければならない。

4　債権，利息及び損害金の全額を供託し
たことを証する書面を添付しない場合

  (1)　供託をした日より前に債権の一部を
弁済したことを証する受取証書と債権
の弁済期から20年を経過した後に残余
の債権を供託したことを証する書面を
併せ添付して，登記の抹消申請があっ
た場合は，法定の要件に適合した書面
が添付されていないから，当該申請を
却下すべきである。
  (2)　供託をした日より前に弁済の提供を
したが，その受領を拒絶されたとして，
損害金として，債権の弁済期から供託
をした日までの分全額に充たない金銭
を供託した旨の記載がある書面を添付
して登記の申請があった場合は，決定
の要件に適合した書面が添付されてい
ないから，当該申請を却下すべきであ
る。

第4　登記原因証書等

登記の申請人が供託をした場合における
供託書正本で，抹消を申請する担保権の登
記の表示（不動産，債権及び抵当権者の各
表示）がされているものは，登記原因を証
する書面としての適格を有する。

なお，上記の適格を有しない供託書正本
であっても，同一の債権につきした供託で
あることが明らかであるものは，供託をし
たことを証する書面として取り扱って差し
支えない。

参　照

「登記研究」487号

メ　モ

＊　第1の登記義務者の行方不明を証す
る書面として，1のなお書で「警察官
が登記義務者の所在を調査した結果を
記載した書面又は民生委員が登記義務
者がその登記簿上の住所に居住してい
ないことを証明した書面で差し支えな
い。」とされていますが，実際には警
察官及び民生委員にこれらの証明書の
発行を求めるのは無理があるでしょう。

81

先例

根抵当権の債権の範囲とファクタリング取引契約

「根抵当権の担保すべき債権の範囲の定め方について」

（昭和55年9月17日民三第5421号第三課長回答）

──照　会──────────

　根抵当権の担保すべき債権の範囲を左記のとおり定めた根抵当権設定登記の申請は受理して差し支えないと考えますが，疑義がありますので御指示願いたく照会します。
　　　　　　　　　記
昭和　年　月　日ファクタリング取引契約による債権
　手形債権　小切手債権

──回　答──────────

　本年3月11日付け2登(1)第166号をもって照会のあった標記の件については，貴見のとおりと考えます。

「登記研究」402号

根抵当権の確定後の追加設定

「根抵当権の確定後の追加設定契約による共同根抵当権設定登記申請について」

(平成元年9月5日民三第3486号第三課長回答)

── 照　会 ──

　根抵当権の債務者について相続が開始し，6か月内に民法第398条の9第2項*による合意の登記をしなかったため確定したと看做される根抵当権に，確定後の追加設定契約による共同根抵当権設定登記申請は，同法第398条の2の趣旨から受理すべきでないと考えますが，いささか疑義がありますので何分の御指示をお願いします。

── 回　答 ──

　本年7月21日付け不登第480号をもって

照会のあった標記の件については，貴見のとおりと考えます。

参　照

「民事月報」平成元年10月号
「登記研究」503号
「平成9年先例集」86頁

メ　モ

　＊現行は民法398条の8第2項です。

根抵当権者が会社分割した場合の抹消登記

「元本の確定前に根抵当権者を分割会社とする会社分割が
あった場合の根抵当権に関する登記について」

（平成14年12月25日民二第3214号第二課長通知）

───通 知─────────

標記の件について，別紙甲号のとおり名
古屋法務局民事行政部長から当職あて照会
があり，別紙乙号のとおり回答したので，
この旨貴管下登記官に周知方取り計らい願
います。

───照 会─────────

（別紙甲号）

根抵当権の抹消，変更又は追加設定に係
る登記の申請書に添付された書面又は商業
登記簿の謄抄本の記載から，当該根抵当権
者について，根抵当権の元本確定前に会社
分割があったことが判明する場合でも，当
該申請を受理せざるを得ないものと考えま

すが，当該登記の前提として，会社分割を
原因とする根抵当権の一部移転の登記が必
要であるとする意見もあり，いささか疑義
がありますので照会します。

───回 答─────────

（別紙乙号）

本年12月20日付け不登第892号をもって
照会のあった標記の件については，貴見の
とおりと考えます。

参 照

「登記研究」664号
「平成15年先例集」114頁

根抵当権者からの元本の確定の登記，賃借権の先順位抵当権に優先する同意の登記等

「担保物権及び民事執行制度の改善のための民法等の一部を改正する法律の施行に伴う不動産登記事務の取扱いについて」

（平成15年12月25日民二第3817号民事局長通達）

担保物権及び民事執行制度の改善のための民法等の一部を改正する法律（平成15年法律第134号。以下「改正法」という。）により，民法，不動産登記法等の一部が改正され，平成16年4月1日から施行されることとなったので，これに伴う不動産登記事務の取扱いについては，下記の点に留意するよう貴管下登記官に周知方取り計らい願います。

記

第1 賃借権の先順位抵当権に優先する同意の登記

1 改正法による改正後の民法（明治29年法律第89号。以下「新民法」という。）第387条第1項の規定により，抵当権設定後の賃貸借につき登記がされ，かつ，これに優先する抵当権を有するすべての者（以下「総先順位抵当権者」という。）がこれに対抗力を与えることに同意し，その同意につき登記がされたときは，その賃借権は抵当権者に対抗することができるとされた。

2 1の同意の登記は，当該賃借権の権利者（賃借人）を登記権利者，総先順位抵当権者を登記義務者とする共同申請により行う。

総先順位抵当権者が1の同意をするには，当該賃借権に優先する抵当権を目的とする権利を有する者（転抵当権者等）など，総先順位抵当権者の同意により不利益を受けるべき者がある場合には，その者の承諾を得ることを要するとされた（新民法第387条第2項）。したがって，1の同意の登記の申請書には，不動産登記法（明治32年法律第24号。以下「不登法」という。）第35条第1項第4号の規定により，同意により不利益を受けるべき者の承諾があったことを証する書面（印鑑証明書付き）を添付しなければならない。

3 1の同意を与えた総先順位抵当権者は，当該賃借権登記の賃借人に有利な変更登記について，不登法第56条第1項の「登記上利害ノ関係ヲ有スル第三者」に当たるので，その変更登記の申請に当たっては，総先順位抵当権者の承諾書（印鑑証明書付き）又はこれに対抗することができる裁判書の謄本を添付しなければならない。

4 新民法第387条の規定は，改正法の施行前に設定された賃借権についても適用される（改正法附則第5条参照）。

5 登録免許税については，賃借権及び抵
当権の件数1件につき1000円とされた
（改正法による改正後の登録免許税法（昭
和42年法律第35号）別表第一の第一号（六
の四））。

第2 敷金の登記

1 総先順位抵当権者の同意により賃借権
に対抗力を与える制度の創設に伴い，不
動産競売における買受人が引き受けるべ
き賃借権の内容を明確にし，また，高額
の敷金の差し入れの仮装等による執行妨
害を排除するため，賃借権の設定又は賃
借物の転貸の登記について敷金が登記事
項とされた（改正法による改正後の不登
法（以下「新不登法」という。）第132条
第1項*）。

2 新不登法第132条第1項の規定は，改
正法の施行前に登記された賃貸借の敷金
については，適用しないとされた（改正
法附則第7条）。

第3 根抵当権の元本の確定の登記

1 新民法第398条ノ19第2項及び第3項
の規定により，根抵当権者は，元本確定
期日の定めがある場合を除き，いつでも
元本の確定を請求することができ，この
請求があったときは，その時に元本が確
定するとされた。この根抵当権者からの
確定請求は，根抵当権設定者からの確定
請求（同条第1項）の場合とは異なり，
根抵当権設定時から3年が経過したこと
は必要ない。

2 1の確定請求による元本確定の登記に
ついては，新不登法第119条ノ9の規定
により，新民法第398条ノ19第2項の規
定による請求をしたことを証する書面を

申請書に添付する場合には，根抵当権者
が単独で申請することができるとされた。

1の確定請求権は，根抵当権設定者の
確定請求権と同様に，私法上の形成権で
あり，根抵当権者の意思表示が相手方（当
該根抵当権の設定者）に到達した時にそ
の効力が生ずる。この請求をしたことを
証する書面は，元本の確定を請求する旨
のほか，当該請求に係る根抵当権の設定
登記がされた物件の表示並びに当該設定
登記の申請書の受付年月日及び受付番号
が記載されたもので，かつ，当該請求が
配達証明付き内容証明郵便により行われ
たことを証するものでなければならない。

3 改正法により，改正前の民法（以下「旧
民法」という。）第398条ノ20第1項第1
号が削られ，また，金融機関等が有する
根抵当権により担保される債権の譲渡の
円滑化のための臨時措置に関する法律
（平成10年法律第127号。以下「臨時措置
法」という。）が廃止された（改正法附
則第15条第2号）。これに伴い，「金融機
関等が有する根抵当権により担保される
債権の譲渡の円滑化のための臨時措置に
関する法律の施行に伴う不動産登記事務
の取扱いについて」（平成10年10月23日
付け法務省民三第2068号当職通達）は，
廃止する。

ただし，改正法の施行前に臨時措置法
第3条の規定により根抵当権の担保すべ
き元本につき旧民法第398条ノ20第1項
第1号に規定する場合に該当するものと
みなされた場合における臨時措置法第4
条の登記の申請については，なお従前の
例によるとされた（改正法附則第17条）。
この場合には，根抵当権者は，改正法の
施行後も，臨時措置法第4条の規定に従
い元本の確定の登記の申請をすることが
できることとなるので，この場合の不動

産登記事務の取扱いについては，なお従前の例によるものとする。

第4　登記の記載

　第1の1の同意の登記及び第2の1の敷金の登記の記載は，それぞれ別紙記載例の振り合いによるものとする。

別紙記載例（編注：記録例は平成28年6月8日民二第386号民事局長通達によるものです。）

1　賃借権の先順位抵当権に優先する同意の登記（民法387条第1項関係）

権利部　（乙区）　　（所有権以外の権利に関する事項）			
順位番号	登記の目的	受付年月日・受付番号	権利者その他の事項
1 (5)	抵当権設定	（事項省略）	（事項一部省略） 抵当権者　何市何町何番地 　　株式会社何商会
2 (5)	抵当権設定	（事項省略）	（事項一部省略） 抵当権者　何市何町何番地 　　何　某
3 (5)	根抵当権設定	（事項省略）	（事項一部省略） 根抵当権者　何市何町何番地 　　株式会社何銀行
4 (5)	賃借権設定	（事項省略）	（事項一部省略） 賃借権者　何市何町何番地 　　何　某
5	4番賃借権の1番抵当権、2番抵当権、3番根抵当権に優先する同意	平成何年何月何日 第何号	原因　平成何年何月何日同意

2　敷金がある場合の賃借権の設定

権利部　（乙区）　　（所有権以外の権利に関する事項）			
順位番号	登記の目的	受付年月日・受付番号	権利者その他の事項
1	賃借権設定	平成何年何月何日 第何号	原因　平成何年何月何日設定 賃料　1月何万円 支払時期　毎月末日 存続期間　何年 敷金　金何万円 特約　譲渡、転貸ができる 賃借権者　何市何町何番地 　　何　某

*　現行法は法81条4号です。

VI　担保権に関する登記

メモ

本通達は，①賃借権の先順位抵当権に優先する同意の登記，②敷金の登記，③根抵当権の元本の確定の登記についての通達ですが，いずれも重要な項目であり，特に③の根抵当権の元本の確定の登記に関しては重要な通達となります。

民法398条の19第2項の規定により請求をしたことを証する情報を提供する場合には（令別表の61の項の添付情報欄），根抵当権者が単独で元本確定の登記を申請することができるとされました。

具体的には，根抵当権設定者に対する配達証明付き内容証明郵便となります。もし，設定者が共有の場合には，登記記録に記録されている共有者全員に対して通知をしなければならないとされています（「登記研究」698号257頁）。

また，所有者の異なる複数の不動産の場合には，全部の不動産の設定者に通知をすることになります。その場合，元本確定の日付は，各根抵当権設定者に通知が到達した日のうち最も遅い日となります（「登記研究」698号261頁）。

配偶者居住権

85

配偶者居住権

通達

「民法及び家事事件手続法の一部を改正する法律の施行に伴う不動産登記事務の取扱いについて（配偶者居住権関係）」

（令和2年3月30日民二第324号民事局長通達）

── 通 達 ──

民法及び家事事件手続法の一部を改正する法律（平成30年法律第72号。以下「改正法」という。）の施行に伴う不動産登記事務の取扱いについては，令和元年6月27日付け法務省民二第68号当職通達「民法及び家事事件手続法の一部を改正する法律の施行に伴う不動産登記事務の取扱いについて」*1のほか，配偶者居住権及び配偶者短期居住権の新設等に関し，下記の点に留意するよう，貴管下登記官に周知方お取り計らい願います。

なお，配偶者居住権及び配偶者短期居住権の新設等に係る改正法の施行期日は，本年4月1日とされています。

おって，本通達中，「法」とあるのは改正法による改正後の民法（明治29年法律第89号）をいいます。

記

1　本通達の趣旨

本通達は，改正法の施行に伴う配偶者の居住権を保護するための方策（配偶者居住権及び配偶者短期居住権の新設等）に関し，不動産登記事務の取扱いにおいて留意すべき事項を明らかにしたもので

ある。

2　民法改正関係（配偶者の居住権を保護するための方策）

(1)　配偶者居住権

ア　配偶者居住権の成立要件

被相続人の配偶者（以下，単に「配偶者」という。）は，被相続人の財産に属した建物に相続開始の時に居住していた場合において，次のいずれかに該当するときは，その居住していた建物（以下「居住建物」という。）の全部について無償で使用及び収益をする権利（以下「配偶者居住権」という。）を取得するとされた（法第1028条第1項本文）。

一　遺産の分割によって配偶者居住権を取得するものとされたとき（同項第1号）。

二　配偶者居住権が遺贈の目的とされたとき（同項第2号）

ただし，被相続人が相続開始の時に居住建物を配偶者以外の者と共有していた場合にあっては，この限りでないとされた（同項ただし書）。

なお，被相続人と配偶者との間で締結した配偶者に配偶者居住権を取

得させる旨の死因贈与契約によっても配偶者居住権は成立する（法第554条，法第1028条第1項第2号）。

また，配偶者が相続開始の時に居住建物の一部に居住していた場合であっても配偶者居住権は成立し，その効力は居住建物の全部に及ぶこととなる。

配偶者居住権の遺贈又は死因贈与がされた場合において，これが婚姻期間が20年以上の夫婦間においてされたものであるときは，当該遺贈又は死因贈与は，原則として特別受益とは取り扱われないこととされた（法第1028条第3項において準用する法第903条第4項）。

イ　審判による配偶者居住権の取得

遺産の分割の請求を受けた家庭裁判所は，次に掲げる場合に限り，配偶者が配偶者居住権を取得する旨を定めることができるとされた（法第1029条柱書）。

一　共同相続人間に配偶者が配偶者居住権を取得することについて合意が成立しているとき（同条第1号）。

二　配偶者が家庭裁判所に対して配偶者居住権の取得を希望する旨を申し出た場合において，居住建物の所有者の受ける不利益の程度を考慮してもなお配偶者の生活を維持するために特に必要があると認めるとき（前記一に掲げる場合を除く。）（同条第2号）。

ウ　配偶者居住権の存続期間

配偶者居住権の存続期間は，配偶者の終身の間とされる（法第1030条本文），遺産の分割の協議若しくは遺言に別段の定めがあるとき，又は

家庭裁判所が遺産の分割の審判において別段の定めをしたときは，その定めるところによるとされた（同条ただし書）。

なお，配偶者居住権の存続期間が定められた場合には，その延長や更新をすることはできない。

エ　配偶者居住権の登記等

居住建物の所有者は，配偶者（本項，オ及びカにおいて，配偶者居住権を取得した配偶者に限る。）に対し，配偶者居住権の設定の登記を備えさせる義務を負うとされ（法第1031条第1項），また，配偶者居住権は，これを登記したときは，その後にその不動産について物権を取得した者その他の第三者に対抗することができるとされた（同条第2項において準用する法第605条（第三者に対する妨害停止請求及び返還請求について法第605条の4））。

オ　配偶者による居住建物の使用及び収益

配偶者は，従前の用法に従い，善良な管理者の注意をもって，居住建物の使用及び収益をしなければならないとされた（法第1032条第1項本文）。ただし，従前居住の用に供していなかった部分について，これを居住の用に供することを妨げないとされた（同項ただし書）。

また，配偶者居住権は，譲渡することができず（同条第2項），配偶者は，居住建物の所有者の承諾を得なければ，居住建物の改築若しくは増築をし，又は第三者に居住建物の使用若しくは収益をさせることができないとされた（同条第3項）。

なお，配偶者が居住建物の所有者

245

の承諾を得て第三者に居住建物の使
用又は収益をさせた場合において，
居住建物の所有者は，配偶者との間
の配偶者居住権が合意により消滅し
たことをもって当該第三者に対抗す
ることができないとされた（法第
1036条において準用する法第613条
第3項）。

カ　配偶者居住権の消滅

配偶者居住権の存続期間が定めら
れたときは，配偶者居住権は，その
存続期間が満了することによって消
滅するとされ（法第1036条において
準用する法第597条第1項），また，
配偶者居住権は，配偶者の死亡に
よって消滅するとされた（法第1036
条において準用する法第597条第3
項）。

居住建物の全部が滅失その他の事
由により使用及び収益をすることが
できなくなった場合には，配偶者居
住権は，これによって消滅するとさ
れた（法第1036条において準用する
法第616条の2）。

配偶者が居住建物の使用及び収益
に係る法第1032条第1項又は同条第
3項の規定に違反した場合において，
居住建物の所有者が相当の期間を定
めてその是正の催告をし，その期間
内に是正がされないときは，居住建
物の所有者は，当該配偶者に対する
意思表示によって配偶者居住権を消
滅させることができるとされた（法
第1032条第4項）。

なお，居住建物が配偶者の財産に
属することとなった場合であっても，
他の者がその共有持分を有するとき
は，配偶者居住権は，消滅しないと
された（法第1028条第2項）。

(2)　配偶者短期居住権

配偶者は，被相続人の財産に属した
建物に相続開始の時に無償で居住して
いた場合には，一定の要件及び期間の
下で，配偶者短期居住権を有するとさ
れた（法第1037条）。

なお，配偶者短期居住権を有する配
偶者による居住建物の使用，配偶者居
住権の取得による配偶者短期居住権の
消滅等について，法第1038条から法第
1041条までにおいて規定されている。

配偶者短期居住権については，対抗
要件制度は設けられていないことから，
配偶者短期居住権の設定等を内容とす
る登記は申請することができない。

(3)　経過措置

配偶者居住権及び配偶者短期居住権
に関する規定は，その施行の日（本年
4月1日）以後に開始した相続につい
て適用され，同日前に開始した相続に
ついては，なお従前の例によるとされ
た（改正法附則第10条第1項）。

また，配偶者居住権に関する規定は，
その施行の日（本年4月1日）前にさ
れた遺贈については適用しないことと
された（同条第2項）。

3　不動産登記法改正関係

登記することができる権利として，不
動産登記法（平成16年法律第123号。以
下「不登法」という。）第3条第9号に
配偶者居住権が加えられるとともに，第
81条の2が新設され，配偶者居住権の登
記の登記事項として，不登法第59条各号
に掲げるもののほか，次のとおりとされ
た（改正法附則第26条）。

一　存続期間（改正法による改正後の不
登法（以下「改正不登法」という。）
第81条の2第1号）

二 第三者に居住建物（法第1028条第1
項に規定する居住建物をいう。）の使
用又は収益をさせることを許す旨の定
めがあるときは，その定め（改正不登
法第81条の2第2号）

なお，配偶者居住権の設定の登記の仮
登記が可能であることは，他の権利の場
合と同様である。

(1) 配偶者居住権の設定の登記

ア 登記の申請

(ア) 配偶者居住権の設定の登記の申
請は，居住建物の所有者を登記義
務者とし，配偶者居住権を取得し
た配偶者を登記権利者とする共同
申請によることとなる。

なお，配偶者が遺贈によって配
偶者居住権を取得した場合におい
て，遺言執行者があるときは，当
該遺言執行者は，配偶者居住権の
設定の登記について，登記義務者
の立場から，その資格において当
該登記を申請することができるも
のと解される。この登記申請には，
遺言執行者の資格を証する情報
（代理権限証明情報）として，遺
言執行者として指定されたことを
証する適法な遺言書又は家庭裁判
所で選任されたことを証する書面
の提供を要する。

(イ) 配偶者居住権の設定の登記の申
請は，居住建物の所有者を登記義
務者とし，配偶者居住権を取得し
た配偶者を登記権利者とする共同
申請によることとなるため（上記
(ア)参照），配偶者居住権の設定の
登記を申請するに当たっては，そ
の前提として，被相続人が所有権
の登記名義人である居住建物につ
いて，相続や遺贈を原因とする所

有権の移転の登記がされている必
要がある。

なお，この所有権の移転の登記
の申請について，遺贈を原因とす
る場合等であって，遺言執行者が
あるときは，当該遺言執行者は，
登記義務者の立場から，その資格
において当該登記を申請すること
となる。この登記申請において提
供する遺言執行者の資格を証する
情報（代理権限証明情報）は，上
記(ア)のとおりである。

また，居住建物が被相続人と配
偶者以外の者との共有である場合
には，配偶者居住権は成立しない
ことから（上記2の(1)ア参照），
このような場合における配偶者居
住権の設定の登記を申請すること
ができないことに留意する必要が
ある。

(ウ) 遺産分割の審判において，配偶
者が配偶者居住権を取得すると定
められ，かつ，登記義務者である
居住建物の所有者に配偶者居住権
の設定の登記手続をすべきことが
命ぜられている場合（家事事件手
続法（平成23年法律第52号）第
196条）には，当該審判に基づき，
登記権利者である当該配偶者居住
権を取得した配偶者が単独で配偶
者居住権の設定の登記を申請する
ことができること（不登法第63条
第1項）は，他の家庭裁判所の審
判によるものと同様である。

イ 申請情報等

(ア) 配偶者居住権が成立するために
は，配偶者が被相続人所有の建物
に相続開始の時に居住していたこ
とを要するところ（法第1028条第

1項），当該要件に係る登記原因を証する情報（以下「登記原因証明情報」という。）としては，必ずしも当該配偶者の住民票の写し等の提供を要せず，提供された登記原因証明情報中にその旨が明らかになっていれば，これによって差し支えない。

　また，配偶者居住権を取得することができる配偶者は，相続開始の時に法律上被相続人と婚姻をしていた者に限られるところ，当該要件に係る登記原因証明情報としては，必ずしも被相続人の住民票の除票の写し等の提供を要せず，提供された登記原因証明情報中にその旨が明らかになっていれば，これによって差し支えない。

(イ)　配偶者居住権は，居住建物について配偶者に配偶者居住権を取得させる旨の遺産分割，遺贈又は死因贈与がされたことによって成立するとされており（法第1028条第1項，法第554条），特定財産承継遺言（遺産の分割の方法の指定として遺産に属する特定の財産を共同相続人の一人又は数人に承継させる旨の遺言（法第1014条第2項）。いわゆる相続させる旨の遺言のうち遺産の分割の方法の指定がされたもの。）によって配偶者居住権を取得することはできない。もっとも，「遺贈」を登記原因とする配偶者居住権の設定の登記の申請において，配偶者に配偶者居住権を相続させる旨の記載がされた遺言書を登記原因証明情報として提供する場合にあっては，遺言書の全体の記載からこれを遺贈の趣旨と解することに特段の疑義が生じない限り，配偶者居住権に関する部分を遺贈の趣旨であると解して，当該配偶者居住権の設定の登記を申請することができる。

　また，配偶者居住権の設定の登記の前提となる相続や遺贈を原因とする所有権の移転の登記の申請（上記アの(イ)参照）において，<u>配偶者に配偶者居住権を取得させ，子などの法定相続人に居住建物を相続させる旨の記載がされた遺言書を登記原因証明情報として提供する場合にあっては，遺言書の全体の記載からこれを遺贈の趣旨と解することに特段の疑義が生じない限り，居住建物の所有権の帰属に関する部分についても遺贈（負担付遺贈）の趣旨であると解して，当該所有権の移転の登記を申請する必要がある。</u>この場合における所有権の移転の登記の申請は，登記原因が「遺贈」となることから，相続人（受遺者である相続人を除く。）を登記義務者とし，受遺者（受遺者である相続人）を登記権利者とする共同申請によることとなるところ，遺言執行者があるときは，当該遺言執行者は，登記義務者の立場から，その資格において当該登記を申請することとなる（上記アの(イ)参照）。

(ウ)　配偶者居住権の設定の登記の申請において，申請情報の内容とする登記原因及びその日付は，次の振り合いによる。

a　登記原因が「遺産分割」である場合

「年月日【遺産分割の協議若

しくは調停の成立した年月日又
はその審判の確定した年月日】
遺産分割」

b　登記原因が「遺贈」である場
合
「年月日【遺贈の効力の生じ
た年月日】遺贈」

c　登記原因が「死因贈与」であ
る場合
「年月日【贈与者の死亡の年
月日】死因贈与」＊2

(エ)　配偶者居住権の存続期間は登記
事項とされており（改正不登法第
81条の2第1号），この存続期間
について別段の定めがない場合に
は，配偶者の終身の間が存続期間
となる（法第1030条本文）。

配偶者居住権の設定の登記の申
請において，申請情報の内容とす
る存続期間は，次の振り合いによ
る。

a　存続期間の定めがない場合
「存続期間　配偶者居住権者
の死亡時まで（又は年月日から
配偶者居住権者の死亡時まで）」

b　存続期間の定めがある場合
「存続期間　年月日から何年
（又は年月日から年月日まで）
又は配偶者居住権者の死亡時ま
でのうち，いずれか短い期間」

配偶者居住権の存続期間が定
められた場合には，その延長や
更新をすることができないとさ
れていることから，配偶者居住
権の存続期間の延長や更新を内
容とする登記は申請することが
できない。他方，登記原因証明
情報として，配偶者居住権を取
得した配偶者が配偶者居住権の

存続期間の一部を放棄した旨の
情報を提供し，その存続期間を
終身の間より短期（例えば「10
年又は配偶者居住権者の死亡時
までのうち，いずれか短い期
間」）とする配偶者居住権の設
定の登記を申請することができ
る。これは，配偶者居住権の設
定の登記がされた後の配偶者居
住権の存続期間の短縮を内容と
する配偶者居住権の変更の登記
の申請においても同様である。

(オ)　配偶者居住権を取得した配偶者
は，居住建物の所有者の承諾を得
なければ，第三者に居住建物の使
用又は収益をさせることができな
いとされているところ（法第1032
条第3項），第三者に居住建物の
使用又は収益をさせることを許す
旨の定めがあるときは，その定め
をあらかじめ登記することができ
るとされた（改正不登法第81条の
2第2号）。

(2)　配偶者居住権の抹消の登記等

ア　配偶者居住権の消滅等による配偶
者居住権の登記の抹消は，配偶者居
住権者を登記義務者とし，居住建物
の所有者を登記権利者とする共同申
請によることとなるが，この登記手
続は，他の一般的な登記の抹消手続
と同様に取り扱うものとする。

もっとも，配偶者居住権が配偶者
居住権者の死亡によって消滅した場
合には，不登法第69条の規定に基づ
き，登記権利者（居住建物の所有者）
は，単独で当該配偶者居住権の登記
の抹消を申請することができる。

イ　配偶者居住権は，譲渡すること が
できないことから（法第1032条第2

項），配偶者居住権の移転等を内容とする登記は申請することができない。

4　不動産登記令等改正関係

民法及び家事事件手続法の一部を改正する法律の一部の施行に伴う法務省関係政令の整備に関する政令（令和2年政令第57号。以下「整備政令」という。本年4月1日施行）により不動産登記令（平成16年政令第379号。以下「登記令」という。），都市再開発法による不動産登記に関する政令（昭和45年政令第87号。以下「都再登記令」という。），密集市街地における防災街区の整備の促進に関する法律による不動産登記に関する政令（平成15年政令第524号。以下「密集登記令」という。）及びマンションの建替え等の円滑化に関する法律による不動産登記に関する政令（平成14年政令第379号。以下「マン建登記令」という。）の一部が改正され，配偶者居住権の登記に関する所要の整備がされた。

(1)　登記令の一部改正

配偶者居住権者が第三者のために居住建物に賃借権を設定した場合における当該居住建物への賃借権の設定の登記を申請するために必要な添付情報として，居住建物の所有者の承諾を証する情報が規定された（なお，配偶者居住権の設定の登記において，賃借権の登記名義人となる者に当該居住建物の使用又は収益をさせることを許す旨の定めの登記がある場合は，その添付を要しない。）（整備政令による改正後の登記令別表の38の項添付情報欄ト）。

また，配偶者居住権の設定の登記の申請における申請情報について，登記令で規定する一般的な登記事項のほか，改正不登法第81条の2各号に掲げる登記事項が申請情報とされた（整備政令による改正後の登記令別表の40の2の項申請情報欄）。

(2)　都再登記令，密集登記令及びマン建登記令の一部改正

改正法附則第18条，第23条及び第24条により，それぞれ，都市再開発法（昭和44年法律第38号），密集市街地における防災街区の整備の促進に関する法律（平成9年法律第49号）及びマンションの建替え等の円滑化に関する法律（平成14年法律第78号）の一部が改正され，これらの法律に基づく配偶者居住権に係る権利変換の規定が創設されたことから，これらの法律による不動産登記の特例を定める都再登記令，密集登記令及びマン建登記令について，所要の整備がされた。

この法令改正に伴う配偶者居住権に係る権利変換に関する登記手続は，他の権利に係る権利変換に関する登記手続と同様である。

5　登録免許税

配偶者居住権の設定の登記の登録免許税は，不動産の価額の千分の二とされ（登録免許税法（昭和42年法律第35号）別表第一第一号（三の二）），配偶者居住権の設定の仮登記の登録免許税は，不動産の価額の千分の一とされた（同法別表第一第一号（十二）ニ）。

6　登記の記録

配偶者居住権に関する登記の記録は，別紙の振り合いによるものとする。

（編注：通達中の下線は編者によるものです。）

「登記研究」868号

＊1　当該通達は「登記研究」859号に
掲載あり。

＊2　死因贈与によって配偶者居住権を
取得した場合の登記原因について通達
では「死因贈与」とすることとされて
いますが，登記簿には「贈与」と登記
されます。もし，申請書に「贈与」と
記載して申請しても補正することは要
しないと考えられています（「登記研
究」872号44頁以下参照）。

・配偶者居住権は，原則として①遺産の分
割によって配偶者居住権を取得するもの
とされたとき，②配偶者居住権が遺贈の
目的とされたときに取得し，特定財産承
継遺言(いわゆる相続させる遺言)によっ
ては取得できないとされています。

・通達中の下線部分については，後掲の86
の通達によって変更されたものと思われ
ます。

VII　配偶者居住権

＜配偶者居住権に関する登記＞
一　配偶者居住権の設定の登記

権　利　部（乙区）　　（所有権以外の権利に関する事項）			
順位番号	登記の目的	受付年月日・受付番号	権利者その他の事項
何	配偶者居住権設定	令和何年何月何日 第何号	原因　令和何年何月何日遺産分割（、「遺贈」又は「贈与」） 存続期間　配偶者居住権者の死亡時まで（、「年月日から配偶者居住権者の死亡時まで」又は「年月日から何年（又は年月日から年月日まで）又は配偶者居住権者の死亡時までのうち、いずれか短い期間」） 特約　第三者に居住建物の使用又は収益をさせることができる 配偶者居住権者　何市何町何番地 甲　某

二　配偶者居住権に関する仮登記
　　1　配偶者居住権の設定の仮登記

権　利　部（乙区）　　（所有権以外の権利に関する事項）			
順位番号	登記の目的	受付年月日・受付番号	権利者その他の事項
何	配偶者居住権設定仮登記	令和何年何月何日 第何号	原因　令和何年何月何日遺産分割（、「遺贈」又は「贈与」） 存続期間　配偶者居住権者の死亡時まで（、「年月日から配偶者居住権者の死亡時まで」又は「年月日から何年（又は年月日から年月日まで）又は配偶者居住権者の死亡時までのうち、いずれか短い期間」） 特約　第三者に居住建物の使用又は収益をさせることができる 権利者　何市何町何番地 甲　某
余白	余白		余白

2 始期付配偶者居住権の設定の仮登記（死因贈与）

権 利 部（乙区）	（所有権以外の権利に関する事項）		
順位番号	登記の目的	受付年月日・受付番号	権利者その他の事項
何	始期付配偶者居住権設定仮登記	令和何年何月何日第何号	原因　令和何年何月何日贈与（始期　甲某の死亡） 存続期間　配偶者居住権者の死亡時まで（又は「甲某の死亡時から何年又は配偶者居住権者の死亡時までのうち、いずれか短い期間」） 特約　第三者に居住建物の使用又は収益をさせることができる 権利者　何市何町何番地 　乙　某
	余白	余白	余白

三　仮登記に基づく本登記

1 配偶者居住権の設定の仮登記の本登記

権 利 部（乙区）	（所有権以外の権利に関する事項）		
順位番号	登記の目的	受付年月日・受付番号	権利者その他の事項
何	配偶者居住権設定仮登記	令和何年何月何日第何号	原因　令和何年何月何日遺産分割（、「遺贈」又は「贈与」） 存続期間　配偶者居住権者の死亡時まで（、「年月日から配偶者居住権者の死亡時まで」又は「年月日から何年（又は年月日から年月日まで）又は配偶者居住権者の死亡時までのうち、いずれか短い期間」） 特約　第三者に居住建物の使用又は収益をさせることができる 権利者　何市何町何番地 　甲　某

| 配偶者居住権設定 | 令和何年何月何日
第何号 | 原因　令和何年何月何日遺産分割（、「遺贈」又は「贈与」）
存続期間　配偶者居住権者の死亡時まで（、「年月日から配偶者居住権者の死亡時まで」又は「年月日から何年（又は年月日から年月日まで）又は配偶者居住権者の死亡時までのうち、いずれか短い期間」）
特約　第三者に居住建物の使用又は収益をさせることができる
配偶者居住権者　何市何町何番地
　甲　某 |

2　始期付配偶者居住権の設定の仮登記の本登記

権　利　部（乙区）　　（所有権以外の権利に関する事項）			
順位番号	登記の目的	受付年月日・受付番号	権利者その他の事項
何	始期付配偶者居住権設定仮登記	令和何年何月何日 第何号	原因　令和何年何月何日贈与（始期　甲某の死亡） 存続期間　配偶者居住権者の死亡時まで（又は「甲某の死亡時から何年又は配偶者居住権者の死亡時までのうち、いずれか短い期間」） 特約　第三者に居住建物の使用又は収益をさせることができる 権利者　何市何町何番地 　乙　某
	配偶者居住権設定	令和何年何月何日 第何号	原因　令和何年何月何日贈与 存続期間　年月日から配偶者居住権者の死亡時まで（又は「年月日から何年又は配偶者居住権者の死亡時までのうち、いずれか短い期間」） 特約　第三者に居住建物の使用又は収益をさせることができる 配偶者居住権者　何市何町何番地 　乙　某

四　第三者に居住建物の使用又は収益をさせることに基づく登記
　　1　賃借権の設定

権　利　部（乙区）　　（所有権以外の権利に関する事項）			
順位番号	登記の目的	受付年月日・受付番号	権利者その他の事項
何	配偶者居住権設定	令和何年何月何日 第何号	原因　令和何年何月何日遺産分割（、「遺贈」又は「贈与」） 存続期間　配偶者居住権者の死亡時まで（、「年月日から配偶者居住権者の死亡時まで」又は「年月日から何年（又は年月日から年月日まで）又は配偶者居住権者の死亡時までのうち、いずれか短い期間」） 特約　第三者に居住建物の使用又は収益をさせることができる 配偶者居住権者　何市何町何番地 甲　某
付記1号	何番配偶者居住権の賃借権設定	令和何年何月何日 第何号	原因　令和何年何月何日設定 賃料　1月何万円（又は「1平方メートル1月何万円」） 支払時期　毎月末日 存続期間　令和何年何月何日から何年 特約　譲渡、転貸ができる 賃借権者　何市何町何番地 乙　某

（注）　配偶者居住権者が居住建物の所有者の承諾を得て行う賃借権設定の登記は，付記
　　　登記による。

VII　配偶者居住権

2 賃借権の登記の抹消

権　利　部（乙区）　　（所有権以外の権利に関する事項）			
順位番号	登記の目的	受付年月日・受付番号	権利者その他の事項
何	配偶者居住権設定	令和何年何月何日 第何号	原因　令和何年何月何日遺産分 　　割（、「遺贈」又は「贈与」） 存続期間　配偶者居住権者の死 　　亡時まで（、「年月日から配 　　偶者居住権者の死亡時まで」 　　又は「年月日から何年（又は 　　年月日から年月日まで）又は 　　配偶者居住権者の死亡時まで 　　のうち、いずれか短い期間」） 特約　第三者に居住建物の使用 　　又は収益をさせることができ 　　る 配偶者居住権者　何市何町何番 　　地 　　甲　某
付記1号	何番配偶者居住権 の賃借権設定	令和何年何月何日 第何号	原因　令和何年何月何日設定 賃料　1月何万円（又は「1平 　　方メートル1月何万円」） 支払時期　毎月末日 存続期間　令和何年何月何日か 　　ら何年 特約　譲渡、転貸ができる 賃借権者　何市何町何番地 　　乙　某
何	何番付記1号賃借 権抹消	令和何年何月何日 第何号	原因　令和何年何月何日解約（、 　　「放棄」又は「存続期間満了」）

（注）　1　賃借権の登記の抹消は主登記による。
　　　　2　賃借権の登記を抹消する記号（下線）を記録する。

五　配偶者居住権の登記の抹消
　　1　配偶者居住権者の死亡による場合

権　利　部（乙区）　　（所有権以外の権利に関する事項）			
順位番号	登記の目的	受付年月日・受付番号	権利者その他の事項
何	配偶者居住権設定	令和何年何月何日 第何号	原因　令和何年何月何日遺産分割（、「遺贈」又は「贈与」） 存続期間　配偶者居住権者の死亡時まで（、「年月日から配偶者居住権者の死亡時まで」又は「年月日から何年（又は年月日から年月日まで）又は配偶者居住権者の死亡時までのうち、いずれか短い期間」） 特約　第三者に居住建物の使用又は収益をさせることができる 配偶者居住権者　何市何町何番地 甲　某
何	何番配偶者居住権抹消	令和何年何月何日 第何号	原因　令和何年何月何日死亡による消滅

（注）　配偶者居住権の登記を抹消する記号（下線）を記録する。

　　2　存続期間満了による場合

権　利　部（乙区）　　（所有権以外の権利に関する事項）			
順位番号	登記の目的	受付年月日・受付番号	権利者その他の事項
何	配偶者居住権設定	令和何年何月何日 第何号	原因　令和何年何月何日遺産分割（、「遺贈」又は「贈与」） 存続期間　配偶者居住権者の死亡時まで（、「年月日から配偶者居住権者の死亡時まで」又は「年月日から何年（又は年月日から年月日まで）又は配偶者居住権者の死亡時までのうち、いずれか短い期間」） 特約　第三者に居住建物の使用又は収益をさせることができる

			配偶者居住権者　何市何町何番地 甲　某
何	何番配偶者居住権抹消	令和何年何月何日 第何号	原因　令和何年何月何日存続期間満了

（注）　配偶者居住権の登記を抹消する記号（下線）を記録する。

3　合意消滅による場合

権　利　部（乙区）　　（所有権以外の権利に関する事項）			
順位番号	登記の目的	受付年月日・受付番号	権利者その他の事項
何	配偶者居住権設定	令和何年何月何日 第何号	原因　令和何年何月何日遺産分割（、「遺贈」又は「贈与」） 存続期間　配偶者居住権者の死亡時まで（、「年月日から配偶者居住権者の死亡時まで」又は「年月日から何年（又は年月日から年月日まで）又は配偶者居住権者の死亡時までのうち、いずれか短い期間」） 特約　第三者に居住建物の使用又は収益をさせることができる 配偶者居住権者　何市何町何番地 甲　某
何	何番配偶者居住権抹消	令和何年何月何日 第何号	原因　令和何年何月何日合意消滅

（注）　配偶者居住権の登記を抹消する記号（下線）を記録する。

4　消滅請求による場合

順位番号	登記の目的	受付年月日・受付番号	権利者その他の事項
何	配偶者居住権設定	令和何年何月何日 第何号	原因　令和何年何月何日遺産分 　　割（、「遺贈」又は「贈与」） 存続期間　配偶者居住権者の死 　　亡時まで（、「年月日から配 　　偶者居住権者の死亡時まで」 　　又は「年月日から何年（又は 　　年月日から年月日まで）又は 　　配偶者居住権者の死亡時まで 　　のうち、いずれか短い期間」） 特約　第三者に居住建物の使用 　　又は収益をさせることができ 　　る 配偶者居住権者　何市何町何番 　　地 甲　某
何	何番配偶者居住権 抹消	令和何年何月何日 第何号	原因　令和何年何月何日消滅請 　　求

権　利　部（乙区）　（所有権以外の権利に関する事項）

（注）　配偶者居住権の登記を抹消する記号（下線）を記録する。

5　賃借権の登記のされている配偶者居住権の登記の抹消

権　利　部（乙区）　（所有権以外の権利に関する事項）

順位番号	登記の目的	受付年月日・受付番号	権利者その他の事項
何	配偶者居住権設定	令和何年何月何日 第何号	原因　令和何年何月何日遺産分 　　割（、「遺贈」又は「贈与」） 存続期間　配偶者居住権者の死 　　亡時まで（、「年月日から配 　　偶者居住権者の死亡時まで」 　　又は「年月日から何年（又は 　　年月日から年月日まで）又は 　　配偶者居住権者の死亡時まで 　　のうち、いずれか短い期間」） 特約　第三者に居住建物の使用 　　又は収益をさせることができ 　　る 配偶者居住権者　何市何町何番 　　地 甲　某

付記1号	何番配偶者居住権の賃借権設定	令和何年何月何日第何号	原因　令和何年何月何日設定 賃料　1月何万円（又は「1平方メートル1月何万円」） 支払時期　毎月末日 存続期間　令和何年何月何日から何年 特約　譲渡、転貸ができる 賃借権者　何市何町何番地 乙　某
何	何番配偶者居住権抹消	令和何年何月何日第何号	原因　令和何年何月何日死亡による消滅
何	何番付記1号賃借権抹消	余白	何番配偶者居住権抹消により令和何年何月何日登記

(注)　配偶者居住権の登記及び賃借権の登記を抹消する記号（下線）を記録する。

六　施行地区内の建物についての権利変換の登記
　　1　配偶者居住権の設定の登記

権　利　部（乙区）　　（所有権以外の権利に関する事項）			
順位番号	登記の目的	受付年月日・受付番号	権利者その他の事項
何	配偶者居住権設定	令和何年何月何日第何号	原因　令和何年何月何日遺産分割（、「遺贈」又は「贈与」）（令和何年何月何日何法律による権利変換） 存続期間　配偶者居住権者の死亡時まで（、「年月日から配偶者居住権者の死亡時まで」又は「年月日から何年（又は年月日から年月日まで）又は配偶者居住権者の死亡時までのうち、いずれか短い期間」） 特約　第三者に居住建物の使用又は収益をさせることができる 配偶者居住権者　何市何町何番地 甲　某

2　配偶者居住権の設定の仮登記

権　利　部（乙区）　　（所有権以外の権利に関する事項）			
順位番号	登記の目的	受付年月日・受付番号	権利者その他の事項
何	配偶者居住権設定仮登記	令和何年何月何日第何号	原因　令和何年何月何日遺産分割（、「遺贈」又は「贈与」）（令和何年何月何日何法律による権利変換） 存続期間　配偶者居住権者の死亡時まで（、「年月日から配偶者居住権者の死亡時まで」又は「年月日から何年（又は年月日から年月日まで）又は配偶者居住権者の死亡時までのうち、いずれか短い期間」） 特約　第三者に居住建物の使用又は収益をさせることができる 権利者　何市何町何番地 　　甲　某
	余白	余白	余白

86

配偶者居住権の設定の登記の前提としてする所有権移転登記

「配偶者居住権の設定の登記の前提としてする所有権の移転の登記の申請における登記原因等について」

（令和3年4月19日民二第744号民事局長通達）

——通　達——

標記の取扱いについては，下記の点に留意するよう，貴管下登記官に周知方お取り計らい願います。

なお，本通達に抵触する従前の取扱いは，本通達により変更したものとします。

記

1　配偶者居住権の設定の登記の前提としてする居住建物（被相続人の財産に属し，その配偶者が相続開始の時に居住していた建物をいう。以下同じ。）の所有権の移転の登記の申請において，配偶者に配偶者居住権を取得させ，子などの法定相続人に当該居住建物を相続させる旨の記載がされた遺言書を登記原因証明情報として提供する場合にあっては，遺言書の全体の記載から当該居住建物の所有権の帰属に関する部分を特定財産承継遺言（遺産の分割の方法の指定として遺産に属する特定の財産を共同相続人の一人又は数人に承継させる旨の遺言（民法（明治29年法律第89号）第1014条第2項）。いわゆる相続させる旨の遺言のうち遺産の分割の方法の指定がされたもの。）の趣旨と解することができる場合には，当該特定財産承継遺言に基づいて当該登記

を申請することができる。この場合における所有権の移転の登記の申請は，登記原因を「相続」とし，登記権利者が単独で申請することができる。

2　なお，当該遺言書の全体の記載から当該居住建物の所有権の帰属に関する部分を遺贈の趣旨と解することができる場合には，当該遺贈に基づいて当該登記を申請することができること，また，配偶者居住権を特定財産承継遺言によって取得することができないことは，従前のとおりである。

参　照

「登記研究」882号

メ　モ

前掲85の通達の3(1)イ(イ)では，「配偶者に配偶者居住権を取得させ，子などの法定相続人に居住建物を相続させる旨の記載がされた遺言書を登記原因証明情報として提供する場合にあっては，遺言書の全体の記載からこれを遺贈の趣旨と解することに特段の疑義が生じない限り，居住建物の所有権の帰属に関する部分についても遺贈（負

担付遺贈）の趣旨であると解して，当該所有権の移転の登記を申請する必要がある。」，とされています。しかし，今回の通達により遺言書の全体の記載から当該居住建物の所有権の帰属に関する部分を特定財産承継遺言（いわゆる相続させる旨の遺言）の趣旨と解することができる場合には，当該特定財産承継遺言に基づいて当該登記を申請することができ，この場合における所有権の移転の登記の申請は，登記原因を「相続」とし，登記権利者が単独で申請することができる，と変更されました。

なお，配偶者居住権を特定財産承継遺言によって取得することができないことは，従前のとおりです。

VIII

仮登記

相続を原因とする所有権移転仮登記の申請は受理できない

「弁護士法第23条の2に基づく照会について（相続を原因とする所有権移転仮登記の受否について）」

（昭和57年2月12日民三第1295号第三課長回答）

──照　会──

当職は，A他2名の代理人として水戸地方裁判所下妻支部に別紙添付の仮登記仮処分命令を申請し，申請の趣旨記載の通りの同支部の決定並びに登記嘱託書を得，水戸地方法務局古河出張所へ登記申請手続を為したが，同出張所では，その登記の可否につき水戸地方法務局に照会した結果，前記仮登記の嘱託は，之を却下すべきものとの結論を当職に通知してきたが，右に承服致しかねるので，最も権威ある貴局の見解を教示相成りたく照会請求致す次第である。

なお，仮登記仮処分を求める事情は，被申請人の内の1名が倒産寸前にあり，仮登記なくしては，同人の取得分外である本物件につき他より差押等が為される危険が存するためである。

1 水戸地方法務局では，横浜地方法務局長昭和32年3月14日付照会に対する3月27日付民事甲596号民事局長回答並びに通達を根拠とするものであるが，右事案は未認知状態の者を係争当事者に含むものであって，相続権者が確定している本

件とは事案を異にするものであり，本件には妥当しないものと思料されるが如何。

2 なお，水戸地方法務局では，「相続登記については，仮登記は，これになじまない」旨を附言され，先ず法定相続分に応じた共有登記を為した後，その持分につき遺産分割を原因とする仮登記を為すべき旨の見解を示しているが，本来遺産分割の効果は，相続開始時に遡及するものであり，此の故にこそ，被相続人の所有名義の場合，遺産分割協議書，印鑑証明，委任状等必要書類が完備すれば，遺産分割ではなく，相続を原因とする所有権移転登記を為すべきものとせられている筈である。更に本案訴訟に於いても登記名義を被相続人としたまま，他の相続人を被告として相続を原因とする登記手続を求めることができる筈である。斯く本登記，本案訴訟が認められる以上仮登記を求められない理由はなく，本件は不動産登記法第2条1号*の仮登記として当然受理されて然るべきものと思料されるが如何。

仮登記仮処分命令申請書

茨城県〇市〇町〇丁目〇番〇号

申請人　　　A

同市同番地

同　　　　　B

東京都〇区〇三丁目〇番〇号

同　　　　　C

同　都〇区〇三丁目〇番〇号

右申請人代理人

弁護士　　〇〇〇〇

茨城県〇市〇町〇番〇号

被申請人　D

同　県同市〇町〇丁目〇番〇号

被申請人　E

申請の趣旨

　別紙物件目録記載の不動産につき，登記権利者である申請人等のため，水戸地方法務局古河出張所に対して，昭和53年10月11日相続を原因とする持分各3分の1宛ての所有権移転仮登記をすべき仮処分命令を求める。

申請の原因

1　申請外亡甲は別紙物件目録記載の不動産（以下本件不動産と称する）の所有者であったが，昭和53年〇月〇日死亡し，相続が開始された。

2　右甲死亡時の法定相続人は，後妻であるD，先妻との間の長女E，次女B，三女C，養子であり且つ次女Bの配偶者であるAの5名であった。

3　而して，亡甲は，本件不動産以外にも多数の不動産，銀行預金，株式，書画等を有し，これ等がすべて相続財産を構成していたものであるところ，昭和54年〇月〇日に至り，後妻たるDと，その余の4名の相続人間に於いて，本件不動産を含む一切の遺産を対象として，先ずD取得分を確定する為の第1次遺産分割協議が概要左記の通りの内容で成立した。

記

(1)　Dは，

　1　〇〇市〇町〇番地の土地

　2　同　市同町〇番地1，及び同番2の土地

　3　同　市〇町〇丁目〇番地の土地

　4　その他株式，預金債権，貸付金，現金，絵画等の各一部を遺産分割により取

得する。

(2) A, B, C, E等は, 残る遺産の内各種預金類を分割して各自個別的に取得する。

(3) 分割乃至換価為し難い不動産を主とするその余の遺産については, Dを除く4名の相続取分として留保し, 後日再度分割協議を行うものとする。

(4) D取得分としては, 前記(1)記載のものをもってその総べてとし, 同人についての遺産分割は完了し, 残余遺産につき何等権利を有しないものとする。

　　右の通りであり, 本件不動産は右分割によりD取得分には計上されず, その余の4名分のものとして留保されたのであった。

4　しかるところ, 其の後昭和54年○月○日に至り, 被申立人Eと, その余の3名の申立人間に於いて, 前項(3)の残された未分割の遺産につき, 内容左記の通りの第2次遺産分割協議が成立した。

(1) ○○市内所在の土地, 建物及び○○市内の不動産のうち○○○○番1の土地については, 4名の共有とする。(持分均等)

(2) 右共有土地は, これを売却し, ○○信用金庫○○支店並びに○○○○金庫○○支店に対する被相続人甲の債務の弁済に充当する。

(3) 右共有とした不動産を売却し, 前記被相続人の債務の弁済を為した結果, 過不足の生じたときは各自均分して剰余金を取得, 又は不足金の負担にあたるものとする。

(4) E及びその夫である○○○○は, その所有にかかる○○市○町○丁目○番3の土地建物等を, 亡甲に担保提供し亡甲を債務者とする根抵当権が設定されているが, 右を甲名義の預金をもって弁済し, 翌6月4日をもって右を解除せしめること。

(5) A, B, C, の3名は, Eの夫である○○○○に対する亡甲の売掛金債権を放棄する。

(6) Eに対する遺産分割は, 前項(1)乃至(3)による取得並びに(4), (5)の受益をもって一切完了するものとし, その余の相続財産は, A, B, C, 3名の取得分として留保され, これは更に後日あらためて分割する。

　　以上の通りであり, 本件不動産は, 第2次分割によっても, Eには帰属せず, 申請人3名の共有遺産として留保されたのである。

5　申請人等は, 右Eとの間に成立した分割協議を誠実に遵守し, 翌4月には, ○○信用金庫に対して金2千万円を弁済し, 前記(3)の根抵当権をすべて抹消し, 成立した分割協議を履行した。

6　右次第につき, 申請人等3名は, 別紙物件目録記載の不動産につき, 相続によりその所有権を持分各3分の1宛てで取得して居り, その本登記を為し得べき立場にあるところ, 被申立人両名は言を左右にして右登記手続に応じないので, 仮登記の仮処分命令を求めるため, 本申請に及んだ次第である。

(以下省略)

　客年12月17日付け東照第2461号をもって
当局あて照会のあった標記の件に係る仮登
記の申請は，受理することができないもの
と考えます。

参　照

「登記研究」420号

メ　モ

＊　現行は法105条1号です。

・相続登記は相続人の単独申請によるもの
であり，登記義務者を問題とする余地は
ありません。したがって，本件申請人ら
は，遺産分割による直接の相続登記を望
むのであれば，遺産分割協議書が存する
場合には，書面真否確認の訴えにより当
該遺産分割協議書の真正を確定する判決
を得た上でこれを添付して，また遺産分
割協議書が存しない場合には，遺産分割
の結果に基づく所有権を確認する判決を
得た上で，これを，相続を証する書面の
一部として添付して，相続登記の申請を
すべきであると考えられています（「登
記研究」420号116頁参照）。

共同根抵当権の仮登記申請は受理できない

「共同根抵当権設定の仮登記申請の受否について」

(昭和47年11月25日民事甲第4945号民事局長回答)

―― 照　会 ――

　共同根抵当権設定の仮登記申請は受理すべきでないと考えますが，いささか疑義があり，さしかかった事案につき電信でご回示願います。

―― 回　答 ――

　本月10日付電照の件は，貴見のとおりと考える。

「登記研究」303号

仮登記申請に登記済証等の添付は要しない

「仮登記申請の際の添付書類の要否について」

(昭和39年3月3日民事甲第291号民事局長回答)

―― 照　会 ――

　仮登記の申請について，次のとおり疑義を生じましたので，何分の御垂示を賜りたくお伺いします。

1　登記権利者及び登記義務者が共同して仮登記を申請する場合，登記義務者の権利に関する登記済証（以下「登記済証」という。）を提出することができないことを理由として不動産登記法（以下「法」という。）第2条第1号*¹の規定による仮登記をすることが認められておりますが（昭和35年4月7日付民事甲第788号貴職通達），法第2条第2号*²の規定による仮登記を申請するときは，登記済証を提出することを要するものと解されております（昭和35年6月2日付民事甲第1367号貴職通達参照）。しかし，法第32条*³の趣旨にかんがみ，登記権利者及び登記義務者が共同して法第2条の仮登記を申請するには，第1号又は第2号のいずれの場合にも，つねに，登記済証の添付を要しないものと考えますがどうでしょうか。

2　登記原因について第三者の許可，同意又は承諾を要するときはこれを証する書面を登記の申請書に添付することを要す

るのですが（法第35条第1項第4号*⁴，昭和29年6月30日付民事甲第1353号貴職回答），右は，登記原因の無効又は取消原因の存する登記を可及的に防止する趣旨のものと解されますところ，仮登記は，予備的な登記でありますので，これらの書面は，本登記の申請書に添付すれば足り，仮登記の申請書には，その添付を要しないものと考えますがどうでしょうか。

―― 回　答 ――

　昭和38年11月6日付登第320号で問合せのあった標記の件については，第1項，第2項とも貴見のとおりと考える。

　おって，昭和35年7月7日付民事甲第1726号本職回答に抵触する部分は右によって変更されたものと了知されたい。

| 参　照 |

「民事月報」昭和39年4月号
「登記研究」197号
「平成15年先例集」115頁

仮登記は法25条9号の申請情報と併せて提供しなければならないものとされているもののうち法務省令（規則178条）で定めるものを提供することができないときにすることができるとされています（法105条1号）。規則178条で定める情報とは，登記識別情報または第三者の許可，同意若しくは承諾を証する情報です。

メ　モ

　＊1　現行は法105条1号です。
　＊2　現行は法105条2号です。
　＊3　現行は法107条です。
　＊4　現行は令7条1項5号ハです。
・仮登記の登記権利者及び登記義務者が共同して仮登記を申請する場合には，登記識別情報の提供は要しないとされていま

仮登記根抵当権の元本確定の登記の申請は受理できる

「仮登記根抵当権の元本確定の登記の可否等について」

（平成14年5月30日民二第1310号第二課長依命通知）

―― 依命通知 ――――――――――

標記の件について，別紙甲号のとおり横浜地方法務局長から民事局長あて照会があり，別紙乙号のとおり回答したので，この旨貴管下登記官に周知方取り計らい願います。

―― 照　会 ――――――――――

（別紙甲号）

標記については，下記の理由により可能と考えますが，いささか疑義がありますので，お伺いします。

なお，上記の登記が可能であるとした場合の登記の形式は，付記の仮登記ではなく，付記の本登記により登記すべきものと考えますが，併せてお伺いします。

記

元本の確定の登記は，単に元本の確定という事実を報告的に公示する登記で，対抗要件としての登記ではないと解されます。したがって，順位保全の必要はないが，仮

登記された根抵当権につき元本が確定したという事実を公示することは，それにより元本の確定を前提とした登記をすることができるという利益があり，かつ，登記手続上の障害もないことから，可能と考えます。

なお，この場合の登記の形式としては，仮登記した権利を目的とする登記ではありますが，単に事実を公示するものであり，仮登記によることなく，付記の本登記により登記することができるものと考えます。

―― 回　答 ――――――――――

（別紙乙号）

本年3月8日付け2登(1)第154号をもって照会のあった標記の件については，いずれも貴見のとおりと考えます。

参　照

「登記研究」679号

「平成15年先例集」139頁

信託に関する登記

新信託法における不動産登記事務の取扱い

「信託法等の施行に伴う不動産登記事務の取扱いについて」
（平成19年9月28日民二第2048号民事局長通達）

　信託法（平成18年法律第108号），信託法の施行に伴う関係法律の整備等に関する法律（平成18年法律第109号），信託法及び信託法の施行に伴う関係法律の整備等に関する法律の施行に伴う関係政令の整備に関する政令（平成19年政令第207号）及び不動産登記規則等の一部を改正する省令（平成19年法務省令第57号）が本年9月30日から施行されることとなりましたので，これに伴う不動産登記事務の取扱いについては，下記の点に留意するよう，貴管下登記官に周知方取り計らい願います。

　なお，本通達中，「新信託法」とあるのは上記信託法を，「旧信託法」とあるのは信託法（大正11年法律第62号）を，「整備法」とあるのは信託法の施行に伴う関係法律の整備等に関する法律を，「整備令」とあるのは信託法及び信託法の施行に伴う関係法律の整備等に関する法律の施行に伴う関係政令の整備に関する政令を，「法」とあるのは整備法による改正後の不動産登記法（平成16年法律第123号）を，「令」とあるのは整備令による改正後の不動産登記令（平成16年政令第379号）を，「規則」とあるのは不動産登記規則等の一部を改正する省令による改正後の不動産登記規則（平成17年法務省令第18号）を，「旧法」とあるのは整備法による改正前の不動産登記法を，「旧規則」とあるのは不動産登記規則等の一部を改正する省令による改正前の不動産登記規則をいいます。

記

第1　不動産登記に関連する新信託法等の改正の概要

　新信託法は，信託に関する私法上の権利関係を通則的に規定した旧信託法を全面的に見直し，近時の社会経済情勢に的確に対応した信託法制を整備する観点から制定され，その主な改正内容は，受託者の義務，受益者の権利等に関する規定を整備するほか，信託の併合及び分割，委託者が自ら受託者となる信託（自己信託），受益証券発行信託，限定責任信託，受益者の定めのない信託等の新たな制度を導入するとともに，国民に理解しやすい法制とするべくその表記を現代語化するものである。

　改正事項のうち不動産登記に関連するものは，次のとおりである。

1　抵当権等の設定による信託

　旧信託法においては，受託者を権利者とする抵当権，地上権，賃借権等を設定

するとともに，同時に当該抵当権等を信託財産に属する財産とし，受託者がその管理・処分を行うものとすることを内容とする信託(抵当権等の設定による信託)の可否が明確ではなかったが，新信託法においては，これが可能であることが明らかにされた（新信託法第3条第1号，第2号）。なお，抵当権等を信託財産とする信託においては，担保権設定者（担保権の目的的所有者）が委託者，受託者が担保権者，被担保債権の債権者が受益者となるものであり，受託者は，信託事務として，当該担保権の実行の申立てをし，売却代金の配当又は弁済金の交付を受けることができることとされた（新信託法第55条）。

2 自己信託

信託の方法として，契約又は遺言による方法のほか，委託者が信託財産に属する財産の管理・処分等を自らが受託者として行うことを書面に記載するなどしてする方法が認められ（新信託法第3条第3号），これを「自己信託」と呼んでいる（法附則第2項見出し参照）。ただし，自己信託によってされる信託は，法定の事項を記載した公正証書又は公証人の認証を受けた書面若しくは電磁的記録によってされる場合にはその作成により効力を生ずるが，公正証書等以外の書面又は電磁的記録によってされる場合には，その効力は，確定日付のある証書により当該信託がされた旨及びその内容が受益者となるべき者として指定された第三者に通知がされることによってはじめて効力が生ずることとされた（新信託法第4条第3項）。

なお，自己信託に関する規定は，新信託法の施行の日（平成19年9月30日）から起算して1年を経過する日までの間は適用しないとされており（新信託法附則第2項），それまでの間に自己信託の方法により信託をしても，効力は生じない。

3 信託財産と固有財産等とに属する共有物の分割

受託者に属する特定の財産について，その共有持分が信託財産と固有財産又は他の信託の信託財産とにそれぞれ属する場合には，法律の定める一定の方法により，当該財産の分割をすることができることとされた（新信託法第19条，第84条）。

4 受託者の解任

旧信託法においては，受託者の解任について，任務違背等の重要な事由があることを理由に，委託者，その相続人又は受益者の請求により，裁判所がこれを解任する方法が規定されていたが，新信託法においては，これに加え，委託者及び受益者の合意により，いつでも受託者を解任することができる（新信託法第58条第1項）こととされた。

5 信託財産管理者

受託者の任務が終了した場合において，新受託者が選任されておらず，かつ，必要があると認めるときは，新受託者が選任されるまでの間，裁判所は，利害関係人の申立てにより，信託財産管理者による管理を命ずる処分(信託財産管理命令)をすることができることとされ（新信託法第63条第1項），この命令があった場合において，信託財産に属する権利で登記がされたものがあることを知ったときは，裁判所書記官は，職権で，遅滞なく，信託財産管理命令の登記を嘱託しなければならないとされた（新信託法第64条第

5項）。信託財産管理者が選任された場合は，受託者の職務の遂行並びに信託財産に属する財産の管理及び処分をする権利は，信託財産管理者に専属することとされた（新信託法第66条第1項）。なお，信託財産管理命令を取り消す裁判があったとき，又は信託財産管理命令があった後に新受託者が選任された場合において当該新受託者が信託財産管理命令の登記の抹消の嘱託の申立てをしたときは，裁判所書記官は，職権で，遅滞なく，信託財産管理命令の登記の抹消を嘱託しなければならないとされた（新信託法第64条第6項）。

6 信託財産法人管理人

受託者である個人が死亡したことにより受託者の任務が終了（新信託法第56条第1項第1号）した場合に，信託財産は法人とされ（新信託法第74条第1項），この場合において，必要と認めるときは，裁判所は，利害関係人の申立てにより，信託財産法人管理人による管理を命ずる処分（信託財産法人管理命令）をすることができることとされた（同条第2項）。そして，信託財産法人管理命令があった場合において，信託財産に属する権利で登記がされたものがあることを知ったときは，裁判所書記官は，職権で，遅滞なく，信託財産法人管理命令の登記を嘱託しなければならないとされた（新信託法第74条第6項において準用する同法第64条第5項）。なお，信託財産法人管理命令を取り消す裁判があったとき，又は信託財産法人管理命令があった後に新受託者が就任した場合において当該新受託者が信託財産法人管理命令の登記の抹消の嘱託の申立てをしたときは，裁判所書記官は，職権で，遅滞なく，信託財産法人

管理命令の登記の抹消を嘱託しなければならないとされた（新信託法第74条第6項で準用する新信託法第64条第6項）。

7 受託者が二人以上ある信託の特例

受託者が二人以上ある信託においては，信託財産は，常に，その合有とすることとされた（新信託法第79条）。

また，信託事務の処理については，原則として，受託者の過半数で決することとされたが（新信託法第80条第1項），保存行為については各受託者が単独で決することができることとされ（同条第2項），各受託者は，これらにより決定がされた場合には，当該決定に基づいて信託事務を執行することができることとされた（同条第3項）。また，信託行為に受託者の職務の分掌に関する定めがある場合には，各受託者は，その定めに従い，信託事務の処理について決し，これを執行することとされた（同条第4項）。これらの場合には，各受託者，他の受託者を代理する権限を有することとされた（同条第5項）。

8 信託管理人

旧信託法では，信託管理人は受益者が不特定又は未存在の場合に選任することができることとされていたが，新信託法では，受益者が現に存在しない場合に選任することができることとされた（新信託法第123条第1項）。信託管理人は，信託行為における信託管理人となるべき者を指定する定めに基づき選任されるほか（同項），利害関係人の申立てによる裁判所の裁判に基づき選任されることとされた（同条第4項）。信託管理人について任務終了事由が生じたときは，新たな信託管理人が選任されることとされた（新

信託法第129条第1項，第62条）。

信託管理人の氏名又は名称及び住所は，旧法と同様に，信託の登記の登記事項とされた（法第97条第1項第3号）。

9　信託監督人

信託監督人は，受益者が現に存する場合に置かれるものであり，受益者のために自己の名をもって単独受益者権（新信託法第92条）に関する一切の裁判上又は裁判外の行為をする権限（受託者の監視・監督権限）を有することとされた（新信託法第131条第1項，第132条）。信託監督人は，信託行為における信託監督人となるべき者を指定する定めに基づき選任されるほか（新信託法第131条第1項），利害関係人の申立てによる裁判所の裁判に基づき選任される（同条第4項）。信託監督人について任務終了事由が生じたときは，新たな信託監督人が選任されることとされた（新信託法第135条第1項，第62条）。

10　受益者代理人

受益者代理人は，現に存する特定の受益者のために当該受益者の権利に関する一切の裁判上又は裁判外の行為をする権限（受益者が有する登記の申請をする権限を含む。）を有することとされた（新信託法第139条）。受益者代理人が代理する受益者は，ある信託の受益者の一部であってもよい。受益者代理人は信託行為における受益者代理人となるべき者を指定する定めに基づき選任され（新信託法第138条第1項），利害関係人の申立てによる裁判所の裁判に基づき選任されることはない。受益者代理人について任務終了事由が生じたときは，新たな受益者代理人が選任される（新信託法第142条第

1項，第62条）。

受益者代理人の氏名又は名称及び住所は，信託の登記の登記事項とされた（法第97条第1項第4号）。

11　信託の変更

信託の変更については，旧信託法第23条の規定が見直され，委託者，受託者及び受益者の三者の合意による変更を原則とした上で，そのうちの一部の者による意思決定による変更や信託行為で定めた方法によってする変更などが認められ（新信託法第149条），信託の変更の方法が多様化されたほか，さらに，裁判所による変更命令の対象の範囲が拡大された（新信託法第150条）。

12　信託の併合及び分割

新信託法では，新たに，信託の併合及び分割が規定された。

信託の併合とは，受託者を同一とする二以上の信託の信託財産の全部を一の新たな信託の信託財産とすることをいい（新信託法第2条第10項），株式会社における新設合併と同様に，従前の各信託は終了することになるが，その財産は信託の清算を経ずに新たな信託の信託財産を構成し，従前の各信託の信託財産責任負担債務も新たな信託の信託財産責任負担債務となるものである（新信託法第153条）。信託の併合は，各信託の委託者，受託者及び受益者の合意によってすることができるほか，そのうちの一部の者の意思決定によることや信託行為で定めた方法によってすることなども認められている（新信託法第151条）。信託の併合に際しては，必要に応じ，債権者保護手続が実施される（新信託法第152条）。

また，信託の分割とは，ある信託の信

託財産の一部を受託者を同一とする他の信託の信託財産として移転すること（吸収信託分割）又はある信託の信託財産の一部を受託者を同一とする新たな信託の信託財産として移転すること（新規信託分割）をいい（新信託法第2条第11項），吸収信託分割は株式会社における吸収分割に，新規信託分割は株式会社における新設分割に相当するものである。それらの手続等については，基本的に信託の併合の場合と同様とされた（新信託法第155条，第156条，第159条，第160条）。

13　受益証券発行信託

受益権（新信託法第2条第7項）の有価証券化については，旧信託法には根拠規定が存在せず，貸付信託，投資信託及び特定目的信託等の特別法に定めがある場合（貸付信託法（昭和27年法律第195号）第8条，投資信託及び投資法人に関する法律（昭和26年法律第198号）第5条，第49条の5及び資産の流動化に関する法律（平成10年法律第105号）第234条）にのみ認められていたところ，新信託法では，受益権を表章する有価証券（受益証券）の発行を一般的に認めることとされ，信託行為において受益証券を発行する旨を定めた信託（受益証券発行信託）においては，受益証券を発行することができることとされ（新信託法第185条），受益権の転々流通を確保することとされた。

14　受益者の定めのない信託

旧信託法においては，学術，技芸，慈善，祭祀，宗教その他公益を目的とする信託（公益信託）を除き，信託行為の時点において受益者の確定可能性のない信託は無効であると解されていた。これに対し，新信託法においては，受益者の定めのない信託の制度を導入し（新信託法第11章），公益以外の目的であっても，受益者の確定可能性のない信託をすることができることとされた。ただし，受益者の定めのない信託は，契約又は遺言の方法によってのみすることができ（新信託法第258条），自己信託の方法によることはできないとされ，また，信託の存続期間は20年を超えることができないとされた（新信託法第259条）。

なお，受益者の定めのない信託は，公益信託に該当するものを除き，別に法律で定める日までの間，当該信託に関する信託事務を適正に処理するに足りる財産的基礎及び人的構成を有する者として政令で定める法人以外の者を受託者とすることができず（新信託法附則第3項），その法律で定める日については，受益者の定めのない信託のうち公益を目的とする信託に係る見直しの状況その他の事情を踏まえて定めるものとされた（新信託法附則第4項）。政令で定める法人以外の者を受託者としてされた信託は無効となり，信託の途中で受託者が政令で定める法人に該当しないこととなった場合には，受託者の任務は終了することになる。

政令で定める法人は，国及び地方公共団体のほか，①純資産の額（貸借対照表上の資産の額から負債の額を控除して得た額をいう。）が5000万円を超える法人であって，かつ，②業務を執行する社員，理事若しくは取締役，執行役，会計参与若しくはその職務を行うべき社員又は監事若しくは監査役（いかなる名称を有する者であるかを問わず，これらの者と同等以上の支配力を有するものと認められる者を含む。）のうちに一定の犯罪歴のある者や暴力団員がいない法人であることとされた（新信託法施行令第3条）。

15 公益信託

整備法において，旧信託法の題名が「公益信託ニ関スル法律」と改正されたが，旧信託法第66条以下に規定されていた公益信託の特則の内容が基本的に維持され，公益信託については受託者において主務官庁の許可を受けなければその効力を生じないこととされた（公益信託ニ関スル法律（大正11年法律第62号）第2条第1項）。

16 農業用動産の抵当権に関する信託の登記に係る規定の新設

上記1のとおり，新信託法においては，抵当権等の設定による信託が可能であることが明確化され，担保権を信託財産とする信託についての規定が整備されたことを受けて，農業用動産の抵当権に関しても，当該抵当権が信託の対象となることを踏まえた所要の整備が行われ，法における「信託に関する登記」と同様の規定が新設された。また，その他準用する法，令及び規則の条項ずれに伴う整理が行われた。

第2 改正に伴う不動産登記事務の取扱いについて

1 信託目録の様式の改正（規則別記5号関係）（別添目録レイアウト）

整備法第71条により法第97条が改正され，信託の登記事項として，新たに，①受益者の指定に関する条件又は受益者を定める方法の定めがあるときは，その定め（法第97条第1項第2号），②受益者代理人があるときは，その氏名又は名称及び住所（同項第4号），③信託法第185条第3項に規定する受益証券発行信託であるときは，その旨（同項第5号），④信託法第258条第1項に規定する受益者の定めのない信託であるときは，その旨（同項第6号）及び⑤公益信託ニ関スル法律第1条に規定する公益信託であるときは，その旨（同項第7号）が加えられた。

また，これらの新たに加えられた事項を含め，同項第2号から第6号までに掲げるいずれかの事項を登記した場合には，受益者の氏名又は名称及び住所（同項第1号）を登記することを要しないこととされた(同条第2項)。なお，同項第2号，第4号又は第5号に掲げる事項を登記する場合には，受益者の氏名等の登記を省略することが可能であるが，受益者が現に存在し，その氏名等を特定することができる場合には，それらの各号に定められた事項を登記するとともに，受益者の氏名等を併せて登記しても差し支えない。

さらに，同項第4号の事項を登記した場合については，登記の省略が認められるのは，当該受益者代理人が代理する受益者に限定されるため，当該受益者代理人によって代理されない受益者については，別途，その氏名等を登記する必要がある。この場合の信託目録への記録は，次のとおりとすることとされた。

＊受益者代理人によって代理される受益者と代理されない受益者が存在する場合
「　受益者　特別区東都町一丁目7番5号
法務三郎
受益者代理人　特別区東都町二丁目1番1号
法務四郎　」
＊受益者代理人が複数存在する場合
「　受益者代理人　特別区東都町二丁目1番1号

法務四郎
受益者代理人　特別区東都町二丁目○番
○号
　　法務五郎　」
　また，これらの登記事項等の改正を受
け，信託目録の様式が改正され（規則別
記第5号），旧様式中の「一　委託者の
氏名及び住所」，「二　受託者の氏名及び
住所」，「三　受益者の氏名及び住所」及
び「四　信託管理人の氏名及び住所」の
4項目が，「一　委託者に関する事項」，
「二　受託者に関する事項」及び「三
受益者に関する事項等」の3項目に整理
された。
　新様式においては，法第97条第1項中，
第1号から第7号まではそれぞれ委託者，
受託者及び受益者に関する事項に分類し
て記録し（同項第3号から第7号までは
「三　受益者に関する事項等」に記録す
ることとされた。），第8号から第11号ま
でについては，従前どおり「信託条項」
に記録することとされた。
　なお，信託目録未指定登記所（規則附
則第12条第1項）においては，書面申請
により信託目録に記録すべき情報を記載
した書面が提出されたときは，当該書面
は信託目録とみなされるが（同条第4項），
当該信託目録に記録すべき情報を記載し
た書面の様式は，新信託法施行後は，新
しい信託目録の様式と同一の様式（規則
別記第5号）とすることとされた（同条
第5項においてなお効力を有するものと
される不動産登記法施行細則（明治32年
司法省令第11号）第43条ノ6）。
　また，新信託法の施行の日前に登記の
申請がされた場合には，その登記に関す
る手続については，なお従前の例による
こととされており（整備法第72条），旧
様式により信託目録に記録すべき情報を

記載した書面が提出されていても，新信
託法施行後も，それをそのまま信託目録
と扱い，信託目録つづり込み帳につづり
込めば足りることとされた（規則附則第
12条第4項後段）。
　さらに，新信託法施行後に，旧様式で
作成され，信託目録つづり込み帳につづ
り込まれた信託目録（信託目録とみなさ
れるものを含む。）について，謄本等の
交付の請求があった場合にも，そのまま
謄本等を作成し，交付すれば足りる。

2　合筆の登記の制限の特例

　信託の登記がされている不動産につい
て合筆の登記の申請がされた場合には，
受理することができないとするのが登記
実務の取扱いであったが（昭和48年8月
30日付け民事三第6677号民事局長回答），
今般，新信託法の施行に伴い，規則第
105条が改正され，「信託の登記であって，
法第97条第1項各号に掲げる登記事項が
同一のもの」である場合が追加され（規
則第105条第3号），合筆の登記の制限が
緩和された。併せて，合筆の登記におけ
る権利部の記録方法に変更が加えられ，
合筆後の土地の登記記録の権利部の相当
区に当該信託の登記を記録することとさ
れた（規則第107条第1項第4号）。なお，
この場合，各筆の土地の所有権の全部が
同一の信託に属する場合のほか，各筆の
土地が共有されており，その共有持分が
異なる複数の信託に属する場合も含まれ
ることとされた。この場合には，合筆後
の土地の登記記録の甲区には，各信託に
ついての信託の登記をそれぞれ記録しな
ければならないこととされた。

3　建物の合併の登記の制限の特例

　建物の場合についても，所有権等の登

記以外の権利に関する登記がある建物の合併の登記が原則として禁止されているところ，上記2と同様に，規則第131条が改正され，「信託の登記であって，法第97条第1項各号に掲げる登記事項が同一のもの」である場合が追加され（規則第131条第2号），新たに合併の登記の制限が緩和された。この場合の建物の合併の登記における権利部の記録方法についても，上記2の場合と同様である（規則第134条第1項において準用する第107条第1項）。

4 担保権の設定による信託

担保権の設定による信託とは，上記第1の1のとおり，債務者が自己の所有する不動産について，受託者を権利者として抵当権を設定し，その被担保債権の債権者を受益者に指定するものであり，債務者以外の者が抵当権設定者となること（物上保証）も可能である。

登記の申請時には，抵当権設定者（委託者）が登記義務者となり，抵当権者（受託者）が登記権利者となる。また，複数の債権者が有する別個独立の複数の債権（債務者が同一でない場合も含む。）を一つの抵当権で担保することも可能である。なお，各債権者が有する債権は別個独立のものであり，一つの債権を準共有するものではないため，個別に債権額等を登記すべきこととされた。さらに，利息又は損害金の定めが異なる場合には，これも登記すべきこととされた。

5 自己信託による権利の変更の登記

(1) 登記の申請

自己信託とは，上記第1の2のとおり，信託の方法の一種であり，委託者自身が受託者となり，委託者が自己の有する一定の財産の管理・処分を自ら（受託者として）すべき旨の意思表示を書面等によりする方法である（新信託法第3条第3号）。そのため，当該信託の対象となる権利は，自己信託がされても，受託者に属するものである点は変わらず，権利の移転は伴わないが，受託者の固有財産から信託財産に属することとなる点で，権利の「変更」（法第3条）に該当し，当該権利が信託財産になった旨の権利の変更の登記をすることとされた。なお，所有権を自己信託の対象とした場合における権利の変更の登記は，付記登記によらず，主登記による。

この場合にも，信託の登記の申請は，当該権利の変更の登記の申請と同時にすべきこととされ（法第98条第1項），これを受けて，信託の登記の申請と当該信託に係る権利の変更の登記の申請とは，一の申請情報によってしなければならないこととされた（令第5条第2項）。また，自己信託による権利の変更の登記の申請は，共同申請の例外として，受託者が単独で申請することができることとされた（法第98条第3項）。しかし，自己信託の方法によってされる信託の登記の申請に当たっては，当該申請人が申請権限を有する者であること（信託財産に属すべき不動産に関する権利の登記名義人であること）を担保するため，登記識別情報を提供しなければならないこととされた（令第8条第1項第8号）。

(2) 添付情報

登記の申請には，登記原因証明情報として，新信託法第4条第3項第1号に規定する公正証書等によって自己信託をした場合には当該公正証書等（公

283

正証書については，その謄本）を，公
正証書等以外の書面又は電磁的記録に
よって自己信託をした場合には当該書
面又は電磁的記録及び同項第2号の通
知をしたことを証する情報を添付しな
ければならないこととされた（令別表
65の項添付情報欄イ，同別表66の3の
項添付情報欄）。

6　受託者の変更による登記

(1)　登記の申請

受託者の任務終了事由については見
直しがされ，受託者である法人が合併
により解散した場合については，信託
行為に別段の定めがない限り（新信託
法第56条第3項），受託者の任務終了
事由とならず，合併後存続する法人（吸
収合併）又は合併により設立する法人
（新設合併）が任務を引き継ぐことと
された（同条第2項）。そこで，法第
100条第1項においては，改正前の同
条において受託者の任務終了事由とし
て掲げられていた「法人の解散」を「法
人の合併以外の理由による解散」と改
め，これに伴い，法人の合併による解
散による権利の移転の登記は，法第
100条の規定による受託者の任務終了
に基づく権利の移転の登記としてでは
なく，法第63条第2項の法人の合併に
よる権利の移転の登記として申請する
こととされた。

(2)　添付情報

令第7条の規定によるほか，別表23
の項の規定による。

7　受託者の解任による付記登記の廃止

旧規則においては，登記官は，受託者
の解任の登記の嘱託に基づく信託の変更
の登記をするときは，職権で，当該信託

に係る権利の保存，設定，移転又は変更
の登記についてする付記登記によって，
受託者を解任した旨及び登記の年月日を
記録することを要するとされていたが，
規則においては，付記登記を行う旨の取
扱いは廃止することとされた（規則第
177条）。

8　信託の併合又は分割

(1)　登記の申請

信託の併合又は分割が行われた場合
において，信託の併合又は分割により
信託財産に属する不動産に関する権利
の帰属に変更が生じたときは，信託の
併合又は分割は受託者が同一である信
託についてされるものであるため，当
該権利の登記名義人には変更がない。
そこで，自己信託がされた場合と同様
に，信託の併合又は分割を原因とする
権利の変更の登記がされることとされ
た（法第104条の2第1項）。

また，この場合には，当該権利の変
更の登記と併せて，当該不動産に関す
る権利が属していた信託についての信
託の登記を抹消し，新たに当該権利が
属することとなる信託についての信託
の登記をすることとなるが，これらの
信託の登記の抹消の申請及び信託の登
記の申請は，信託の併合又は分割を原
因とする権利の変更の登記の申請と同
時にすることとされた（法104条の2
第1項）。

なお，信託の併合又は分割による権
利の変更の登記については，当該不動
産に関する権利が属していた信託の受
託者及び受益者を登記義務者とし，当
該不動産に関する権利が属することと
なる信託の受託者及び受益者が登記権
利者となる（法第104条の2第2項前

段）。なお，受益者については，登記
識別情報の提供を要しない（同項後段）。
　⑵　添付情報
　　　信託の併合又は分割をする場合には，
債権者保護手続（新信託法第152条，
第156条及び第160条）を採ることとさ
れたことから，この場合の権利の変更
の登記の申請時の添付情報として，債
権者保護手続が適法に行われたこと等
を証する情報を提供しなければならな
いこととされた（令別表66の２の項添
付情報欄ハ）。

9　信託財産管理命令

　上記第１の５のとおり，新信託法第64
条第５項及び第６項の規定に基づき信託
財産管理命令の登記の嘱託又は登記の抹
消の嘱託がされる。

　なお，一つの物件の共有持分が異なる
複数の信託の信託財産となっている場合
（物件に対し複数の信託が登記されてい
る場合）において，そのうちの一部の信
託について信託財産管理命令の登記の嘱
託があった場合の登記の目的欄は，「何
番信託の信託財産管理命令」とする。

　信託財産管理者は，信託財産に属する
財産の管理及び処分をする権利を有する
ため（新信託法第66条第１項），信託財
産管理者が信託財産に属する不動産に関
する権利についての登記の申請をする場
合がありうるが，この場合には，裁判所
作成の選任を証する情報を提供すること
を要する。

10　信託財産法人管理命令

　新信託法第74条第６項において準用す
る新信託法第64条第５項及び第６項の規
定に基づき信託財産法人管理命令の登記
の嘱託又は登記の抹消の嘱託がされる。

　信託財産法人管理命令に関する登記事
務の取扱いは，上記の９の信託財産管理
者の取扱いと同様である。

11　信託財産と固有財産等に属する共有物の分割

　共有物の分割は，①信託行為に定めた
方法，②受託者と受益者との協議による
方法，③分割をすることが信託の目的の
達成のために合理的に必要と認められる
場合であって，受益者の利益を害しない
ことが明らかであるときなどにおいて，
受託者が決する方法によってすることと
されたため（新信託法第19条第１項，第
３項），共有物の分割により持分の移転
がされるときの登記の申請においては，
登記原因証明情報として，これらの方法
により共有物分割が行われたことを証す
る情報を提供することとされた。

　なお，この場合の登記権利者及び登記
義務者の扱いについては後記12参照。

12　信託財産に属する財産を固有財産に帰属させること等

　新信託法においては，様々な局面で，信
託財産に属する財産が固有財産に帰属する
こと，固有財産に属する財産が信託財産に
帰属すること，又は信託財産に属する財産
が他の信託の信託財産に帰属することが許
容されることとされた。例えば，①受益者
の承認を得て，信託財産に属する財産を固
有財産に帰属させることが許容され（新信
託法第31条第１項第１号，同条第２項第２
号），②受託者と受益者との協議による共
有物の分割により，固有財産に属する共有
持分が信託財産に帰属することとなり（新
信託法第19条第１項第２号），③信託の併
合又は分割により，ある信託の信託財産に
属した財産が他の信託の信託財産に属する

こととなる場合等がある（上記8参照）。

これらの場合には，いずれも，権利の変更の登記がされることになるが，これに併せて信託の登記や信託の登記の抹消をする必要がある。そして，これらの登記の申請は，権利の変更の登記の申請と同時に申請しなければならないとされた（法第104条の2第1項）。

また，この場合の登記権利者及び登記義務者については，特例が設けられており，その内容は，次のとおりである（法第104条の2第2項）。

権利の変更の登記の種別	登記権利者	登記義務者
不動産に関する権利が固有財産に属する財産から信託財産に属する財産となった場合	受益者	受託者
不動産に関する権利が信託財産に属する財産から固有財産に属する財産となった場合	受託者	受益者
不動産に関する権利が一の信託の信託財産に属する財産から他の信託の信託財産に属する財産となった場合	当該他の信託の受益者及び受託者	当該一の信託の受託者及び受益者

第3　登記の記録例

（編注：記録例は省略しました。）

参　照

「民事月報」平成19年11月号
「登記研究」716号
「平成20年先例集」238頁

質権の実行による信託受益権の移転に伴う受益者の変更の登記手続について

「弁護士法第23条の2に基づく照会（質権の実行による信託受益権の移転に伴う受益者の変更の登記手続）について」

（平成22年11月24日民二第2949号第二課長回答）

―――照会要旨―――

流質特約に基づく信託受益権の任意売却及び代物弁済の事案において，信託受益者変更登記をする際に，受益者変更について旧受益者が承諾していることを証する書面（旧受益者の捺印が必要）及び登記申請時から3か月以内に取得された旧受益者の印鑑登録証明書を提出する必要は無いとの理解ですが，その理解で正しいでしょうか。

をもって照会のありました標記の件については，登記原因証明情報として，質権設定契約書，質権実行通知書等が提供されている場合には，別途，旧受益者が承諾していることを証する書面等の提供は要しないものと考えます。

参照

「登記研究」758号

―――回　答―――

平成21年9月1日付け照会番号21‐1367

93

先例

根抵当権設定仮登記及び信託仮登記について

「根抵当権設定仮登記及び信託仮登記申請の受否について」

（平成24年4月26日民二第1085号第二課長通知）

―― 通　知 ――

　標記について，別紙甲号のとおり東京法務局民事行政部長から当職宛て照会があり，別紙乙号のとおり回答しましたので，この旨貴管下登記官に周知方取り計らい願います。

注）別紙甲号の別添登記申請書については，掲載を省略しました。

―― 照　会 ――

（別紙甲号）

　標記について，別添のとおり登記申請があり，当職としては，これを登記して差し支えないと考えますが，いささか疑義がありますので，照会します。

―― 回　答 ――

（別紙乙号）

　本年4月19日付け2不登1第140号で照会のありました標記の件については，貴見のとおりと考えます。

　なお，根抵当権の信託に係る記録例は，別紙のとおりと考えます。

（別紙）
【仮登記の場合】

権　利　部　（乙区）		（所有権以外の権利に関する事項）	
順位番号	登記の目的	受付年月日・受付番号	権利者その他の事項
何	根抵当権設定仮登記	平成何年何月何日 第何号	原因　平成何年何月何日信託 極度額　金何万円 債権の範囲　売買取引　手形債権　小切手債権 確定期日　平成何年何月何日 債務者　何市何町何番地 　　　　何某 権利者　何市何町何番地 　　　　何某
	信託仮登記	余白	信託目録第何号
	余白	余白	余白
	余白	余白	余白

【本登記の場合】

権　利　部　（乙区）		（所有権以外の権利に関する事項）	
順位番号	登記の目的	受付年月日・受付番号	権利者その他の事項
何	根抵当権設定	平成何年何月何日 第何号	原因　平成何年何月何日信託 極度額　金何万円 債権の範囲　売買取引　手形債権　小切手債権 確定期日　平成何年何月何日 債務者　何市何町何番地 　　　　何某 受託者　何市何町何番地 　　　　何某
	信託	余白	信託目録第何号

参　照

「民事月報」平成24年6月号
「登記研究」776号

94

先例

所有権移転仮登記のみの申請の可否

「信託を登記原因とする停止条件付所有権の移転の仮登記のみの申請の可否について」

（平成30年8月3日民二第298号第二課長通知）

─通　知─────────

標記について，別紙甲号のとおり東京法務局民事行政部長から当職宛てに照会があり，別紙乙号のとおり回答しましたので，この旨貴管下登記官に周知方お取り計らい願います。

─照　会─────────

（別紙甲号）

今般，信託の仮登記の申請と同時にされずに，信託を登記原因とする停止条件付所有権の移転の仮登記の申請（以下「本件申請」という。）のみがされました。

信託契約を締結する方法によってされる信託は，信託法（平成18年法律第108号）第4条第1項により，当該契約の締結によってその効力を生ずるとされ，同条第4項により，これらの規定にかかわらず，信託は，信託行為に停止条件又は始期が付されているときは，当該停止条件の成就又は当該始期の到来によってその効力を生ずるとされていることから，信託を登記原因とする停止条件付所有権の移転の仮登記の申請及び信託の仮登記の申請が同時にされた場合には，他に却下事由が存在しない限り，その申請に基づく登記をすることができると考えられます。他方，信託の登記の申請は，不動産登記法（平成16年法律第123号）第98条第1項により，当該信託に係る権利の保存，設定，移転又は変更の登記の申請と同時にしなければならないとされ，信託の仮登記の場合も同様であると考えられることから，信託の仮登記と同時に申請されていない本件申請については，同法第25条第5号により却下すべきであると考えますが，いささか疑義がありますので照会します。

─回　答─────────

（別紙乙号）

本年7月27日付け2不登12第140号をもって照会のありました標記の件については，貴見のとおり取り扱われて差し支えありません。

参　照

「登記研究」858号

290

委託者が複数で受託者が一人の場合の信託

「複数の委託者のうちの一部の者を受託者とする信託の登記について」

（平成30年12月18日民二第760号第二課長通知）

── 通　知 ──

標記について，別紙甲号のとおり東京法務局民事行政部長から当職宛てに照会があり，別紙乙号のとおり回答しましたので，この旨貴管下登記官に周知方お取り計らい願います。

── 照　会 ──

（別紙甲号）

委託者を甲及び乙，受託者を乙，受益者を甲及び乙，信託財産を甲及び乙が共有する不動産とし，当該不動産の全体を一体として管理又は処分等をすべき旨の信託契約をしたとして，甲及び乙を所有権の登記名義人とする当該不動産について，当該信託を登記原因とし，共有者全員持分全部移転及び信託を登記の目的とする登記の申請がされました。

この信託は，受託者以外の者（甲）が有する財産の管理又は処分等がその内容に含まれていることから，いわゆる自己信託（信託法（平成18年法律第108号）第3条第3号）には直ちに該当せず，信託契約（同条第1号）によるものとして，共有者全員持分全部移転及び信託の登記の方法により登記をすることが相当であると考えられるため，他に却下事由がない限り，当該申請に基づく登記をすることができると考えますが，いささか疑義がありますので照会します。

── 回　答 ──

（別紙乙号）

本月12日付け2不登1第49号をもって照会のありました標記の件については，貴見のとおり取り扱われて差し支えありません。

参　照

「登記研究」859号

所有者不明土地関係

所有者不明土地と登記事務

「所有者不明土地の利用の円滑化等に関する特別措置法等の施行に伴う不動産登記事務の取扱いについて」

（平成30年11月15日民二第612号民事局長通達）

―通 達―

　所有者不明土地の利用の円滑化等に関する特別措置法（平成30年法律第49号。以下「特措法」という。），所有者不明土地の利用の円滑化等に関する特別措置法施行令（平成30年政令第308号。以下「施行令」という。）及び所有者不明土地の利用の円滑化等に関する特別措置法に規定する不動産登記法の特例に関する省令（平成30年法務省令第28号，以下「省令」という。）が本日から施行されますが，これらに伴う不動産登記事務の取扱いについては，下記の点に留意し，事務処理に遺憾のないよう，貴管下登記官に周知方お取り計らい願います。

　なお，本通達中，「不登法」とあるのは不動産登記法（平成16年法律第123号）を，「不登規則」とあるのは不動産登記規則（平成17年法務省令第18号）をそれぞれいいます。

記

第1 特定登記未了土地の相続登記等に関する不動産登記法の特例

1 特定登記未了土地の意義

　特定登記未了土地の相続登記等（相続による所有権の移転の登記その他の所有権の登記をいう。以下同じ。）に関する不動産登記法の特例が対象とする特定登記未了土地とは，所有権の登記名義人の死亡後に相続登記等がされていない土地であって，土地収用法（昭和26年法律第219号）第3条各号に掲げるものに関する事業を実施しようとする区域の適切な選定その他の公共の利益となる事業の円滑な遂行を図るため当該土地の所有権の登記名義人となり得る者を探索する必要があるものとされた（特措法第2条第4項）。

2 所有権の登記への付記

⑴　登記官は，起業者（土地収用法第8条第1項に規定する起業者をいう。）その他の公共の利益となる事業を実施しようとする者からの求めに応じ，当該事業を実施しようとする区域内の土地（以下「対象土地」という。）につきその所有権の登記名義人に係る死亡の事実の有無を調査した場合において，対象土地が特定登記未了土地に該当し，かつ，対象土地につきその所有権の登記名義人の死亡後10年以上30年以内において政令で定める期間を超えて相続

登記等がされていないと認めるときは，対象土地の所有権の登記名義人となり得る者を探索した上，職権で，所有権の登記名義人の死亡後長期間にわたり相続登記等がされていない土地である旨その他当該探索の結果を確認するために必要な事項として法務省令で定めるものをその所有権の登記に付記することができるものとされた（特措法第40条第1項）。

⑵　⑴の政令で定める期間は，30年とされた（施行令第10条）。

⑶　特措法第40条第1項の事項の登記は，付記登記によってするものとされた（省令第2条）。

　　付記登記のほか，特措法に基づく登記に関する手続には，省令が定める以外の事項については，不登規則が適用される。

⑷　登記官は，職権で特措法第40条第1項の事項の登記をしようとするときは，職権付記登記事件簿に登記の目的，立件の年月日及び立件の際に付した番号（以下「立件番号」という。）並びに不動産所在事項を記録するものとされた（省令第3条第1項）。

⑸　⑴の法務省令で定める事項は，第2の2⑸の相続人の全部又は一部が判明しないときは，その旨及び同⑹の作成番号とされた（省令第3条第2項）。

⑹　登記官は，長期相続登記等未了土地（特措法第2条第4項の特定登記未了土地に該当し，かつ，当該土地の所有権の登記名義人の死亡後30年間を超えて相続登記等がされていない土地をいう。以下同じ。）に特措法第40条第1項の事項の登記をする際は，別記第1号様式により立件するものとし，当該別記第1号様式に，不動産登記事務取

扱手続準則（平成17年2月25日付け法務省民二第456号法務省民事局長通達）別記第60号様式及び別記第61号様式又はこれらに準ずる様式による印判を押印して，省令第3条第1項の立件の年月日及び立件番号を記載し，立件，調査，記入，校合（こうごう）をした場合には，その都度該当欄に取扱者が押印するものとする。

　　登記官は，特措法第40条第1項の事項の登記を変更をする際は，別記第2号様式により立件するものとし，当該別記第2号様式に上記と同様の押印等をするものとする。

⑺　特措法第40条第1項の事項の登記の記録例は，別紙1のとおりとする。

3　相続登記等の申請の勧告等

⑴　登記官は，2⑴の探索により長期相続登記等未了土地の所有権の登記名義人となり得る者を知ったときは，その者に対し，長期相続登記等未了土地についての相続登記等の申請を勧告することができるものとされた（特措法第40条第2項前段）。

　　当該勧告は，次に掲げる事項を明らかにしてするものとされた（省令第4条第1項各号）。

ア　長期相続登記等未了土地に係る不動産所在事項及び不動産番号

イ　所有権の登記名義人となり得る者

⑵　上記⑴の場合において，登記官は，相当でないと認めるときを除き，相続登記等を申請するために必要な情報を併せて通知するものとされた（特措法第40条第2項後段）。

　　当該通知は，次に掲げる事項を明らかにしてするものとされた（省令第4条第2項各号）。

ア　長期相続登記等未了土地の所在地を管轄する登記所

イ　登記の申請に必要な情報

　具体的には，申請窓口に係る情報や申請情報の内容とすべき事項などがこれに該当する。

4　情報提供の要請

　登記官は，上記2及び3の施行に必要な限度で，関係地方公共団体の長その他の者に対し，対象土地の所有権の登記名義人に係る死亡の事実その他対象土地の所有権の登記名義人となり得る者に関する情報の提供を求めることができるものとされた（特措法第40条第3項）。

第2　法定相続人情報の作成

1　登記官は，第1の2(1)の探索を行った場合には，当該長期相続登記等未了土地の所有権の登記名義人に係る法定相続人情報を作成するものとされた（省令第1条第1項）。

2　法定相続人情報には，次に掲げる事項を記録するものとされた（省令第1条第2項各号）。法定相続人情報の記録例は，別紙2又はこれに準ずるものとする。

(1)　被相続人である所有権の登記名義人の氏名，出生の年月日，最後の住所，登記簿上の住所及び本籍並びに死亡の年月日

　なお，被相続人の最後の住所が判明しないときは，当該住所を記録することは要しないものとする。

(2)　上記(1)の登記名義人の相続人（被相続人又はその相続人の戸籍及び除かれた戸籍の謄本又は全部事項証明書により確認することができる相続人となり得る者をいう。以下第2の2において

同じ。）の氏名，出生の年月日，住所及び当該登記名義人との続柄（当該相続人が死亡しているときにあっては，氏名，出生の年月日，当該登記名義人との続柄及び死亡の年月日）

　なお，相続人の住所を記録することができないときは，当該住所の記録を要しないものとする。

(3)　上記(1)の登記名義人の相続人（以下「第一次相続人」という。）が死亡している場合には，第一次相続人の相続人（以下「第二次相続人」という。）の氏名，出生の年月日，住所及び第一次相続人との続柄（当該第二次相続人が死亡しているときにあっては，氏名，出生の年月日，当該第一次相続人との続柄及び死亡の年月日）

　なお，第二次相続人の住所を記録することができないときは，当該住所の記録を要しないものとする。

(4)　第二次相続人が死亡しているときは，第二次相続人を第一次相続人と，第二次相続人を第一次相続人の相続人とみなして，上記(3)を適用するものとされた。当該相続人（その相続人を含む。）が死亡しているときも，同様とするものとされた。

(5)　相続人の全部又は一部が判明しないときは，その旨

(6)　作成番号

　作成番号は，12桁の番号とし，登記所ごとに法定相続人情報を作成する順序に従って付すものとされた（省令第1条第3項）。

(7)　作成の年月日

　作成の年月日は，登記官が法定相続人情報の内容について，上記(1)から(5)までの事項につき，提出された資料から確認した内容と合致していないなど

の誤りや遺漏がないことを確認した日を記録するものとする。

3　登記官は，法定相続人情報を電磁的記録で作成し，これを保存するものとされた（省令第1条第4項）。

　　所有権の登記名義人の相続人又は特措法第40条第1項の申出をした公共の利益となる事業を実施しようとする者から，法定相続人情報の閲覧の請求（不登法第121条第2項）がされた場合には，当該電磁的記録に記録された情報の内容を書面に出力して表示するものとする（不登規則第202条第2項）。

第3　その他

1　登記所には，法定相続人情報つづり込み帳及び職権付記登記事件簿を備えるものとされた（省令第5条第1項）。

　　法定相続人情報つづり込み帳には，不登規則第19条の規定にかかわらず，関係地方公共団体の長その他の者への照会書の写し，提出された資料，法定相続人情報の内容を書面に出力したもの及び省令第2条の付記登記に関する書類をつづり込むものとされた（省令第5条第2項）。

　　法定相続人情報つづり込み帳には，上記の書類を作成番号の順序に従ってつづり込むものとする。

2　次に掲げる情報の保存期間は，次のとおりとされた（省令第6条第1項各号）。

　(1)　法定相続人情報　付記登記を抹消した日から30年間

　(2)　職権付記登記事件簿に記録された情報　立件の日から5年間

　　また，法定相続人情報つづり込み帳の保存期間は，作成の年の翌年から10年間とされた（同条第2項）。

3　登記官は，特措法第40条第1項の事項の登記がされた所有権の登記名義人について所有権の移転の登記をしたとき（これにより当該登記名義人が所有権の登記名義人でなくなった場合に限る。）は，職権で，当該特措法第40条第1項の事項の登記の抹消の登記をするとともに，抹消すべき登記を抹消する記号を記録しなければならないものとされた（省令第7条）。

4　表題部所有者又は登記名義人の相続人が登記の申請をする場合において，当該表題部所有者又は登記名義人に係る法定相続人情報の作成番号（法定相続人情報に相続人の全部又は一部が判明しない旨の記録がないものに限る。）を提供したときは，当該作成番号の提供をもって，相続があったことを証する市町村長（特別区の区長を含むものとし，地方自治法（昭和22年法律第67号）第252条の19第1項の指定都市にあっては，区長又は総合区長とする。以下同じ。）その他の公務員が職務上作成した情報の提供に代えることができるものとされた（省令第8条第1項）。

　　また，表題部所有者の相続人が所有権の保存の登記の申請をする場合又は登記名義人の相続人が相続による権利の移転の登記の申請をする場合において，法定相続人情報の作成番号（法定相続人情報に当該相続人の住所が記録されている場合に限る。）を提供したときは，当該作成番号の提供をもって，登記名義人となる者の住所を証する市町村長その他の公務員が職務上作成した情報の提供に代えることができるものとされた（同条第2項）。

5　第1の2(1)の特措法第40条第1項の事項の登記をするための作業において，当該登記をすることができないとされた土

地の所有権の登記名義人に係る書類は，不動産所在事項及び不動産番号を付した上で，雑書つづり込み帳（不登規則第18条第34号）につづり込むものとする。

別記第1号様式

余白

長期相続登記等未了土地の付記
1　所有権の登記名義人の氏名住所（甲区順位何番）
　　住所
　　氏名
2　不動産の表示
　　不動産番号
　　所　　　在
　　地　　　番
　　地　　　目
　　地　　　積
※　物件が多数の場合は，別紙を用いても差し支えない。その場合には，不動産の表
　　示に「別紙のとおり」と記載するものとする。
3　作成番号
　　5100－2018－0001号
4　添付情報
　　別紙法定相続人情報の内容のとおり
　　　　　　　　　　　以下余白

X　所有者不明土地関係

別記第2号様式

```
┌─────────────────────────────────────────────────────────┐
│  ┌───────────────────────────────────────────────────┐  │
│  │                                                   │  │
│  │                                                   │  │
│  │                     余白                          │  │
│  │                                                   │  │
│  │                                                   │  │
│  └───────────────────────────────────────────────────┘  │
│                長期相続登記等未了土地の付記の変更            │
│  1　所有権の登記名義人の氏名住所（甲区順位何番）            │
│    　住所                                                 │
│    　氏名                                                 │
│  2　不動産の表示                                          │
│    　不動産番号                                            │
│    　所　　　在                                            │
│    　地　　　番                                            │
│    　地　　　目                                            │
│    　地　　　積                                            │
│  ※　物件が多数の場合は，別紙を用いても差し支えない。その場合には，不動産の表│
│    　示に「別紙のとおり」と記載するものとする。              │
│  3　変更の事由                                            │
│    　・相続人の失踪宣告取消しのため，作成番号を「5100−2018−0002号」に変更│
│  4　添付情報                                              │
│    　（例）別紙法定相続人情報の内容のとおり                 │
│                      以下余白                             │
│                                                         │
└─────────────────────────────────────────────────────────┘
```

記録例

1 所有権の保存の登記

権　利　部（甲区）　　（所有権に関する事項）			
順位番号	登記の目的	受付年月日・受付番号	権利者その他の事項
1	所有権保存	昭和何年何月何日 第何号	所有者　何市何町何番地 　甲　某
付記1号	長期相続登記等 未了土地	余白	作成番号　第5100-2018-0001号 平成30年何月何日付記

（相続人の全部又は一部が判明しないとき）

権　利　部（甲区）　　（所有権に関する事項）			
順位番号	登記の目的	受付年月日・受付番号	権利者その他の事項
1	所有権保存	昭和何年何月何日 第何号	所有者　何市何町何番地 　甲　某
付記1号	長期相続登記等 未了土地	余白	作成番号　第5100-2018-0002号 （相続人の全部（又は一部）不掲載） 平成30年何月何日付記

2 所有権の移転の登記（単有）

権　利　部（甲区）　　（所有権に関する事項）			
順位番号	登記の目的	受付年月日・受付番号	権利者その他の事項
2	所有権移転	昭和何年何月何日 第何号	原因　昭和何年何月何日売買 所有者　何市何町何番地 　甲　某
付記1号	長期相続登記等 未了土地	余白	作成番号　第5100-2018-0003号 平成30年何月何日付記

3 所有権の移転の登記（共有）

権　利　部（甲区）　　（所有権に関する事項）			
順位番号	登記の目的	受付年月日・受付番号	権利者その他の事項
2	所有権移転	昭和何年何月何日 第何号	原因　昭和何年何月何日売買 共有者 　何市何町何番地 　持分2分の1 　甲　某

Ｘ　所有者不明土地関係

			何市何町何番地 2分の1 乙　某
付記1号	2番共有者乙某 につき長期相続 登記等未了土地	余白	作成番号　第5100-2018-0004号 平成30年何月何日付記
付記2号	2番共有者甲某 につき長期相続 登記等未了土地	余白	作成番号　第5100-2018-0005号 平成30年何月何日付記

4　持分の移転の登記（所有）

権　利　部（甲区）		（所有権に関する事項）	
順位番号	登記の目的	受付年月日・受付番号	権利者その他の事項
2	所有権移転	昭和何年何月何日 第何号	原因　昭和何年何月何日売買 共有者 　何市何町何番地 　持分2分の1 　甲　某 　何市何町何番地 　2分の1 　乙　某
付記1号	2番共有者乙某 につき長期相続 登記等未了土地	余白	作成番号　第5100-2018-0006号 平成30年何月何日付記
3	甲某持分全部移 転	昭和何年何月何日 第何号	原因　昭和何年何月何日売買 所有者　何市何町何番地 　持分2分の1 　乙　某
付記1号	長期相続登記等 未了土地	余白	作成番号　第5100-2018-0006号 平成30年何月何日付記

5　変更又は更正の付記
　(1)　所有権の保存の登記（包括許可による承認（平成17年4月18日付け法務省民二
　　　第1009号民事局長通達第2）の場合）

権　利　部（甲区）		（所有権に関する事項）	
順位番号	登記の目的	受付年月日・受付番号	権利者その他の事項
1	所有権保存	昭和何年何月何日 第何号	所有者　何市何町何番地 　甲　某

付記1号	長期相続登記等未了土地	余白	作成番号　第5100-2018-0007号 平成30年何月何日付記
付記1号の付記1号	1番付記1号長期相続登記等未了土地更正	余白	作成番号　第0100-2018-0008号 平成30年何月何日受付 第何号 登記官の過誤につき職権更正

(2)　所有権の移転の登記（単有）

権　利　部（甲区）	（所有権に関する事項）		
順位番号	登記の目的	受付年月日・受付番号	権利者その他の事項
2	所有権移転	昭和何年何月何日 第何号	原因　昭和何年何月何日売買 所有者　何市何町何番地 　甲　某
付記1号	長期相続登記等未了土地	余白	作成番号　第5100-2018-0009号 平成30年何月何日付記
付記1号の付記1号	2番付記1号長期相続登記等未了土地変更	余白	作成番号　第5100-2018-0010号 平成30年何月何日付記

(3)　所有権の移転の登記（共有）

権　利　部（甲区）	（所有権に関する事項）		
順位番号	登記の目的	受付年月日・受付番号	権利者その他の事項
2	所有権移転	昭和何年何月何日 第何号	原因　昭和何年何月何日売買 共有者 　何市何町何番地 　持分2分の1 　甲　某 　何市何町何番地 　2分の1 　乙　某
付記1号	2番共有者乙某につき長期相続登記等未了土地	余白	作成番号　第5100-2018-0011号 平成30年何月何日付記
付記1号の付記1号	2番付記1号長期相続登記等未了土地変更	余白	作成番号　第0100-2018-0012号 平成30年何月何日付記

X　所有者不明土地関係

6 相続人等からの所有権の移転の登記
(1) 所有権の保存の登記

権　利　部（甲区）		（所有権に関する事項）	
順位番号	登記の目的	受付年月日・受付番号	権利者その他の事項
1	所有権保存	昭和何年何月何日 第何号	所有者　何市何町何番地 　甲　某
付記1号	長期相続登記等 未了土地	余白	作成番号　第5100-2018-0019号 平成30年何月何日付記
2	所有権移転	平成30年何月何日 第何号	原因　昭和何年何月何日相続（又 は売買） 所有者　何市何町何番地 　丙　某
3	1番付記1号長 期相続登記等未 了土地の抹消	余白	2番の登記をしたので順位1番付 記1号の付記を抹消 平成30年何月何日登記

(2) 所有権の移転の登記（単有）

権　利　部（甲区）		（所有権に関する事項）	
順位番号	登記の目的	受付年月日・受付番号	権利者その他の事項
2	所有権移転	昭和何年何月何日 第何号	原因　昭和何年何月何日売買 所有者　何市何町何番地 　甲　某
付記1号	長期相続登記等 未了土地	余白	作成番号　第5100-2018-0020号 平成30年何月何日付記
3	所有権移転	平成30年何月何日 第何号	原因　昭和何年何月何日相続（又 は売買） 所有者　何市何町何番地 　丙　某
4	2番付記1号長 期相続登記等未 了土地の抹消	余白	3番の登記をしたので順位2番付 記1号の付記を抹消 平成30年何月何日登記

(3) 所有権の移転の登記（共有）

権　利　部（甲区）		（所有権に関する事項）	
順位番号	登記の目的	受付年月日・受付番号	権利者その他の事項
2	所有権移転	昭和何年何月何日 第何号	原因　昭和何年何月何日売買 共有者

順位番号	登記の目的	受付年月日・受付番号	権利者その他の事項
			何市何町何番地 持分2分の1 甲　某 何市何町何番地 2分の1 乙　某
付記1号	2番共有者乙某につき長期相続登記等未了土地	余白	作成番号　第5100-2018-0021号 平成30年何月何日付記
3	乙某持分全部移転	平成30年何月何日 第何号	原因　昭和何年何月何日相続（又は売買） 共有者 　何市何町何番地 　持分2分の1 　丁　某
4	2番付記1号長期相続登記等未了土地の抹消	余白	3番の登記をしたので順位2番付記1号の付記を抹消 平成30年何月何日登記

⑷　持分の移転の登記（所有）

権利部（甲区）（所有権に関する事項）			
順位番号	登記の目的	受付年月日・受付番号	権利者その他の事項
2	所有権移転	昭和何年何月何日 第何号	原因　昭和何年何月何日売買 共有者 　何市何町何番地 　持分2分の1 　甲　某 　何市何町何番地 　2分の1 　乙　某
付記1号	2番共有者乙某につき長期相続登記等未了土地	余白	作成番号　第5100-2018-0022号 平成30年何月何日付記
3	甲某持分全部移転	昭和何年何月何日 第何号	原因　昭和何年何月何日売買 所有者　何市何町何番地 　持分2分の1 　乙　某
付記1号	長期相続登記等未了土地	余白	作成番号　第5100-2018-0022号 平成30年何月何日付記
4	所有権移転	平成30年何月何日	原因　昭和何年何月何日相続（又

305

		第何号	は売買） 所有者　何市何町何番地 　　丙　某
5	2番付記1号、 3番付記1号長 期相続登記等未 了土地の抹消	余白	4番の登記をしたので順位2番付 記1号、3番付記1号の付記を 抹消 平成30年何月何日登記

7　合筆
(1)　作成番号が同一の場合（国土調査の成果により，甲地に乙地を合筆する場合）
（甲地）

権　利　部（甲区）		（所有権に関する事項）	
順位番号	登記の目的	受付年月日・受付番号	権利者その他の事項
2	所有権移転	昭和何年何月何日 第何号	原因　昭和何年何月何日売買 所有者　何市何町何番地 　　甲　某
付記1号	長期相続登記等 未了土地	余白	作成番号　第5100-2018-0023号 平成30年何月何日付記

（乙地）

権　利　部（甲区）		（所有権に関する事項）	
順位番号	登記の目的	受付年月日・受付番号	権利者その他の事項
5	所有権移転	昭和何年何月何日 第何号	原因　昭和何年何月何日売買 所有者　何市何町何番地 　　甲　某
付記1号	長期相続登記等 未了土地	余白	作成番号　第5100-2018-0023号 平成30年何月何日付記

（合筆後の甲地）

権　利　部（甲区）		（所有権に関する事項）	
順位番号	登記の目的	受付年月日・受付番号	権利者その他の事項
3	合併による所有 権登記	余白	所有者　何市何町何番地 　　甲　某 平成30年11月1日登記
付記1号	長期相続登記等 未了土地	余白	作成番号　第5100-2018-0023号 平成30年11月1日付記

※合併前にされた甲地の付記について，職権による抹消は行わない。

⑵　作成番号が相違する場合（国土調査の成果により，甲地に乙地を合筆する場合）

（甲地）

権　利　部（甲区）	（所有権に関する事項）		
順位番号	登記の目的	受付年月日・受付番号	権利者その他の事項
2	所有権移転	昭和何年何月何日 第何号	原因　昭和何年何月何日売買 所有者　何市何町何番地 　　甲　某
付記1号	長期相続登記等 未了土地	余白	作成番号　第5100-2018-0024号 平成30年何月何日付記

（乙地）

権　利　部（甲区）	（所有権に関する事項）		
順位番号	登記の目的	受付年月日・受付番号	権利者その他の事項
5	所有権移転	昭和何年何月何日 第何号	原因　昭和何年何月何日売買 所有者　何市何町何番地 　　甲　某
付記1号	長期相続登記等 未了土地	余白	作成番号　第5100-2018-0025号 平成30年何月何日付記

（合筆後の甲地）

権　利　部（甲区）	（所有権に関する事項）		
順位番号	登記の目的	受付年月日・受付番号	権利者その他の事項
3	合併による所有 権登記	余白	所有者　何市何町何番地 　　甲　某 平成30年11月1日登記
付記1号	長期相続登記等 未了土地	余白	作成番号　第5100-2018-0024号 作成番号　第5100-2018-0025号 平成30年11月1日付記

※合併前にされた甲地の付記について，職権による抹消は行わない。

⑶　作成番号が一筆にしか付されていない場合（国土調査の成果により，甲地に乙地を合筆する場合）

（甲地）

権　利　部（甲区）	（所有権に関する事項）		
順位番号	登記の目的	受付年月日・受付番号	権利者その他の事項
2	所有権移転	昭和何年何月何日	原因　昭和何年何月何日売買

		第何号	所有者　何市何町何番地 　　　甲　某
付記1号	長期相続登記等 未了土地	余白	作成番号　第5100-2018-0026号 平成30年何月何日付記

（乙地）

権　利　部（甲区）		（所有権に関する事項）	
順位番号	登記の目的	受付年月日・受付番号	権利者その他の事項
5	所有権移転	昭和何年何月何日 第何号	原因　昭和何年何月何日売買 所有者　何市何町何番地 　　　甲　某

（合筆後の甲地）

権　利　部（甲区）		（所有権に関する事項）	
順位番号	登記の目的	受付年月日・受付番号	権利者その他の事項
3	合併による所有 権登記	余白	所有者　何市何町何番地 　　　甲　某 平成30年11月1日登記
付記1号	長期相続登記等 未了土地	余白	作成番号　第5100-2018-0026号 平成30年11月1日付記

※合併前にされた甲地の付記について，職権による抹消は行わない。

(4)　作成番号が一筆にしか付されていない場合（国土調査の成果により，乙地に甲地
を合筆する場合）

（甲地）

権　利　部（甲区）		（所有権に関する事項）	
順位番号	登記の目的	受付年月日・受付番号	権利者その他の事項
2	所有権移転	昭和何年何月何日 第何号	原因　昭和何年何月何日売買 所有者　何市何町何番地 　　　甲　某
付記1号	長期相続登記等 未了土地	余白	作成番号　第5100-2018-0027号 平成30年何月何日付記

（乙地）

権　利　部（甲区）	（所有権に関する事項）

順位番号	登記の目的	受付年月日・受付番号	権利者その他の事項
5	所有権移転	昭和何年何月何日 第何号	原因　昭和何年何月何日売買 所有者　何市何町何番地 　　甲　某

（合筆後の乙地）

権　利　部（甲区）　　（所有権に関する事項)			
順位番号	登記の目的	受付年月日・受付番号	権利者その他の事項
6	合併による所有権登記	余白	所有者　何市何町何番地 　　甲　某 平成30年11月1日登記
付記1号	長期相続登記等未了土地	余白	作成番号　第5100-2018-0027号 平成30年11月1日付記

(5)　相続人等からの所有権の移転の登記

権　利　部（甲区）　　（所有権に関する事項)			
順位番号	登記の目的	受付年月日・受付番号	権利者その他の事項
2	所有権移転	昭和何年何月何日 第何号	原因　昭和何年何月何日売買 所有者　何市何町何番地 　　甲　某
付記1号	長期相続登記等未了土地	余白	作成番号　第5100-2018-0023号 平成30年何月何日付記
3	合併による所有権登記	余白	所有者　何市何町何番地 　　甲　某 平成何年何月何日登記
付記1号	長期相続登記等未了土地	余白	作成番号　第5100-2018-0023号 平成30年何月何日付記
4	所有権移転	平成30年何月何日 第何号	原因　昭和何年何月何日相続（又は売買） 所有者　何市何町何番地 　　丙　某
5	2番付記1号、3番付記1号長期相続登記等未了土地の抹消	余白	4番の登記をしたので順位2番付記1号、3番付記1の付記を抹消 平成30年何月何日登記

8　分筆
(1)　所有権の保存の登記（甲地から乙地を分筆する場合）
　　（甲地）

権　利　部（甲区）　　（所有権に関する事項）			
順位番号	登記の目的	受付年月日・受付番号	権利者その他の事項
1	所有権保存	昭和何年何月何日 第何号	所有者　何市何町何番地 　　甲　某
付記1号	長期相続登記等 未了土地	余白	作成番号　第5100-2018-0028号 平成30年何月何日付記

　　（乙地）

権　利　部（甲区）　　（所有権に関する事項）			
順位番号	登記の目的	受付年月日・受付番号	権利者その他の事項
1	所有権保存	昭和何年何月何日 第何号	所有者　何市何町何番地 　　甲　某 順位1番の登記を転写 平成30年何月何日受付 第何号
付記1号	長期相続登記等 未了土地	余白	作成番号　第5100-2018-0028号 平成30年何月何日付記 順位1番付記1号の登記を転写 平成30年何月何日受付 第何号

(2)　所有権の移転の登記（単有・甲地から乙地を分筆する場合）
　　（甲地）

権　利　部（甲区）　　（所有権に関する事項）			
順位番号	登記の目的	受付年月日・受付番号	権利者その他の事項
2	所有権移転	昭和何年何月何日 第何号	原因　昭和何年何月何日売買 所有者　何市何町何番地 　　甲　某
付記1号	長期相続登記等 未了土地	余白	作成番号　第5100-2018-0029号 平成30年何月何日付記

　　（乙地）

権　利　部（甲区）　　（所有権に関する事項）			
順位番号	登記の目的	受付年月日・受付番号	権利者その他の事項

1	所有権移転	昭和何年何月何日 第何号	原因　昭和何年何月何日売買 所有者　何市何町何番地 　　甲　某 順位2番の登記を転写 平成30年何月何日受付 第何号
付記1号	長期相続登記等 未了土地	余白	作成番号　第5100-2018-0029号 平成30年何月何日付記 順位2番付記1号の登記を転写 平成30年何月何日受付 第何号

(3)　所有権の移転の登記（共有・甲地から乙地を分筆する場合）

　　（甲地）

権　利　部（甲区）　　（所有権に関する事項）			
順位番号	登記の目的	受付年月日・受付番号	権利者その他の事項
2	所有権移転	昭和何年何月何日 第何号	原因　昭和何年何月何日売買 共有者 　何市何町何番地 　持分2分の1 　甲　某 　何市何町何番地 　2分の1 　乙　某
付記1号	2番共有者乙某 につき長期相続 登記等未了土地	余白	作成番号　第5100-2018-0030号 平成30年何月何日付記
付記2号	2番共有者甲某 につき長期相続 登記等未了土地	余白	作成番号　第5100-2018-0031号 平成30年何月何日付記

　　（乙地）

権　利　部（甲区）　　（所有権に関する事項）			
順位番号	登記の目的	受付年月日・受付番号	権利者その他の事項
1	所有権移転	昭和何年何月何日 第何号	原因　昭和何年何月何日売買 共有者 　何市何町何番地 　持分2分の1 　甲　某

			何市何町何番地 2分の1 乙　某 順位2番の登記を転写 平成30年何月何日受付 第何号
付記1号	1番共有者乙某 につき長期相続 登記等未了土地	余白	作成番号　第5100-2018-0030号 平成30年何月何日付記 順位2番付記1号の登記を転写 平成30年何月何日受付 第何号
付記2号	1番共有者甲某 につき長期相続 登記等未了土地	余白	作成番号　第5100-2018-0031号 平成30年何月何日付記 順位2番付記2号の登記を転写 平成30年何月何日受付 第何号

⑷　持分の移転の登記（所有・甲地から乙地を分筆する場合）
　（甲地）

権　利　部（甲区）　　　　（所有権に関する事項）			
順位番号	登記の目的	受付年月日・受付番号	権利者その他の事項
2	所有権移転	昭和何年何月何日 第何号	原因　昭和何年何月何日売買 共有者 　何市何町何番地 　持分2分の1 　甲　某 　何市何町何番地 　2分の1 　乙　某
付記1号	2番共有者乙某 につき長期相続 登記等未了土地	余白	作成番号　第5100-2018-0032号 平成30年何月何日付記
3	甲某持分全部移 転	昭和何年何月何日 第何号	原因　昭和何年何月何日売買 所有者　何市何町何番地 　持分2分の1 　乙　某
付記1号	長期相続登記等 未了土地	余白	作成番号　第5100-2018-0032号 平成30年何月何日付記

312

（乙地）

権　利　部（甲区）　　（所有権に関する事項）			
順位番号	登記の目的	受付年月日・受付番号	権利者その他の事項
1	所有権移転	昭和何年何月何日 第何号	原因　昭和何年何月何日売買 共有者 　何市何町何番地 　持分２分の１ 　甲　某 　何市何町何番地 　２分の１ 　乙　某 順位２番の登記を転写 平成30年何月何日受付 第何号
付記１号	１番共有者乙某 につき長期相続 登記等未了土地	余白	作成番号　第5100-2018-0032号 平成30年何月何日付記 順位２番付記１号の登記を転写 平成30年何月何日受付 第何号
2	甲某持分全部移 転	昭和何年何月何日 第何号	原因　昭和何年何月何日売買 所有者　何市何町何番地 　持分２分の１ 　乙　某 順位３番の登記を転写 平成30年何月何日受付 第何号
付記１号	長期相続登記等 未了土地	余白	作成番号　第5100-2018-0032号 平成30年何月何日付記 順位３番付記１号の登記を転写 平成30年何月何日受付 第何号

(5)　変更又は更正の付記の転写
　①　所有権の保存の登記（甲地から乙地を分筆する場合）（包括許可による承認（平
　成17年４月18日付け法務省民二第1009号民事局長通達第２）の場合）
　（甲地）

権　利　部（甲区）　　（所有権に関する事項）			
順位番号	登記の目的	受付年月日・受付番号	権利者その他の事項
1	所有権保存	昭和何年何月何日 第何号	所有者　何市何町何番地 　甲　某

付記1号	長期相続登記等未了土地	余白	作成番号　第5100-2018-0033号 平成30年何月何日付記
付記1号の付記1号	1番付記1号長期相続登記等未了土地更正	余白	作成番号　第5100-2019-0001号 平成31年何月何日受付 第何号 登記官の過誤につき職権更正

（乙地）

権　利　部（甲区）　　（所有権に関する事項）			
順位番号	登記の目的	受付年月日・受付番号	権利者その他の事項
1	所有権保存	昭和何年何月何日 第何号	所有者　何市何町何番地 　甲　某 順位1番の登記を転写 平成31年何月何日受付 第何号
付記1号	長期相続登記等未了土地	余白	作成番号　第0100-2019-0001号 平成30年何月何日付記 順位1番付記1号の登記を転写 平成31年何月何日受付 第何号

　　② 所有権の移転の登記（単有・甲地から乙地を分筆する場合）
　　　（甲地）

権　利　部（甲区）　　（所有権に関する事項）			
順位番号	登記の目的	受付年月日・受付番号	権利者その他の事項
2	所有権移転	昭和何年何月何日 第何号	原因　昭和何年何月何日売買 所有者　何市何町何番地 　甲　某
付記1号	長期相続登記等未了土地	余白	作成番号　第5100-2018-0034号 平成30年何月何日付記
付記1号の付記1号	2番付記1号長期相続登記等未了土地変更	余白	作成番号　第5100-2019-0002号 平成31年何月何日付記

　　　（乙地）

権　利　部（甲区）　　（所有権に関する事項）			
順位番号	登記の目的	受付年月日・受付番号	権利者その他の事項
1	所有権移転	昭和何年何月何日	原因　昭和何年何月何日売買

		第何号	所有者　何市何町何番地 　甲　某 順位2番の登記を転写 平成31年何月何日受付 第何号
付記1号	長期相続登記等 未了土地変更	余白	作成番号　第0100-2019-0002号 平成30年何月何日付記 順位2番付記1号の登記を転写 平成31年何月何日受付 第何号

③　所有権の移転の登記（共有・甲地から乙地を分筆する場合）

（甲地）

権　利　部（甲区）　　（所有権に関する事項）			
順位番号	登記の目的	受付年月日・受付番号	権利者その他の事項
2	所有権移転	昭和何年何月何日 第何号	原因　昭和何年何月何日売買 共有者 　何市何町何番地 　持分2分の1 　甲　某 　何市何町何番地 　2分の1 　乙　某
付記1号	2番共有者乙某 につき長期相続 登記等未了土地	余白	作成番号　第5100-2018-0035号 平成30年何月何日付記
付記1号 の付記1 号	2番付記1号長 期相続登記等未 了土地変更	余白	作成番号　第5100-2019-0003号 平成31年何月何日付記

（乙地）

権　利　部（甲区）　　（所有権に関する事項）			
順位番号	登記の目的	受付年月日・受付番号	権利者その他の事項
1	所有権移転	昭和何年何月何日 第何号	原因　昭和何年何月何日売買 共有者 　何市何町何番地 　持分2分の1 　甲　某 　何市何町何番地 　2分の1

			乙　某 順位２番の登記を転写 平成31年何月何日受付 第何号
付記１号	１番共有者乙某 につき長期相続 登記等未了土地	余白	作成番号　第5100-2019-0003号 平成30年何月何日付記 順位２番付記１号の登記を転写 平成31年何月何日受付 第何号

作成番号　　　5100－2018－0001
作成の年月日　平成30年●●月●●日

被相続人　　　甲野太郎　　　法定相続人情報

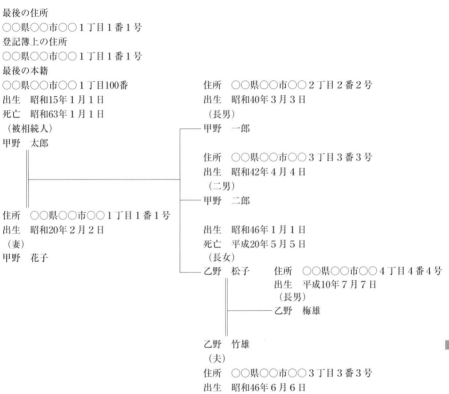

最後の住所
○○県○○市○○１丁目１番１号
登記簿上の住所
○○県○○市○○１丁目１番１号
最後の本籍
○○県○○市○○１丁目100番
出生　昭和15年１月１日
死亡　昭和63年１月１日
（被相続人）
甲野　太郎

住所　○○県○○市○○１丁目１番１号
出生　昭和20年２月２日
（妻）
甲野　花子

住所　○○県○○市○○２丁目２番２号
出生　昭和40年３月３日
（長男）
甲野　一郎

住所　○○県○○市○○３丁目３番３号
出生　昭和42年４月４日
（二男）
甲野　二郎

出生　昭和46年１月１日
死亡　平成20年５月５日
（長女）
乙野　松子　　住所　○○県○○市○○４丁目４番４号
　　　　　　　出生　平成10年７月７日
　　　　　　　（長男）
　　　　　　　乙野　梅雄

乙野　竹雄
（夫）
住所　○○県○○市○○３丁目３番３号
出生　昭和46年６月６日

XI

登録免許税

相続分の売買に租税特別措置法第72条の適用はない

「「相続分の売買」を登記原因とする土地の所有権の移転の登記に係る登録免許税の租税特別措置法第72条の適用の可否について」

（平成22年4月2日民二第908号第二課長通知）

——通　知——

標記について，別紙甲号のとおり当職から国税庁課税部審理室長あて照会したところ，別紙乙号のとおり回答がありましたので，その旨貴管下登記官に周知方お取り計らい願います。

——照　会——

（別紙甲号）

1　照会の趣旨

民法第905条第1項は，「共同相続人の一人が遺産の分割前にその相続分を第三者に譲り渡したときは（後略）」と規定し，遺産分割前までは相続分の第三者への譲渡が認められています。また，相続人がその相続分を第三者に譲渡したときは，当該第三者は当該相続人が有していた相続分すなわち包括的な相続財産全体に対する持分あるいは法律的な地位を取得すると解されています。

そのため，相続分の譲渡により相続人の法律的な地位を取得した第三者は，相続財産の管理はもちろん遺産分割の手続にも参加できることとなります。

そして，登記手続においても，これを前提として，相続財産である不動産について，法定相続分による相続人への所有権の移転の登記（以下「共同相続の登記」という。）がされている場合において，遺産分割前に相続人から第三者への相続分の譲渡があったときは，「相続分の売買」又は「相続分の贈与」を登記原因として，相続分を譲渡した相続人から第三者への当該相続人の持分全部移転の登記をすることができることとしています。

そこで，このように相続財産に土地が含まれており，遺産分割前に相続人から共同相続人以外の第三者への相続分の譲渡（売買）があった場合に，当該土地について「相続分の売買」を登記原因として，相続人から当該第三者への当該相続人の持分全部移転の登記の申請をする際の登録免許税について，租税特別措置法（以下「措置法」という。）第72条《土地の売買による所有権の移転登記等の税率の軽減》の適用がないと解してよろしいか照会いたします。

2　照会に係る取引の概要

相続財産である不動産について共同相続の登記がされている場合において，共

同相続人の一人が遺産分割前に，自己の相続分を第三者に譲渡（売買）したときは，当該相続人を登記義務者とし，第三者を登記権利者として，その相続人の持分の全部について，「相続分の売買」を登記原因とする持分全部移転の登記をすることとなります。

なお，登記実務においては，共同相続の登記をする前に共同相続人の一人が遺産分割により当該不動産を取得したときは，共同相続の登記をすることなく遺産分割により当該不動産を被相続人から取得した当該相続人へ相続を登記原因とする所有権の移転の登記を認めていることとの比較などから，相続分の譲渡を受けた者が共同相続人の一人であり，かつ，当該相続人が遺産分割により当該不動産を取得した場合は，便宜，共同相続の登記を省略して，被相続人から相続分の譲渡を受けた当該相続人へ相続を登記原因とする所有権の移転の登記をすることを認めています。ただし，相続分の譲渡を受けた者が共同相続人以外の第三者である場合は，このような便宜的な取扱いは認められておらず，必ず，原則のとおりにいったん共同相続の登記を経た後に相続分の売買等を登記原因とする持分全部移転の登記をしなければなりません。

3　照会者の求める見解となることの理由

(1)　不動産取引により「売買」を登記原因とする土地の所有権の移転の登記に係る登録免許税の税率は，原則として1000分の20ですが（登録免許税法第9条，別表第1の1(2)ハ），措置法第72条の規定により軽減税率（平成23年3月31日＊までに登記を受ける場合は，1000分の10等）の適用を受けることができます。

(2)　措置法第72条の制定趣旨は，土地取引の活性化等を目的として登録免許税の軽減をするものであり，同条の対象となる「土地の売買」とは，土地そのものを売買の目的とする場合に限られるべきものであると考えられます。

しかし，相続分の譲渡とは，包括的な相続財産全体に対する持分又は法律的な地位の譲渡であり，その相続財産に土地が含まれている場合であっても，それは飽くまでも相続分を譲渡（売買）したのであり，土地そのものを売買したものではないと考えられます。

したがって，遺産分割前の相続人から共同相続人以外の第三者への相続分の譲渡（売買）について，「相続分の売買」を登記原因として土地の所有権の移転の登記をする場合であっても，当該登記に係る登録免許税について措置法第72条の適用はないものと考えます。

── 回　答 ──────────

（別紙乙号）

標題のことについては，御照会に係る事実関係を前提とする限り，貴見のとおりで差し支えありません。

ただし，次のことを申し添えます。

(1)　この文書回答は，御照会に係る事実関係を前提とした一般的な回答ですので，個々の納税者が行う具体的な取引等に適用する場合においては，この回答内容と異なる課税関係が生ずることがあります。

(2)　この回答内容は国税庁としての見解であり，個々の納税者の申告内容等を拘束するものではありません。

参 照

「登記研究」750号

メ モ

＊ 適用期限が令和5年3月31日まで延
長されています。その場合の税率は
1000分の15となります。

学校法人等が保育所の用に供する場合の非課税証明について

「学校法人，公益社団法人及び公益財団法人並びに宗教法人が保育所の用に供する不動産の登記に関する証明について」

（平成25年4月8日民二第264号第二課長依命通知）

──── 依命通知 ────

標記について，別紙甲号のとおり厚生労働省雇用均等・児童家庭局長から民事局長宛てに照会があり，別紙乙号のとおり回答がされましたので，貴管下登記官に周知方お取り計らい願います

──── 照　会 ────

（別紙甲号）

今般，所得税法等の一部を改正する法律（平成25年法律第5号）が成立し，登録免許税法（昭和42年法律第35号）別表第3の1 *，同5の2及び同12の項が改正され，学校法人，公益社団法人及び公益財団法人並びに宗教法人（以下「学校法人等」という。）が保育所の用に供する不動産の登記に関しては，非課税措置が講じられることとなりました。これに伴い，登録免許税法施行規則（昭和42年大蔵省令第37号）が改正され，学校法人等が保育所の用に供している不動産については，当該保育所の監督を行う都道府県知事又は指定都市，中核市若しくは児童相談所設置市の市長が証明事務を行うこととされ，平成25年4月1日より実施されることとなりました。

これに伴い，厚生労働省といたしましては，当該証明書事務に関わる留意事項等について，各都道府県知事等に対し通知いたしたいと考えていますが，同通知において，本証明事務に係る様式についても別紙のとおり定めることといたしましたので，差し支えないか照会します。なお，差し支えないときは，貴管下機関への周知方よろしくお取り計らいくださるようお願いいたします。

なお，同様式については，これまでの経緯を踏まえ，あくまでも参考様式という取扱いとしたいと考えておりますので，この旨お含み置きくださるようお願いいたします。

──── 回　答 ────

（別紙乙号）

本年3月29日付け雇児発0329第28号をもって照会のありました標記の件については，貴見のとおり取り扱われて差し支えありません。

なお，この旨を法務局長及び地方法務局長に通知しましたので，申し添えます。

（別紙）

平成　年　月　日

○　○　○　知事（市長）殿

（申請者）　所在地
　　　　　　法人名
　　　　　　代表者　　　　　　印

　　　登録免許税法別表第３の１の項の第３欄の第３号に掲げる登記に係る証明願

　登録免許税法第４条第２項の規定による登録免許税の非課税措置を受けるため，下記の不動産に係る登記が同法別表第３の１の項の第３欄の第３号に該当することについて，同法施行規則第２条第１項第２号の規定により証明くださるよう申請します。

記

証明を受けようとする不動産	所在	地番又は家屋番号	地目又は建物の種類・構造	地積又は床面積	具体的用途

　上記不動産に係る登記は，登録免許税法別表第３の１の項の第３欄の第３号に該当することを証明します。

平成　年　月　日

　　　　　　　　　○　○　○　知事（市長）○　○　○　○　印

324

（様式例２：公益社団法人及び公益財団法人用）

平成　年　月　日

○　○　○　知事（市長）殿

（申請者）　所在地

法人名

代表者　　　　　　　印

登録免許税法別表第３の５の２の項の第３欄の第２号に掲げる登記に係る証明願

　登録免許税法第４条第２項の規定による登録免許税の非課税措置を受けるため，下記の不動産に係る登記が同法別表第３の５の２の項の第３欄の第２号に該当することについて，同法施行規則第２条の８第２号の規定により証明くださるよう申請します。

記

証明を受けようとする不動産	所在	地番又は家屋番号	地目又は建物の種類・構造	地積又は床面積	具体的用途

　上記不動産に係る登記は，登録免許税法別表第３の５の２の項の第３欄の第２号に該当することを証明します。

平成　年　月　日

○　○　○　知事（市長）○　○　○　○　印

（様式例３：宗教法人用）

平成　年　月　日

○　○　○　知事（市長）殿

（申請者）　所在地
　　　　　　法人名
　　　　　　代表者　　　　　　印

登録免許税法別表第３の12の項の第３欄の第３号に掲げる登記に係る証明願

　登録免許税法第４条第２項の規定による登録免許税の非課税措置を受けるため，下記の不動産に係る登記が同法別表第３の12の項の第３欄の第３号に該当することについて，同法施行規則第４条第３号の規定により証明くださるよう申請します。

記

証明を受けようとする不動産	所在	地番又は家屋番号	地目又は建物の種類・構造	地積又は床面積	具体的用途

　上記不動産に係る登記は，登録免許税法別表第３の12の項の第３欄の第３号に該当することを証明します。

平成　年　月　日

○　○　○　知事（市長）○　○　○　○　印

参　照

「登記研究」786号

メ　モ

＊　現行は別表第３の１の２です。

建物の相続と租税特別措置法の適用の有無

「住宅用家屋を相続により取得した場合における租税特別措置法73条の規定の適用の有無について」

（平成9年12月4日民三第2157号第三課長通知）

——通 知——

標記の件について，別紙甲号のとおり東京法務局民事行政部長から照会があり，別紙乙号のとおり回答したので，この旨貴管下登記官に周知方お取り計らい願います。

——照 会——

（別紙甲号）

住宅用家屋を相続により取得した者が，「相続」を原因とする所有権の移転の登記を申請する場合には，租税特別措置法第73条の規定の適用はないものと考えますが，いささか疑義がありますので，照会します。

——回 答——

（別紙乙号）

平成9年5月22日付け2不登1第67号で照会のありました標記の件については，貴見のとおりと考えます。

おって，本件については国税庁及び建設省と協議済みですので，申し添えます。

参照

「民事月報」平成10年3月号
「登記研究」608号
「平成15年先例集」168頁

新築後1年以上経過した未登記の附属建物と租税特別措置法第72条の適用について

「租税特別措置法第72条の適用について」
(平成9年9月1日民三第1553号第三課長通知)

── 通 知 ──

標記の件について，別紙甲号のとおり仙台法務局民事行政部長から照会があり，別紙乙号のとおり回答したので，この旨貴管下登記官に周知方お取り計らい願います。

── 照 会 ──

(別紙甲号)

個人の居住の用のために新築した建物を主たる建物とし，新築後1年以上を経過した未登記の建物を附属建物とする表示の登記がされた後，主たる建物の新築後1年以内に当該個人が受ける所有権の保存登記にかかる登録免許税については，当該主たる建物についてのみ租税特別措置法第72条*が適用されるものと考えますが，いささか疑義がありますので照会します。

なお，既に租税特別措置法第72条の適用を受けずに所有権の保存登記を完了している場合，本特例は，住宅用家屋証明書を添付し登記を受けるときに限り適用があることとされていることから，既に納付された登録免許税についての還付請求には応じられないものと考えますが，この点についても併せて照会します。

── 回 答 ──

(別紙乙号)

平成9年3月26日付け不第85号をもって照会のありました標記の件については，いずれも貴見のとおりと考えます。

なお，租税特別措置法施行令第41条に定める床面積の要件は，主たる建物と附属建物の床面積の合計により判断されることとなるので，念のため申し添えます。

おって，本件については，国税庁及び建設省と協議済みですので，申し添えます。

参 照

「民事月報」平成9年12月号
「登記研究」604号
「平成15年先例集」166頁

メ モ

＊ 現行は72条の2です。

不動産登記先例・通達年月日索引

3訂版

実務に役立つ不動産登記先例・通達集

平成20年6月20日	初版発行
平成30年5月20日	改訂初版
令和4年1月20日	3訂初版

 日本法令®

検印省略

〒101-0032
東京都千代田区岩本町1丁目2番19号
https://www.horei.co.jp/

編　　　者	日本法令 不動産登記研究会
発　行　者	青　木　健　次
編　集　者	岩　倉　春　光
印　刷　所	文　唱　堂　印　刷
製　本　所	国　　宝　　社

（営業）	TEL　03-6858-6967	Eメール　syuppan@horei.co.jp
（通販）	TEL　03-6858-6966	Eメール　book.order@horei.co.jp
（編集）	FAX　03-6858-6957	Eメール　tankoubon@horei.co.jp

（バーチャルショップ）　https://www.horei.co.jp/iec/
（お詫びと訂正）　https://www.horei.co.jp/book/owabi.shtml
（書籍の追加情報）　https://www.horei.co.jp/book/osirasebook.shtml

※万一、本書の内容に誤記等が判明した場合には、上記「お詫びと訂正」に最新情報
　を掲載しております。ホームページに掲載されていない内容につきましては、FAX
　またはEメールで編集までお問合せください。